# 혁신적 품격사회

# 혁신적 품격사회

## 대한민국은 어떤 미래를 꿈꾸는가

**Innovative** ——— **Quality Society**

최병일 이재열
정인관 송의영
정혁 송지연
김선혁 조인영

지음

한국고등교육재단 최종현학술원

클라우드나인
C L O U D 9

다음 50년은 '혁신'과 '품격'이 공존하는 사회를 만들어갑시다
－ 최태원, 한국고등교육재단 및 최종현학술원 이사장·SK 회장

『혁신적 품격사회』의 발간을 진심으로 축하드립니다. 오늘날 한국은 그 어느 때보다도 국가의 미래를 준비할 깊은 통찰과 제언이 절실하기에 더욱 감사하고 반갑습니다. 지금 한국은 지난 50년의 빛나는 성취가 무색하리만큼 사회 곳곳에서 위기의 신호를 보내고 있습니다. 저출산·고령화에 따른 인구 위기를 비롯해 양극화와 불신, 불안, 갈등이 더욱 깊어지고 있습니다. 경제 또한 대내외 복합위기 상황을 겪으며 기업은 물론 국민의 고충이 더욱 커지고 있습니다. 이 책은 오늘날 대한민국이 직면한 다양한 위기를 깊이 있게 성찰하고 나아가야 할 미래의 방향을 구체적으로 제시한 귀중한 작업이라 생각합니다.

저는 얼마 전 한 인터뷰에서 "대한민국은 성장이 거의 멈춘 단계에 도달했다."라고 말씀드린 적이 있습니다. 그 말에는 기존의 산업 구조나 수출 중심 성장모델만으로는 더는 지속가능한 발전을 이어가기 어렵다는 절박한 문제의식이 담겨 있습니다. 이제는 과

거의 방식을 반복하는 것에서 벗어나 완전히 새로운 성장의 축을 찾아야 합니다. 이 책이 바로 그 대담한 전환의 출발점이 되어줄 것입니다.

『혁신적 품격사회』는 한국 사회가 이룩한 경제적·정치적 성취의 그늘에 자리한 구조적 불균형을 냉정히 짚어내고 극복하기 위한 새로운 사회적 혁신의 방향을 제시하고 있습니다. 성장을 멈춘 경제, 분열된 정치, 그리고 불신이 쌓인 사회를 다시 일으키는 힘은 기술이나 제도만이 아니라 공동체 전체의 신뢰를 회복하고 협력의 문화를 복원하는 일이라는 점을 강조합니다. 그리고 이 책은 한국이 직면한 여러 위기를 진단하는 데 그치지 않습니다. 위기를 극복하고 더 나은 미래를 맞이하기 위해 정부, 기업, 시민이 함께 새로운 사회적 계약을 만들어가야 한다는 통합적 비전을 제시하고 있습니다. 지금 우리는 보호무역이 일상화되고 인공지능을 비롯한 기술 혁명이 산업의 경계를 허무는 시대에 살고 있습니다. 또한 인구와 기후 문제 등 예측 불가능한 도전에 직면해 있습니다. 이러한 변화의 파도 속에서 우리에게 필요한 것은 새로운 공동체의 설계이며 그 출발점은 '혁신'과 '품격'이 공존하는 사회를 만들어가는 일이라 믿습니다.

기업의 역할도 그 일부라고 생각합니다. 저 역시 기업을 이끌며 사회적 가치와 지속가능한 성장을 동시에 실현하기 위해 노력하고 있습니다. 그런 점에서 이 책이 던지는 메시지는 기업, 정부, 그리고 시민이 함께 고민해야 할 공통의 과제이기도 합니다.

『혁신적 품격사회』가 대한민국 사회의 미래를 고민하는 모든 분께 통찰과 영감을 주고 대한민국이 품격 있는 선진국으로 나아가는 데 든든한 길잡이가 되어줄 것이라 기대합니다.

다음 50년을 내다보며 우리 사회가 나아가야 할 길을 모색합니다
– 김유석, 한국고등교육재단·최종현학술원 대표이사

"나라의 미래는 세계적인 인재 양성에 달려 있다."

1974년 설립된 한국고등교육재단은 고敀 최종현 선대 이사장님의 확고한 신념이 뿌리내려 있습니다. 대한민국의 미래를 이끌 인재 육성을 목표로 하는 한국고등교육재단은 반세기를 지나오며 세계적 수준의 지식과 인재가 성장하는 토대를 조성했습니다. 그리고 이들의 지식과 경험이 사회와 국가 성장의 건강한 양분이 되도록 선순환을 실현하고 발전을 이끌어왔습니다.

지난 50년 동안 한국은 정치, 경제, 사회, 교육, 문화 등의 전방위적 발전을 이루었습니다. 전쟁의 폐허에서 세계적인 선진국으로 도약하며 한강의 기적, 한국형 성장모델, K-컬처 등 전 세계의 찬사와 주목을 받았습니다. 그러나 그 성취의 이면에는 우리가 맞닥뜨린 수많은 난제와 새로운 변화들이 존재합니다. 오늘날 한국은 경제성장의 둔화와 심각한 저출산 현상에 따른 인구 문제를 비롯하여 경제, 사회, 정치, 문화, 환경 등 다양한 위기가 서로 연결된

총체적 위기 상태에 놓여 있습니다. 그리고 세계적으로 인공지능과 첨단 기술이 인간의 삶과 사회 구조를 근본적으로 재편하고 있으며 동시에 무역, 안보, 환경 문제 등 다양한 글로벌 과제가 복합적으로 나타나고 있습니다. 이러한 변화는 한국이 공동체의 가치와 공공의 책임을 다시 성찰하고 더 나은 미래를 향한 새로운 방향을 모색해야 함을 일깨웁니다.

『혁신적 품격사회』는 이러한 문제의식과 책임감에서 출발했습니다. 오늘날 한국 사회가 직면한 주요 현상과 구조적 변화를 면밀하게 살피고 향후 50년을 내다보며 우리 사회가 나아가야 할 길을 모색하기 위해 이 분야에 정통한 한국고등교육재단 출신 학자분들이 한자리에 모였습니다. 각자의 전문 영역에서 이루어진 연구와 토론은 단순한 학문적 성취를 넘어 지식이 사회적 책임으로 확장되고 미래 세대를 위한 지속가능한 비전을 세우는 과정이었습니다. 이 책은 이러한 시대적 전환의 한가운데에서 우리가 지켜야 할 가치와 나아갈 길을 함께 탐구하며 지속가능한 미래를 논의하는 공론의 장입니다. 이 책이 오늘의 현실을 깊이 이해하고 내일을 향한 통찰과 희망을 나누는 사유의 공간이 되기를 바랍니다.

한 권의 책이 세상에 나오기까지는 연구진의 헌신과 지혜가 함께했습니다. 시대의 흐름과 사회적 변화를 면밀하게 분석하고 미래를 위한 새로운 가능성을 제시한 모든 저자께 깊이 감사드립니다. 이분들의 치열한 탐구와 성찰 덕분에 '혁신'과 '품격'이라는 두 단어는 단순한 개념을 넘어 대한민국의 내일을 밝히는 이정표로 자리매김할 것입니다.

이 책이 오늘의 통찰을 바탕으로 내일의 가능성을 열어 대한민국이 품격 있는 사회로 나아가는 초석이자 담대한 출발점이 되기를 바랍니다. 그리고 우리 공동체가 지향해야 할 가치와 방향을 비추는 사유의 등불이자 미래를 향한 걸음을 단단히 이끌어주는 품격의 길잡이로 오래 남기를 기대합니다.

## 최병일

한국고등교육재단 전 사무총장·이화여자대학교 국제대학원 명예교수
법무법인 태평양 통상전략혁신 허브 원장

서울대학교 경제학과를 졸업하고 예일대학교에서 경제학 석사학위와 박사학위를 받았다. 국제협상과 국제통상 분야에서 한국을 대표하는 세계적인 학자이자 1992년 한미 통신 협상 및 1993년 우루과이라운드 서비스 협상의 주역이다. 세계무역기구WTO 기본 통신 협상의 처음부터 끝까지 한국 협상 대표로 활동하면서 한국 통신 시장을 독점 체제에서 개방과 경쟁 체제로 성공적으로 전환하여 IT 코리아의 초석을 쌓았다. 세계적인 협상교육가인 하버드대학교 로저 피셔Roger Fisher 교수와 함께 한국에서의 윈윈win-win 협상 교육을 개척하였고 갈등 해결에 대한 연구와 강의로 명성을 날렸다. 2023년 12월에는 스웨덴왕립공학과학 인터내셔널 펠로International Fellow로 선정되었다.

주요 저서로는 『Northeast Asia in 2030: Forging Ahead or Drifting Away?(2030년의 동북아시아: 전진할 것인가, 표류할 것인가?)』 『트럼프 어게인』 『미중 전쟁의 승자, 누가 세계를 지배할 것인가?』 『1%에 사로잡힌 나라』 『기로에 선 한미 FTA 해법』 『한국의 통상협상』 등이 있다.

# 대한민국은 어떤 미래를 꿈꾸는가

'대한민국은 어떤 미래를 꿈꾸는가?'

2024년 한국고등교육재단 출범 50주년을 기념하고 그다음 50년의 시작인 첫 1년을 앞두고 뇌리를 떠나지 않았던 질문이다. 한국고등교육재단이 출범한 1974년에 한국은 하루하루 먹고살기에 급급했다. 재단 설립자 최종현 이사장은 한국에서 빵의 문제를 해결하겠다는 자신감이 있었다. 그리고 빵의 문제를 해결한 후에는 다른 갈등이 등장할 것도 예견했다. 그로부터 50년이 흘렀고 그가 내다본 미래에 한국은 도착했다.

빵의 문제는 해결했으나 지금 한국은 새로운 갈등 속에서 진통을 겪고 있다. 한국은 지난 50년간 식민지 유산과 전쟁의 비극을 극복하고 산업화, 민주화, 선진화라는 기적의 역사를 써 내려갔다. 한때 세계 역사에서 사라졌던 국가인 대한민국은 국가영토의 한계를 뛰어넘는 존재감으로 제조업 강국, 무역 대국, 역동적인 민주주의, K-컬처의 국가로 부상했다. 민주주의 선진경제대국 클럽인

G7에 대한민국을 가입시켜야 한다는 주장이 나올 만큼 국가의 위상이 커졌다. 그러나 한국은 압축성장의 눈부신 성과만큼이나 그림자도 짙다. 한국은 이제 세계에서 가장 불행한 국민이 사는 나라로 또 가장 먼저 사라질 국가로 지목받고 있다. 경제협력개발기구 OECD 회원국 중 노인 빈곤과 자살률이 가장 심각한 나라가 되었고 세계에서 가장 낮은 출산율을 기록한다.

"기적의 경제 성장을 성취했는데 후세대와 성장의 과실을 나누기에 인색한 나라가 어디인지 아는가?"

2022년 9월 부다페스트에서 열린 국제콘퍼런스에서 기조연설을 하던 헝가리 장관이 한 질문이다. 그리고는 그는 "대한민국!"이라고 답했다. 모두가 기적이라며 찬사를 아끼지 않던 대한민국의 눈부신 성장 뒤에 왜 이토록 어둡고 무거운 먹구름이 내려앉은 것일까?

"대한민국은 선진국에 진입했다. 이젠 더는 추격할 대상이 없다."

2013년 박근혜 대통령이 한 선언이다. 그리고 이젠 스스로 갈 길을 가야 한다며 '창조경제'를 표방했다. 이후 10여 년의 세월이 흘렀고 세 번의 정권교체가 있었다. 그런데 스스로 갈 길을 가야 한다던 한국은 지금 어디에 와 있는가. 한국 경제의 성장잠재력은 갈수록 고갈되어가고 저출산과 고령화의 쓰나미는 거세지고 있다. 한국을 무역주도 경제선진국으로 끌어올린 자유무역체제는 위협받고 있으며 파괴적인 기술혁신은 디지털 인공지능 시대로 전환하지 않으면 낙오될 것을 경고하고 있다. 어디 그뿐인가. 이념, 계층, 지역, 성별로 대표되는 한국 사회의 극심한 갈등과 분열은 한국의 문제해결 능력을 의심하게 만든다. 그야말로 내우외환內憂外患의 거대한 파도가 한국을 집어삼킬 태세이다.

정치는 또 어떤가. 고령화와 저출산 인구감소 추세가 '예정된 미래'가 된 지 이미 10여 년이 지났다. 지금 한국은 지구상에서 가장 빠른 속도로 고령화되고 세계에서 가장 낮은 출산율을 갱신하고 있다. 2040년대에는 인구 5,000만 명의 선이 무너지고 2060년대에는 4,000만 명의 선도 깨질 것으로 추산된다. 경제 성장의 시동을 걸던 초기의 인구 규모로 다시 돌아가는 셈이다. 그러나 둘 사이에는 커다란 차이가 있다. 과거 3,000만 명의 인구구성이 피라미드형이었다면 미래의 3,000만 명은 역피라미드형이다. 즉 소수의 청년층이 다수의 노인을 짊어지고 살아야 할 상황에 놓인 것이다. 인구구조의 변화가 가져올 사회 경제적 파장이 국가적 재앙으로 이어지는 상황이다. 더는 물러설 곳이 없는 벼랑 끝에 국민을 세워두고 한국 정부는 무기력하기만 하다. 대한민국을 덮칠 거대한 쓰나미가 예견되는 재난 상황에서 정부는 실효성 없는 정책에 끊임없이 예산만 낭비하고 있다. 게다가 갈등을 조정하고 통합의 길을 모색해야 하는 정치는 오히려 갈등을 조장하고 증폭하는 장으로 변했다.

성장을 지상 목표로 했던 권위주의 추격의 시대에는 대통령 직선제만이 민주주의라는 믿음과 열망이 있었다. 그 민주주의는 생각이 다르고 삶의 방식이 다른 사람들도 공존할 수 있는 사회를 만들어줄 것으로 믿었다. 대통령 직선제를 성취한 이후 40년 가까운 세월이 흘렀으나 국민이 열망하던 민주주의는 여전히 멀기만 하다. 국민을 위한 정책 경쟁이 아닌 표를 얻기 위한 정치 경쟁이 난무한다. 어디 그뿐인가. 정권의 이념적 성향에 따라 정책은 이쪽 끝에서 저쪽 끝으로 광폭 선회를 반복한다. 정권이 교체될 때마다 기존의 정책은 정의롭지 못한 것, 나쁜 것으로 치부하며 폐기 처분한다. 차별화를 위한 차별화를 하느라 쌓고 무너뜨리고를 반복한다. 세계가 대한민국을 걱정하는 암담한 현실에서도 정치가들은 여전히 그들의 '표'를 걱정한다.

### 대한민국은 어떤 미래와 만나게 될까

전통적 농업국가에서 선진 산업국가로의 전환을 자신의 삶과 바꾸었던 해방 1세대. 군부독재의 억압을 떨쳐내고 온몸으로 민주주의를 쟁취했던 2세대. 그들이 자신의 삶을 내걸고 성취했던 산업화와 민주화는 오늘날 한국을 지지하는 든든한 기둥이 되었다. 그렇다면 미래의 주역인 청년세대는 어떤 대한민국을 꿈꾸고 있을까? 아니, 이토록 암울한 현실에서 과연 그들이 대한민국에 희망을 품을 수 있을까!

그 어느 때보다 변화와 혁신이 절실한 지금 꿈쩍도 하지 않는 대한민국에 질문할 수밖에 없다. 지금 이대로 나아간다면 한국은 과연 어떤 미래와 만나게 될까? 미래는 크게 '예정된 미래EF, Expected Future'와 '바람직한 미래DF, Desirable Future'가 있다. 한국이 지금 이대로 하루하루 시간을 이어간다면 '예정된 미래'와 만나게 된다. 정치경제적 양극화, 이념 대립, 세대 간 단절, 저출산과 고령화, 승자독식 구조 등 한국 사회를 짓누르는 무겁고 암울한 문제들이 해결되지 않으면 결국 '예정된 미래'에 닿게 된다. 그렇다면 한국의 예정된 미래는 과연 어떤 모습이 될까? 몇 갈래 길이 앞에 놓여 있다.

첫 번째는 '아르헨티나로의 길'이다. 대항해의 시대가 신대륙 개척으로 이어지던 시절 축복의 땅은 지금의 승자인 북미대륙이 아닌 남미대륙이었다. 그중에서도 천혜의 자연조건과 풍부한 자원을 가진 아르헨티나는 또 다른 유럽이었다. 수도 부에노스아이레스는 남미의 파리였다. 돈이 몰리고 사람들이 몰렸다. 그들은 세상을 다 가진 듯했다. 그러나 그것이 정점이었다. 20세기 역사는 아르헨티나의 추락을 기록하고 있다. 극도의 경제 혼란, 극심한 빈부격차, 정치적 불안정 속에 국가 부도는 일상화가 되었다. 극도의 포퓰리즘이 난무하는 속에 경제는 파산하고, 중산층은 붕괴되고, 국가는 분열되었다. 한때 남부럽지 않던 아르헨티나는 국제통화기금IMF 구제금융 대상에 가장 자주 오르는 나라가 되어버렸다.

두 번째는 '이탈리아로의 길'이다. 이탈리아는 제2차 세계대전의 패전국이었으나 패션과 자동차 산업을 세계적인 강국으로 성장시켰다. 빠른 경제 성장에도 불구하고 잘사는 북부지역과 낙후된 남부지역 간의 해묵은 갈등은 여전하다. 고령화 사회로 진입하면서 구축한 복지체제는 방만한 고비용 저효율 구조로 판명이 났고 만연한 부패는 법치 위에 군림하고 있다. 설상가상으로 아프리카와 중동 일부 국가의 난민들이 유입되면서 수용 여부를 둘러싼 사회적 갈등이 증폭되고 있다. 이탈리아는 선진민주주의 시장경제 국가들의 클럽인 G7 회원국이지만 가장 국력이 취약한 국가로 추락하고 있다.

세 번째는 '일본으로의 길'이다. 1980년대 미국의 경제 대국 지위를 위협하던 일본이었지만 버블경제가 붕괴하면서 1990년대부터 침체의 수렁으로 빠져들었다. 그리고 성장의 시계가 아예 멈춘 '잃어버린 20년'의 긴 겨울이 이어졌다. 세계 역사상 경험하지 못했던 속도의 고령화와 저출산은 일본을 인구절벽으로 몰고 갔고 국가는 활력을 잃어갔다. 급기야 '인구 1억 지키기'를 국가 목표로 내세울 만큼 상황은 다급해졌다.

과연 한국은 어느 길로 들어서게 될까? 아르헨티나로의 길은 소멸의 길이다. 한때 선진국이었던 흔적만 남긴 채 역사의 뒤안길로 사라져간다. 이념, 계층, 지역, 성별 등의 복합적 갈등을 극복하지 못하면 한국은 아르헨티나의 길로 빨려 들어갈 수밖에 없다. 이탈리아로의 길은 추락의 길이다. 이탈리아는 위대한 조상들이 남겨둔 역사적 유물 덕분에 추락해도 날개가 있다. 극심한 갈등에도 불구하고 세계적 제조업 강국의 위상이 하루아침에 몰락하지 않는다면 한국도 이탈리아처럼 그나마 안전한 추락은 기대해볼 만하다. 일본으로의 길은 인내와 버팀의 길이다. 참지 못하고 '빨리빨리'로 디지털 강국을 만들어낸 한국과는 문화코드가 다르다. 모두 상상만으로도 암울해지는 우울한 미래이다.

### 대한민국은 어떤 미래를 꿈꾸는가

한국인 특유의 '국난극복 DNA'를 믿는 사람들은 다른 미래를 꿈꾼다. 그리고 자신이 꿈꾸는 미래와 만나기 위해 스스로 미래를 창조해간다. 한국고등교육재단의 설립자 최종현 이사장은 빵의 문제가 해결된 이후 한국에 생겨날 갈등들을 예견하고 그 문제를 해결하기 위해 사회과학 분야 인재양성의 큰 그림을 그렸다. 이러한 그의 포부에 부응하기 위해 탄생한 것이 'KFAS 50 프로젝트'이다. KFAS 50 프로젝트는 "대한민국은 어떤 미래를 꿈꾸는가?"를 묻고 그 답을 찾아가는 프로젝트이다.

'대한민국은 어떤 미래를 꿈꾸는가?'라는 질문에 답을 하려면 더 구체적인 질문이 요구된다. 지금 대한민국의 좌표를 정확하게 파악하고 대한민국 정치, 경제, 사회공동체가 어떤 방향으로 향하고 있는지를 예측해야 한다. 그리고 그 방향성의 바람직함과 실현가능성을 분석해야 한다. 그래서 세 가지 질문을 던지기로 했다.

먼저 첫 번째 질문은 '지금 대한민국은 어디에 있는가?'이다. 이 질문에 답하기 위해서는 한국의 강점과 약점, 기회와 위기 요인을 분석해야 한다. 산업화, 민주화, 선진화의 압축성장 과정에서 축적된 대한민국의 자산, 즉 강점은 무엇인지, 또 발목을 잡는 부채이자 약점은 무엇인지, 안팎의 충격에 처할 때 위기와 기회 요인은 무엇인지 파악해야 한국의 미래를 예측할 수 있다.

두 번째 질문은 '대한민국은 어떤 미래가 가능한가?'이다. 이 질문에 답하려면 우리에게 '예정된 미래EF'와 '바람직한 미래DF'는 무엇인가를 성찰해야 한다. 미래학자들은 예정된 미래를 BAUBusiness as Usual 시나리오라고 부른다. BAU에서 미래는 현재의 단순 반복 연속선에 있다. 한국이 지금의 상황을 단순 반복 연속한다면 어떤 예정된 미래를 맞이하게 될까? 짐작건대 아르헨티나의 길, 이탈리아의 길, 일본의 길과 크게 다르지 않을 것이다. 그들은 현재 추락, 몰락, 쇠락의 길에 서 있다. 오래전부터 예견되던 추락, 몰락, 쇠락에도 불구하고 여전히 그 사회의 문제를 해결하지 못했기 때문이다. 그들의 길이 대한민국의 '예정된 미래'이길 바라는 국민은 아무도 없을 것이다.

세 번째 질문은 '바람직한 대한민국의 미래는 무엇일까?'이다. 이 질문의 답은 '예정된 미래'를 거부하고 '바람직한 미래'로 방향을 전환할 수 있는 정책은 무엇인가의 답과 같다.

나는 '대한민국은 어떤 미래를 꿈꾸는가'의 답을 찾는 한국고등교육재단의 KFAS 50 프로젝트를 설계하면서 두 가지 원칙을 세웠다. 첫째, 연구 분야는 정치, 경제, 사회로 구성되는데 각 분야는 그 분야의 대표 학자와 상대적으로 젊은 학자가 팀을 이룬다. 사회과학은 하나의 답만 존재하지 않기에 학문의 세대 간 소통과 다양한 시각을 연구에 녹여내고 싶었다.

둘째, 각 분야의 연구는 고립적인 학술연구는 지양한다. 정치, 경제, 사회 분야의 성찰과 대안은 모든 분야 연구자들이 모인 자리에서 공유되고 비판적으로 소통된다. 실사구시의 학문인 사회과학이 현실을 제대로 진단하고 고통을 극복할 수 있는 효과적인 처방을 하려면 경제·사회 없는 정치, 정치·사회 없는 경제, 정치·경제 없는 사회 연구로는 불가능하다. KFAS 50 프로젝트는 통섭적 접근 interdisciplinary approach을 지향한다.

2023년 봄 KFAS 50 프로젝트의 구상을 구체화하고 답을 제공할 수 있는 학자들을 찾기 위해 서울대학교 사회학과 이재열 교수에게 연락했다. 이재열 교수와는 재단 50주년의 한국 사회에서의 의미와 영향을 성찰하기 위해 2021년부터 다각도의 모색을 해왔다. 나는 이재열 교수가 KFAS 50 프로젝트를 이끄는 총괄팀장이 되어주길 요청했다. 그리고 모든 연구자가 모일 첫 번째 모임에서 한국 사회의 현재 상황을 성찰하고 바람직한 미래 모습을 모색하는 기조 발제를 부탁했다. 감사하게도 그는 이를 학자로서의 소임이라 생각하며 흔쾌히 승낙해주었다. 이후 총괄 분야는 이재열, 정인관, 정치 분야는 장훈, 송지연, 경제 분야는 송의영, 정혁, 사회 분야는 김선혁, 조인영으로 연구진이 꾸려졌다. 여름의 열기가 식어가는 가을이었다.

그해 겨울 우리는 강릉에서 첫 번째 워크숍을 가졌다. 푸른 동해를 앞에 두고 한국 사회의 현재 모습, 예정된 미래, 바람직한 미래를 토론했다. 끝없이 펼쳐진 바다만큼이나 대한민국의 미래가 희망차길 소망하며 시간 가는 줄도 모르고 토론을 이어갔다. 그리고 2024년 여름까지 프로젝트를 완성하고 다듬어서 재단 50주년인

2024년 11월에는 '대한민국은 어떤 미래를 꿈꾸어야 마땅한가?'
에 대한 우리의 담대한 구상을 세상에 공개하기로 다짐했다.

2024년 2월에 후쿠오카에서 열린 워크숍에서 우리는 질문과 과
제를 더욱 구체화했다. 한국 연구진들은 추운 겨울의 후쿠오카에
서 낮과 밤을 잊은 채 질문의 행진을 이어갔다. 조선통신사의 길목
이었던 시모노세키. 중국 천하에서 일본으로의 아시아 세력 변동
을 선언했던 청일전쟁 강화협상의 현장을 살피며 연구진은 대한민
국의 미래에 대한 막중한 책임감이 솟았다. 그 강화협상에서 조선
은 청과 일본에 그저 흥정의 대상이었고 자강하고 혁신하지 않은
국가에 독립적인 주권은 없었음을 기록으로 확인했다. 후쿠오카
워크숍에서 정치, 경제, 사회 분야의 연구자들은 더욱 융합적인 그
리고 더 높은 곳에서 조망할 수 있는 사회과학도로 자신들의 변화
를 체험했다. 프로젝트가 활주로를 떠나 하늘로 날아오르기 시작
한 것이다.

2024년 봄 우리는 두 번의 세미나를 기획했다. 미래사회 예측,
연구, 그리고 대한민국의 인구구조 변화의 의미와 관련한 세미나
였다. 국회미래연구원 박성원 박사[*]와 고려대학교 이종화 교수와
함께한 이 세미나는 우리 연구진이 생각의 공간을 확장하고 공용
문법을 가다듬는 소중한 계기가 되었다. 봄의 끝자락인 5월 대만
카오슝 워크숍에서 연구진은 중간발표물을 공유했다. 이 워크숍에
서 우리는 대한민국의 바람직한 미래는 '품격 있는 혁신' 사회라는
공감대를 형성했다. 혁신 없이는 이제 막 도달한 선진국에서 추락
한다는 위기감과 기득권에 편향되지 않고 공동체와 공공의 이익을

---

[*] 발표 당시 직함

증진하는 혁신이어야 성공할 수 있다는 인식이 공유되었다.

이렇듯 바람직한 미래의 방향은 정해졌으나 현실은 여전히 우울했다. 21세기가 시작된 이후 대한민국이 제대로 이루어낸 유의미한 개혁이 거의 없다는 절망감 때문이다. 그래도 우리는 희망을 포기할 수는 없었다. 바람직한 미래를 위해 대한민국은 어떤 개혁이 필요한가, 그 개혁을 과연 어떻게 해낼 수 있을까에 대해 연구진은 치열하고 격정적인 논의를 이어갔다. 그리고 마침내 KFAS 50 프로젝트가 세상으로 나왔다.

### 50년 뒤 대한민국은 바람직한 미래에 이미 도착했기를……

지금 대한민국은 미래비전이 사라진 사회이다. 학자들은 스스로를 지식인으로 생각하지 않는다. 그저 자신이 연구하는 분야의 전문가 역할에 만족한다. 그 결과 놀랍게도 대한민국의 미래비전을 향한 사회과학도들의 지적 경쟁은 실종되었다. 이런 절망적인 지적풍토 위에 '대한민국은 어떤 미래를 꿈꾸는가?'의 질문을 스스로 던지고 그 답을 찾기 위한 성찰은 위태롭고 위험한 항해였다. 불가능하게 여겨졌던 대항해를 꿈꾸게 하고 기꺼이 동참해준 연구진들에게 감사와 경의를 표한다. 나를 버티게 해 준 것은 대한민국에 최초로 사회과학도를 양성하겠다는 재단 설립자 최종현 이사장의 담대한 비전과 세상 풍파에도 아랑곳하지 않고 50년 인재 양성의 외길을 묵묵히 걸어온 한국고등교육재단의 뚝심이었다. 오로지 한국고등교육재단만이 할 수 있다는 자신감과 사명감으로 우리는 역사 앞에 마주 서기로 했다.

이 책은 대한민국의 바람직한 미래를 위한 치열한 성찰의 결과이다. 세월이 흘러 역사의 시계가 재단 100주년을 마주할 때 50주년을 맞이했던 재단은 한국 사회를 위해 무엇을 했느냐고 묻는다면 "대한민국의 다음 50년의 비전을 제시했다."라고 답할 것이다. 그때 대한민국은 우리가 그려낸 담대한 미래에 얼마나 근접해 있을까. 부디 미래세대는 역사의 도전을 이겨내어 우리가 꿈꾸었던 바람직한 미래에 이미 도착했기를 소망한다.

저자들을 대표하여
최병일

# 3장
## 어떻게 정서적 내전을 극복할 것인가     **213**

# 4장
## 불확실한 미래를 어떻게 맞이할 것인가     259

# 1장

# 대한민국을 해부하고
# 미래를 설계한다

## 이재열

서울대학교 사회학과 교수

서울대학교 사회학과를 졸업했고 동 대학원에서 석사학위를 받았다. 미국 하버드대학교에서 사회학 박사학위를 받은 후 사회조직과 네트워크, 사회이론, 재난과 위험을 중심으로 연구하고 있다. 서울대학교 한국사회과학자료원 원장과 사회발전연구소장을 역임했으며 대통령직속 미래기획위원회 민간위원으로 활동했다. 현재는 사회적가치연구원 이사로서 학문과 사회적 실천을 연결하는 역할을 하고 있다.

주요 저서로는『다시 태어난다면 한국에서 살겠습니까』『경제의 사회학』이 있으며『진격하는 AI와 흔들리는 노동자』『Social Well-Being, Development, and Multiple Modernities in Asia(아시아의 사회적 복지, 발전, 그리고 다중 근대성)』등의 공저를 통해 현대 사회의 주요 현상을 폭넓게 탐구하고 있다.


## 정인관

숭실대학교 정보사회학과 교수

서울대학교 사회학과를 졸업했고 동 대학원에서 석사학위를 받았다. 미국 예일대학교에서 사회학 박사학위를 받았다. 주요 연구 분야는 세대 간 사회이동, 디지털 불평등, 교육사회학이다. 최근에는 디지털 기술 이용과 사회 구조의 상호작용에 초점을 맞춰 한국 사회의 불평등 문제를 연구하고 있다.

주요 공동 저서로는『플랫폼 임팩트 2023』『정치 양극화와 한국 민주주의의 위기』가 있다.

# 경제 기적 이후
## 거센 도전에 직면하다

　건국 이래 반세기를 지나는 동안 한국이 보여준 놀라운 성장에 세계는 찬사를 아끼지 않았다. 노벨경제학상 수상자인 경제학자 로버트 루카스Robert Lucas는 1993년에 발표한 논문에서 한국의 경제 성장을 "기적"이라 표현했다. 2011년에 노벨경제학상을 받은 토머스 사전트Thomas Sargent 교수 또한 "한국의 역사와 경제는 기적 그 자체"라고 했다. 심지어 세계은행WB은 「2024년 세계개발보고서」에서 "한국이 25년간 이뤄낸 성과를 오늘날 중진국이 50년 만에 달성해도 기적"이라며 한국의 놀라운 경제 성장을 극찬했다.

　그뿐만이 아니다. 경영학의 대가 피터 드러커Peter Drucker도 "역사에 기록된 것 중 한국전쟁 후 40년 동안 한국이 이룩한 경제 성장에 필적할 만한 것은 없다."라며 칭찬했다. 파리 정치대학의 기 소르망Guy Sorman 교수 또한 "한국의 경제 발전사는 인류의 소중한 문화유산"이라고 평가했다.

　이렇듯 한국의 성장은 "기적"이라는 표현으로도 다 담아낼 수 없는 눈부신 성취였다. 게다가 한국이 이뤄낸 성장과 성취는 비단 경제에만 국한되지 않는다. 정치적인 측면에서도 한국은 오랜 권위주의 체제를 무너뜨리고 아시아 국가로는 손에 꼽히는 1등급 민주주의를 성취했다. 스탠퍼드대학교 정치학과 래리 다이아몬드Larry Diamond 교수는 지난 2000년에 이미 "1974년 시작된 세계 민주화 제3의 물결 이후 민주주의로 전환한 60여 개의 국가 중 대한민국은 가장 중요하고 교훈적인 사례 중 하나이다."라고 평가했다.

## 한국은 선진도상국인가, 선진국인가

◆ ◆ ◆

"기적"이라는 말로도 부족한 한국의 놀라운 성장에 모두가 고개를 끄덕이는 것은 아니다. 한국이 과연 선진국일까에 대한 의구심도 만만치 않다. 한국은 선진국이 아닌 여전히 선진도상국이라는 주장이다.[1] 한국이 일시적으로는 선진국 수준에 도달한 것처럼 보이지만 그 상태를 안정적으로 유지하기가 힘들다는 것이다. 특히 한국이 현재의 경제적 수준을 지속할 수 있을지에 대한 염려가 크다. 중국은 첨단기술 개발 분야에서 빠른 속도로 부상하고 있고 미국은 자국우선주의 강화로 무역 장벽을 더욱 높이고 있다. 이는 수출 의존도가 높은 한국 경제에 치명적인 영향을 줄 수 있다.

한국의 선진도상국 현상은 경제 성장의 정체에서도 확인된다. 경제학자 이근 교수가 2012년에 고안한 경제추격속도지수에 따르면 한국 경제는 2020년부터 현재까지 이렇다 할 성장 없이 정체되어 있다. 경제추격속도지수는 한 국가의 소득수준과 경제규모가 다른 국가들과 비교하여 얼마나 빠른 속도로 성장하고 있는지를 나타내는 지수다. 즉 국내총생산GDP 성장률이 절대평가인 반면 경제추격속도지수는 특정 국가의 경제가 선진국을 따라잡는 추격 속도를 상대적으로 평가한다는 특징이 있다.

경제추격속도지수를 계산할 때 보통은 세계 제1의 경제대국인 미국과 비교하여 각 국가의 상대적 성장 수준을 확인한다. 일본의 경우 2000년대 초 미국 1인당 국내총생산GDP의 70%를 넘었으나 20년이 지난 지금까지 제자리걸음이다. 세계에서 가장 빠른 경제 추격 사례로 꼽히는 한국이라고 크게 다르지 않다. 한국은 1960년 대부터 1980년대까지 빠른 성장을 거쳐 2018~2019년에는 미국의 1인당 국내총생산GDP의 70%를 넘어섰다. 그러나 이후 별다른 성장 없이 그 수준에 머물고 있다.

"기적"이라는 찬사로도 부족할 만큼 놀라운 성장을 하던 한국은 왜 갑자기 멈춰버린 걸까? 한 국가의 경제 성장은 경제 외적인 요소와 밀접한 관련이 있다. 한국 경제의 미래를 예측할 때도 안정적 경제 성장의 바탕이 되는 비경제적 조건들을 함께 살펴보아야 한다. 오늘날 한국은 인구, 고용, 지역, 세대 등 여러 사회적 지표들이 날로 우울해지고 있다. 이는 한국의 사회적 위험이 꾸준히 증가하고 있음을 보여준다.

상대적 빈곤율의 감소가 정체된 상황에서 사회적 안전망은 여전히 부족하다. 공식적인 제도 밖에서 개인에게 힘이 되어주던 공동체의 가치도 힘없이 무너지고 있다. 그뿐만 아니다. 갈수록 떨어지는 출산율은 한국을 세계 최악의 인구절벽 상태로 몰고 갔다. 사회의 희망이 되어줄 청년층의 삶도 높은 실업률로 괴롭고 불안하기만 하다.

정치는 또 어떤가. 정치는 경제와 깊은 연관성을 가지며 서로 직간접적인 영향을 미친다. 그런데 오늘날 한국에서 정상적 정치과

정은 균열을 넘어 붕괴의 징후를 보인다. 노벨경제학상 수상자인 대런 아세모글루Daron Acemoglu는 인류 역사를 돌아볼 때 '좁은 회랑'으로 진입한 나라가 민주적 선진국이라고 했다. 그는 저서 『좁은 회랑The Narrow Corridor』에서 리바이어던Leviathan이 되고자 하는 정치권력과 여기에 족쇄를 채우는 시민사회의 팽팽한 균형이 만들어내는 공간을 '좁은 회랑Narrow Corridor'이라 표현했다.

1987년 민주화운동을 시작으로 좁은 회랑에 진입한 한국은 아시아에서는 일본보다도 나은 민주주의를 갖췄다는 평가를 받아왔다. 그러나 2024년 12월 3일 누구도 상상하지 못했던 미개한 정치 상황이 벌어졌다. '계엄령 선포'라는 초현실적인 사건이 벌어진 것이다. 이후 탄핵 심판 선고까지 123일을 거치며 국가와 시민사회 사이의 건강한 균형인 좁은 회랑에서 이탈할 위기에 처했고 선진국 한국의 발목을 잡은 정치의 후진성이 만천하에 드러났다. 게다가 계엄령 선포는 산업, 금융, 소비 등 경제활동의 전반에 걸쳐 큰 혼란과 불안감을 만들었고 경제 성장의 둔화와 경기 침체로 이어졌다.

## 어떻게 진정한 선진국으로 안착할 것인가

◆ ◆ ◆

한국이 모든 불안과 의구심의 꼬리를 떼어내고 진정한 선진국으로 안착하려면 어떻게 해야 할까? 한국은 정체된 성장에 다시 속도를 올릴 단서를 찾고 적극적으로 실천해야 한다. 그 단서는 한국을 중진국의 함정에서 벗어나게 해준 핵심 전략에서 찾을 수 있다.

전 세계가 인정하듯이 한국은 반세기라는 짧은 기간에 기적과도 같은 성장을 이뤄냈다. 그리고 그 결과물로 '선진국'의 대열에 합류했다. 1820년 산업혁명 이후 19세기를 거치며 굳어진 유럽, 미국, 일본 중심의 선진국 대열은 20세기를 거치면서도 별다른 변화가 없었다.[2] 한국의 선진국 진입은 오랜 기간 견고하게 유지되던 선진국의 질서를 무너뜨린 예외의 현상이었다.

많은 국가가 선진국이 되길 희망한다. 그러나 실제 중진국 중에 선진국으로 발전하는 경우는 무척 드물다. 후진국에서 중진국까지 발전하는 것과 중진국을 넘어 선진국 대열에 합류하는 것은 난이도에서 엄청난 차이가 있기 때문이다. 오죽하면 '중진국 함정'이라는 말이 생겼을 정도이다. 중진국 함정이란 개발도상국이 중진국에 진입한 뒤 성장이 장기간 정체되어 고소득 국가로 도약하지 못하는 현상을 뜻한다. '함정陷阱' '덫trap'이라는 표현이 쓰일 정도로 중진국을 넘어서 선진국이 되기까지의 과정은 매우 길고 어렵다.[3] 그리고 이 과정을 거쳐 선진국으로 도약한 나라도 드물다. 한국과 함께 오랫동안 중진국의 선두대열에 있던 브라질도 결국 선진국 진입에 실패했다. 1990년대 이후 고속성장을 지속하던 중국도 오랜 정체기에 머물며 중진국 함정에 빠졌다는 평가를 받고 있다.

중진국 함정에서 벗어나 선진국이 되는 방법은 과연 무엇일까? 세부적인 방법은 각 국가가 처한 상황에 따라 다를 수 있다. 그러나 분명 모든 국가가 공통으로 선택하는 전략도 있을 것이다. 세계적인 경제학자들은 한국의 사례에서 그 해답을 찾고 있다. 그렇다면 한국은 어떻게 이 '함정'에서 벗어날 수 있었을까? 학자들은 한국이 중진국 함정에서 벗어나 선진국으로 도약한 핵심 전략으로 '창조적 파괴'를 꼽는다. 세계은행WB 또한 세계개발보고서를 통해 "중진국이 함정에서 벗어나기 위해서는 창조적 파괴를 실천해야 한다."고 발표했다.

'창조적 파괴Creative Destruction'는 경제학자 조지프 슘페터Joseph Schumpeter가 정립한 용어로 '경제가 발전하려면 기존의 산업이 파괴되고 새로운 산업이 창조되어야 한다.'라는 개념이다. 노벨 경제학상 수상자들인 프랑스 경제 석학 필리프 아기옹Philippe Aghion 교수와 브라운대학교 경제학과 피터 하위트Peter Howitt 교수는 한국을 '창조적 파괴'의 대표적 성공사례로 꼽았다. 그들은 한국이 수출에 주력하면서도 신기술을 빠르게 도입해 성공을 거두었다는 점에 주목했다. 그리고 "중진국이 더 크게 성장하려면 기존 시장 주체를 경쟁 시장으로 유도하고 신규 진입자를 끌어들이며 외부에 경제를 개방해야 한다."라며 "이 과정에서 창조와 파괴가 모두 발생한다."라는 것을 강조했다. 영국의 경제 칼럼니스트인 마틴 울프Martin Wolf 역시 한국이 중진국 함정을 벗어난 핵심 전략으로 해외 유학과 연수를 통한 신기술 도입, 숙련노동력 공급 확대, 해외 직접투자와 무역을 통한 시장 확대 등 국내 경제구조의 혁신을 꼽았다.

## 한국은 제2의 창조적 파괴를 이끌어야 한다

◆ ◆ ◆

"한국이 과연 선진국일까?"

이러한 의문은 한국이 선진국의 문턱에서 발목이 꺾여 다시 중진국 함정에 빠질 위기에 처했음을 짐작하게 한다. 그렇다면 현 상황에서 한국은 어떤 창조적 파괴를 이끌어야 할까? 무엇보다 급변하는 국내외 상황을 정확히 분석하고 예측하며 더욱 적극적으로 대처해야 한다. 특히 글로벌 가치사슬의 재조직화와 한반도를 둘러싼 안보환경의 변화에는 더욱 기민하게 대응해야 한다. 또 인공지능 시대에 맞춘 빠른 디지털 전환, 지구온난화, 기후변화, 그리고 심각한 저출산과 고령화라는 분명한 과제 역시 미리 대비해 두어야 한다. 그 과정에서 버릴 것은 과감히 버리고 새롭게 창조할 것은 적극적으로 준비하면서 제2의 창조적 파괴를 실천해야 한다.

### 미국 우선주의는 기존 무역과 안보 질서를 흔든다

2025년 트럼프 2기의 시작 후 더욱 강화된 '미국 우선주의 정책'은 오랜 기간 유지되어 온 국제무역에서의 게임의 규칙을 변화시키고 있다. '우리(세계)'를 뒷전으로 밀어내고 노골적으로 '나(미국)'를 먼저 챙기기로 한 것이다.

미국은 트럼프 1기에 이미 환태평양경제동반자협정TPP에서 탈퇴하고 북미자유무역협정NAFTA을 재협상 대상으로 만들었다. 또한 중국과의 무역분쟁을 심화시켰다. 이로 인해 자유무역질서가 훼손되고 보호무역주의가 강화되었다. 또 국제연합UN, 세계보건기구WHO 등 국제기구에 대한 지원을 축소하며 다자주의 기반의 국제협력 체계를 약화하고 일방주의적 행보를 보였다. 트럼프 2기는 미국 우선주의를 본격화했다. 공적개발원조ODA 예산을 크게 줄였고 국제적 개발 협력도 축소했다. 또 북대서양조약기구NATO 등 전통적 동맹과의 관계를 재조정했다. 특히 동맹국이 분담하는 방위비의 증액을 요구하는 등 일방적인 정책 결정으로 동맹의 결속력을 약하게 만들고 있다.

이렇듯 더욱 강화된 미국 우선주의는 무역과 안보 등 기존의 질서를 근본적으로 흔들고 있다. 그 결과 경제와 정치를 망라하여 국제사회의 불확실성이 커지고 있고 한국에도 강력한 위기 요소로 작용한다. 수출에 의존한 한국 경제에 빨간불이 켜지는 것은 물론이고 대북 정책과 관련한 불안감까지 고조된다. 이러한 현실에서 한국은 어떤 전략적 선택을 해야 하며 또 그것을 어떻게 실천해낼지에 대한 고민이 필요하다.

### 기술 발전, 기후 변화, 저출산과 고령화 준비를 해야 한다

인공지능 시대의 급속한 기술 발전과 빠른 디지털 전환은 우리의 상상력을 뛰어넘는 놀라운 변화를 가져오고 있다. 특히 인간의 역량을 대체할 기술의 개발은 노동시장에 기대와 우려를 동시에 던져준다. 당연하게 여겨졌던 익숙한 일자리가 속속 사라지고 새로운 형태의 일자리가 만들어지고 있다. 또 일자리는 유지되더라도 수행하는 내용이 변화하기도 한다. 그뿐만 아니다. 자동화 시스템이 단순 생산업무를 대체하던 것을 넘어 인공지능은 전문직과 사무직의 영역까지 도전하고 있다. 이러한 변화는 앞으로 인간이 무엇을 해야 하는지에 대한 근본적인 질문을 낳고 있다.

지구온난화를 비롯한 기후변화도 더는 미래의 일이 아니다. 급속한 산업화로 온실가스 배출량이 증가했고 이는 지구의 평균 기온을 상승시키는 결과를 가져왔다. 2023년 기준으로 볼 때 지구 평균 기온은 산업화 이전보다 약 1.2도 상승했다. 게다가 지구 평균 기온의 상승은 해수면의 상승으로까지 이어지고 있다. 전 세계적으로 해수면이 1901년부터 2018년까지 약 20센티미터 상승하였다. 한국도 지구온난화에 따른 기후변화에 고스란히 노출되고 있다. 2021년 여름에는 최장기간의 폭염이 있었고 2022년에는 수도권을 중심으로 한 집중호우가 내리는 등 극단적인 기후 현상이 해마다 이어지고 있다. 게다가 급격한 기후변화는 생물 다양성의 감소와 생태계 파괴를 가속화하고 있다.

지구온난화를 비롯한 기후환경의 변화에 효과적으로 대응하기 위해서는 기존의 '성장 중심' 모델에서 벗어나야 한다. 즉 환경과 사회적 지속가능성을 함께 고려하는 새로운 패러다임을 만들어야 한다. 그러기 위해서는 자원의 재활용 확대, 탄소배출에 대한 강력한 규제, 재생에너지의 사용 확대, 순환경제 도입 등의 다양한 대안이 필요하다. 또 기존의 성장 개념을 새롭게 쓰는 대안적인 경제 패러다임에 대한 검토도 필요하다. 2017년에 영국의 경제학자 케이트 레이워스Kate Raworth가 창안한 '도넛 경제학Doughnut Economics'도 유용한 이론이다. 레이워스는 도넛 경제학에서 인간의 사회적 기반을 유지하면서도 지구의 생태적 한계를 초과하지 않는 균형을 강조한다. 이는 환경보존과 사회적 지속가능성의 과제를 동시에 해결할 방안을 찾는 데 도움이 될 수 있다.

한편 저출산과 고령화 현상 역시 정해진 경로를 벗어나기가 쉽지 않을 것이다. 한국의 합계출산율은 1970년대에 4.5명 수준에서 2023년에는 0.72명으로 급락하며 세계 최저 수준을 기록했다. 게다가 2024년 12월 기준 65세 이상 인구가 전체 인구의 20%를 넘는 초고령화 사회에 진입했다. 이러한 변화는 향후 생산가능인구가 급속히 줄어들고 노인인구 비율이 꾸준히 늘어날 것을 예견한다. 이러한 인구구조의 변화는 노인부양비와 국가복지재정에 큰 부담이 될 수밖에 없다. 이를 해결하려면 노동시장의 구조를 근본적으로 바꿔야 한다. 각종 복지제도를 통해 출산을 장려할 뿐만 아니라 이민 정책의 확대와 고령 인력의 노동시장 활용 정책 등을 준비해야 한다.

## 현실을 직시하고 미래의 방향을 모색하자

◆ ◆ ◆

지금 한국은 중대한 선택의 갈림길에 서 있다. 이 갈림길에서 잘못된 선택을 하면 선진국 진입이라는 빛나는 성과를 내려놓고 과거로 역행해야 한다. 역사적 경험에서 우리는 이미 분명한 교훈을 얻었다. 전환의 시기에 과감한 혁신과 구조적 재편을 하지 않는다면 더 나은 미래는 결국 막연한 바람으로만 끝나게 된다. 과거의 경로에 의존해 지금까지 해오던 방식대로 계속 나아간다면 종착지는 목표했던 그곳이 아닌 전혀 엉뚱한 곳이 될 수밖에 없다.

오늘날 한국은 중진국 함정을 벗어나 고도화된 경제와 선진민주주의를 갖췄다. 그런데 이는 선진국의 시작점에 도달한 것이지 결코 성공적으로 안착하고 지속할 능력을 갖춘 것이 아니다. 심지어 지금 한국 앞에는 기후위기, 인구감소, 지정학적 불안정성, 사회 양극화 등 거대한 도전들이 기다리고 있다. 이러한 격랑을 헤쳐 나가기 위해서는 정치, 경제, 사회 전 영역에 걸친 체계적인 진단과 이를 바탕으로 한 총체적 전략이 절실하다. 이제 한국은 더 큰 미래를 향한 제2의 창조적 파괴를 준비해야 한다. 따라서 이 책의 1장은 오늘의 한국 사회가 직면한 현실을 직시하고 미래의 방향을 모색하기 위해 다음의 네 가지 근본적인 질문을 제기하고 그에 대한 통찰력 있는 해답을 찾는다.

첫째, 현재 한국 사회가 겪고 있는 '승자독식 균열사회'의 구체적인 증상은 무엇인가? 한국은 세계적으로 주목받는 경제적 성과를 이루었음에도 심각한 사회적 불평등과 기회의 불균형을 겪고 있다. 이러한 모순은 어떤 형태로 드러나며 한국 사회 전반에 어떤 균열과 불안을 일으키는가를 살펴본다.

둘째, 지난 25년간 한국 사회에 나타난 승자독식 구조의 심화는 어떤 방향으로 굳어져 갔는가? 그리고 이러한 변화는 시대정신의 전환, 정치의 조직 양식, 경제 시스템의 작동 방식, 사회 전반에 미치는 파급효과, 외부환경의 변화 등 다양한 차원에서 과거와 어떤 뚜렷한 차이가 있는가를 살펴본다.

셋째, 이러한 승자독식 균열사회를 만들어내는 구조적 시스템과 작동 메커니즘은 무엇인가? 왜 우리는 문제의 심각성을 인식하면서도 여전히 유효한 해법을 찾지 못하고 있는가? 이 문제가 극단적 난제wicked problem이기 때문에 해법 자체가 어려운 것인가, 아니면 명백한 딜레마를 인식하지 못했거나 그것을 해결할 정치 사회적 의지가 미약하기 때문인가를 살펴본다.

넷째, 이와 같은 문제를 풀어내지 못하는 더 근본적인 이유는 사회를 지배하는 '멘탈 모델'이 여전히 과거에 머물러 있기 때문이다. 이 책의 1장에서는 한국의 바람직한 미래의 대안으로 혁신적 품격사회를 제안하고 실현 방법으로 시민 개개인의 인식과 사고의 틀이 근본적으로 전환되어야 함을 강조한다. 더불어 기존 사회와는 다른 멘탈 모델로서 '공유 기반의 집합행동이 이루어지는 공진화 사회'는 어떤 모습이어야 하며, 그것은 어떤 방식으로 구체화될 수 있는가를 살펴본다.

# 두 번의 사회 전환을 거쳐
# 승자독식 균열사회가 되다

지난 50년간 한국 사회는 닫힌 압축성장사회에서 탈압축 개방사회를 거쳐 승자독식 균열사회로 이행했다. 각 시기의 특징에 대해 살펴보면 다음과 같다.

**한국의 시기별 변화 요약**

| 시기 | 닫힌 압축성장사회<br>(1970~1980년대 중반) | 탈압축 개방사회<br>(1980년대 후반~1990년대 중반) | 승자독식 균열사회<br>(1990년대 후반~현재) |
|---|---|---|---|
| 멘탈 모델 | 국가의 생존,<br>가난으로부터 해방 | 민주화, 개방 | 경쟁, 메리토크라시 |
| 거버넌스 | 투입, 권위, 닫힘,<br>보이는 손 (조정) | 성과, 효율성,<br>열린 시스템 | 이익집단, 중앙권력 의존 |
| 정치 | 절연된 리더십,<br>권위주의 | 민주화, 탈권위화 | 민주화의 역설,<br>승자독식, 양극화 |
| 경제 | 기능적 호환성,<br>위계적 계획 | 자유화, 탈규제, 글로벌 압력 | 호환성 해체, 양극화 |
| 사회 | 밀물효과 | 지위재 경쟁 | 풍요의 역설<br>(자살률 폭증, 저출생) |
| 외부환경 | 냉전, 초대받은 발전 | 냉전 해체,<br>글로벌 가치사슬 | 신냉전, 기후변화,<br>남북 갈등 |

## 닫힌 압축성장사회였던 1970~1980년대 중반

◆ ◆ ◆

### 다 함께 돌격 앞으로!

1970~1980년대 중반은 한국 사회의 첫 번째 변화의 시기로 이 시기는 닫힌 압축성장사회로 특징지을 수 있다. 이 시기의 핵심가 치는 국가의 생존과 가난으로부터의 해방이었다. 전 국민이 "돌격 앞으로!"를 외치며 온 힘을 다해 달렸다. 덕분에 당시 한국은 수출 중심의 성장과 중화학공업으로의 전환이 매우 빠르게 이루어졌다. 그 결과 국민은 의식주를 걱정하는 절대적 가난에서 벗어나 경제 성장의 효과를 삶의 곳곳에서 느낄 수 있었다.

한국은 3년에 걸친 한국전쟁이 끝난 후 세계에서 가장 가난한 나라로 꼽힐 만큼 절대적 빈곤 상태에 놓였다. 농업과 경공업을 중 심으로 경제적 기반을 다져나갔으나 가난을 극복하기엔 역부족 이었다. 더군다나 당시 북한은 한국보다 강한 군사력과 중화학공 업 기반을 가진, 소위 '잘사는 나라'였다. 한국은 1974년이 되어서 야 1인당 국민소득 554달러를 달성하며 처음으로 북한을 경제적 으로 앞서기 시작했다. 이렇듯 북한의 군사적 도발의 위협과 절대 적인 가난의 극복이 눈앞의 과제로 놓인 현실에서 한국은 30년 후 의 미래를 내다보는 큰 그림을 준비했다. 1960년대의 산업화 모델 은 값싼 노동력을 활용해 전자부품을 조립하고 수출하는 방식이었 다. 이러한 방식의 성장에 한계를 깨달은 한국은 1970년대에 들어 서면서 중화학공업화를 통해 산업구조의 고도화를 본격적으로 추 진했다. 울산석유화학단지 건설, 방위산업 및 중화학공업 육성 등 을 통한 '엔지니어링 어프로치engineering approach'의 발전 전략을 수립 한 것이다.[4]

1980년대 중반까지 유지된 '닫힌 압축성장사회'는 정부가 주도하여 정치, 경제, 기업 거버넌스, 노사관계, 교육훈련 등 주요 영역을 모두 이끌었다. 정부는 은행과 기업을 강력하게 리드하며 마치 군사작전을 수행하듯이 일사불란하게 경제를 운영했다. 정부는 수출 목표를 설정한 후 기업의 실적에 따라 저금리 금융 혜택을 지원했다. 또 중화학공업 부문에 장기 투자가 필요한 경우는 재벌 중심의 민간 기업에 공장의 설립과 운영을 맡기고 감독하고 지원했다.

그뿐만 아니다. 인력의 공급도 주도하여 이끌었다. 급속한 중화학공업화로 기능공의 수요가 급증하자 정부는 전국에 공업고등학교를 설립했다. 그리고 성적이 우수한 중학생 중에 가정 형편이 어려운 졸업자를 장학생으로 선발해 기술교육에 주력했다. 또 직업훈련소도 군대식으로 조직해 인력을 양성했다. 이곳을 나온 교육생들은 대부분 기술 하사관으로 군 복무를 마친 뒤 중화학공업 공장에서 기능공으로 일했다. 당시 기업들의 거버넌스 역시 리더의 지휘 아래 일사불란하게 움직이는 군대식이었기에 인력을 양성하는 과정에서도 같은 시스템을 설계한 것이다.[5]

닫힌 압축성장사회에서 거버넌스의 특징은 '단순하지만 기능적 호환성이 높다.' '위계적 계획이 일사불란하게 작동한다.'라는 점이다. 그 정점에는 시민사회나 다른 정치세력의 도전을 허용하지 않는 '절연된insulated 리더십'을 행사한 권위주의적 정치지도자가 있었다. 권위주의 체제의 전형인 절연된 리더십은 발전국가 시기의 국가 주도 산업화 과정에서 효율성을 발휘하기도 했으나 그 과정에는 많은 시행착오가 따랐다. 특히 대의민주주의가 무력화된 유신체제에서는 사회적 갈등과 정치적 억압이 쌓여 결국 파국적 양상으로 치닫기까지 했다.

### 우리도 한번 잘살아보세!

1970~1980년의 한국은 가난했고 그만큼 물질적 재화가 중요했다. 당시 사람들은 하루하루의 끼니를 해결하는 것이 가장 시급한 과제였다. 닫힌 압축성장사회에서 국가는 경제 성장을 이끌며 이 부분을 가장 먼저 해결해주었다. 마치 밀물이 밀려오면 갯벌에 있던 크고 작은 배들이 모두 떠오르듯이 초기 단계의 급속한 경제 성장은 사회의 가장 취약한 계층까지 그 성과를 경험하게 했다. 국민은 눈앞의 걱정거리였던 의식주의 문제가 해결되고 생활이 점점 더 윤택해지는 것을 경험하게 되었다.

빠르게 성장하는 경제 속에서 사람들은 부모 세대보다 나은 삶을 현실로 체감했고 더 풍요로운 미래를 상상하게 되었다. 지금처럼 열심히 노력하면 오늘보다 더 나은 내일이 펼쳐질 것이라는 '희망의 문화'가 생겨난 것이다. 이러한 성취감과 희망은 "우리도 한번 잘살아보세!"라는 시대적 구호로까지 이어졌다. 생존의 위협에서 벗어나려는 시민들의 강한 욕망과 정치 경제적으로 제시된 지도자들의 미래비전이 함께 어울리며 하나의 상징적 구호로 울려퍼진 것이다.

장기적 사회계약도 점차 체계화되었다. 현금 유동성이 부족한 기업들은 장기적 고용을 약속하고 장래에 실현될 고임금을 보장함으로써 현재의 낮은 보상을 상쇄하려 했다. 신입사원들 역시 비록 현재의 월급은 낮을지라도 매년 오르는 연공형 임금체계가 보장하는 안정적 고용을 반겼다. 이처럼 미래 가치에 대한 사회적 합의는 눈앞의 이익보다는 머지않아 맞게 될 풍요로운 미래를 기대하며 함께 의기투합하게 했다.

## 탈압축 개방사회였던 1980년대 후반~1990년대 중반

◆ ◆ ◆

### 정치적 민주화와 경제적 개방화

두 번째 변화의 시기는 1987년의 민주화운동을 기점으로 한 '탈압축 개방사회'이다. 1980년대 후반부터 1990년대 중반에 이르는 탈압축 개방사회를 구성하는 두 축은 민주화와 개방화다. 급속한 경제 성장의 과정을 지나며 한국은 전통적 농업사회에서 기업의 활동이 왕성해진 산업사회로 전환했다. 그리고 이 과정에서 중산층도 함께 성장했다. 대도시를 중심으로 고소득 전문직과 고학력 화이트칼라가 급증하면서 생활 수준은 물론이고 중산층 의식을 가진 사람들의 비중도 크게 늘었다. 중산층은 경제적으로는 보수적이지만 정치적으로는 진보적인 태도를 보였다. 이들은 자신의 경제적 안정과 자산이 보호되면서 인간의 존엄과 권익 또한 지켜지는 민주적 사회를 열망했다. 민주사회에 대한 열망은 사회 곳곳에서 민주주의, 자유, 그리고 의사 표현의 욕구를 넘쳐나게 했다. 대학생들의 저항으로 시작된 민주화 물결은 중산층의 본격적인 참여로 더 큰 힘을 얻었다. 그 결과 대통령 직선제 개헌을 통해 기존의 권위주의 체제를 무너뜨리기 시작하면서 결국 수평적인 정권교체를 이루어냈다.

이 시기에도 한국은 여전히 경제 발전을 최우선 순위로 했다. 그러나 갈수록 심해지는 글로벌 압력 속에서 변화의 필요성 또한 커졌다. 그에 따라 무역 자유화와 탈규제 등을 통해 성과와 효율성을 우선하는 경제정책이 도입되기 시작했다. 1989년 베를린 장벽 붕괴와 1991년 소련 해체 등 냉전 종식 이후 글로벌 가치사슬이 단일화되었다. 한국 경제는 이러한 새로운 환경에 기민하게 대응하며 기회를 만들어갔다. 구소련과 동구권 국가들이 유망 시장으로 열린 데다 중국의 개혁개방과 급속한 산업화 또한 한국 경제에 큰 기회가 되었다. 특히 한국은 중국에 중간재와 기술재를 대규모로 공급하고 그곳의 값싼 노동력을 활용해 생산비용을 절감하는 방식으로 상당한 경제적 이익을 얻었다.

정치적 측면에서 탈압축 개방사회로의 전환은 중산층의 민주주의에 대한 강한 열망이 분출되면서 정치적 개방으로 이어졌다. 1987년의 제9차 헌법 개정을 통해 대통령 직선제 등의 체제가 수립됨으로써 권위주의가 평화적으로 해체되었다. 이후 문민정부가 출범하면서 정치의 개방성과 참여기회가 크게 확대되었다. 대통령 직선제 도입, 정당정치의 부활, 언론자유의 확대 등은 정치 체제를 더 수평적이고 민주적인 방향으로 전환하는 중요한 계기가 되었다.

경제적 측면에서는 시장 중심의 개방 경제체제가 구축되기 시작했다. 1996년의 경제개발협력기구OECD 가입을 비롯해 세계화, 금융 자유화, 통상 자유화 등의 흐름이 본격화되었다. 특히 1988년 서울올림픽은 한국의 국제적 위상을 크게 높이는 좋은 기회가 되어주었다. 그리고 해외여행 자유화와 같은 국민의 일상생활에서의 개방을 촉진하는 계기가 되었다. 이어진 김영삼 정부의 '세계화' 정책은 정치, 경제, 문화 전반에서 국가의 대외 개방을 제도화하고 가속화하는 기반이 되었다.

## 준비 없는 개방이 낳은 정치적 불안과 사회적 갈등

한국은 정치적 민주화와 경제적 개방이 맞물리며 탈압축 개방사회로의 구조적 이행을 본격화하게 되었다. 그리고 그 과정에서 큰 혼란과 위기를 겪어야 했다. 급하게 먹는 밥이 체하듯 준비되지 않은 개방은 심각한 부작용을 가져왔다. 정부 주도의 경제 성장이 오랜 기간 이어지면서 많은 기업이 과도한 빚으로 경영을 하는 등 '책임 없는 특권'을 누렸다. 특히 대기업과 금융권을 중심으로 도덕적 해이가 만연했고 중복투자와 자산 거품이 확대되었다. 이러한 내부적 구조가 급변하던 글로벌 경제 환경과 충돌하면서 마치 태풍에 무방비로 노출된 듯한 치명적인 충격을 경험하게 된다. 외환위기 직전에 자본이 빠르게 해외로 빠져나가면서 한국은 사실상 국가부도에 가까운 경제위기를 맞게 된 것이다.

민주화와 개방화라는 두 가지 과제를 열심히 해결해가던 중 왜 갑자기 이러한 큰 위기 상황을 맞게 된 것일까? 당시 한국 경제는 제도, 가치, 그리고 기업 경영의 관행에서 여전히 '닫힌 압축성장 사회'의 틀을 벗어나지 못한 상태였다. 즉 내부적으로 경제 성장의 기반을 제대로 갖추지 못한 상황에서 세계를 향한 문을 활짝 열자 내외부적 문제가 한 데 엉켜 큰 혼란을 가져온 것이다. 이는 "제도적 기반이 마련되지 않은 상태에서 글로벌 자본주의의 개방이 사회 경제적 불균형과 위기를 심화시킬 수 있다."라는 사회학자 마누엘 카스텔스Manuel Castells의 지적과도 일맥상통한다.

경제적 위기는 어김없이 사회적 위기로 이어졌다. 한국은 외환위기로 국가부도에 준하는 최악의 상황에 직면했고 국제통화기금 IMF으로부터 긴급 구제금융을 지원받는 대가로 고통스러운 개혁조치를 요구받았다. 차입경영으로 비대해진 대기업에 대한 구조조정, 부실화된 은행의 통폐합, 그리고 이에 따른 대규모 정리해고가 그 핵심이었다. 특히 가장 안정적인 직장으로 여겨졌던 은행권에서조차 구조조정이 단행되면서 중산층의 상징이었던 은행원들마저 보호장치 없이 노동시장의 바닥으로 추락했다. 이로써 한국 경제를 지탱해 온 제도적 틀이 충격적으로 해체되기 시작했다.

정부 정책이라는 '머리'는 국제통화기금IMF 권고에 따라 자유주의적 시장경제 모델로 급변했다. 또 '몸통'에 해당하는 내부노동시장 중심의 연공형 고용모델은 구조조정으로 힘없이 무너졌다. 그 결과 기업 내부의 안정된 정규직 노동자와 외부의 비정규직 중소기업 노동자 사이에 거대한 벽이 생겼다. 대규모의 구조조정에서 살아남은 내부의 정규직 노동자는 자신의 자리를 지키고 보호하기 위해 힘을 모았다. 기업별로 조직된 노조는 기업복지에 적응한 채 사회적 차원의 연대보다는 내부 구성원의 고용보호와 임금인상에만 집중했다. 반면 조직 기반이 약한 비정규직 노동자들은 동일한 노동에도 불구하고 절반 이하의 임금, 불안정한 고용 등 차별적인 대우를 받았다. 이러한 변화는 한국이 스웨덴이나 덴마크 같은 북유럽의 '큰 복지국가'와는 반대되는 이른바 '작은 복지국가small welfare state'가 된 결정적 계기였다.[6] 국내 노동계층 전체를 위한 안건을 내고 활동하는 큰 복지국가와는 달리 한국은 기업 내에서의 나의 이권에만 집중한 활동을 했다.

위기 이후 정치적 불안정과 사회적 갈등을 완화하기 위해 유럽식 조합주의를 모방한 노사정위원회가 급히 도입되었다. 그러나 노사정위원회는 이렇다 할 기능을 하지 못한 채 대통령 소속 경제사회노동위원회로 이름이 바뀐 지금까지도 상징적 존재로만 머물고 있다. 이처럼 IMF 시기 이후의 구조조정은 닫힌 압축성장사회가 유지해온 제도적 상호보완성을 무너뜨렸다. 그리고 정부(머리), 노동시장(몸통), 사회적 합의기구(다리)가 제각기 따로 움직이는 비일관적인 구조를 만들었다. 이러한 제도적 단절과 불균형은 이후 한국 사회를 승자독식의 균열사회로 이끄는 구조적 토대가 되었다.

## 지위재 쟁탈이 낳은 풍요의 역설

이 시기부터 한국 사회는 지위재positional good를 둘러싼 경쟁이 본격화되었다. 영국의 경제학자 프레드 허쉬Fred Hirsch는 『성장의 사회적 한계Social Limits to Growth』에서 한국과 유사한 경로를 밟았던 1970년대 영국의 사례를 소개한다. 영국은 제2차 세계대전 이후 급속한 경제 성장을 통해 의식주를 걱정하지 않아도 될 정도의 풍요를 이루었다. 그런데 아이러니하게도 국민이 느끼는 불안감, 박탈감, 이로 인한 사회적 저항은 더욱 거세졌다. 이른바 '풍요의 역설paradox of affluence' 현상이 나타난 것이다. 이러한 사회적 변화의 배경에는 일정한 소득수준을 넘어서면서 발생하는 가치의 전환이 있었다.

대다수 국가가 경제 성장의 초기 단계에서는 물질재가 중요하다. 먹고사는 것의 해결이 우선 과제이기 때문이다. 그러나 1인당 국민소득이 1만 달러를 넘어서면 지위재의 중요성이 급격히 커진다. 지위재란 타인과의 비교 속에서 그 효용이 결정되는 재화로 수요자의 상대적 위치에 따라 가치가 달라진다. 대표적인 지위재로 주택, 대학교육, 직장을 들 수 있다. 현재 한국의 주택보급률이 100%를 넘어서면서 전국적으로 빈집이 늘고 일부 지역은 인구소멸의 위기까지 겪고 있다. 그런데 모순되게도 서울과 수도권의 주택 가격은 계속 상승하고 있다. 주택은 단순한 거주의 목적을 넘어 자신의 지위를 확인하는 상징적 자산, 즉 지위재의 기능도 있다. 그러다 보니 남들이 선호하는 지역에 보란 듯이 내 집을 마련하고 싶은 것이다.

대학교육도 마찬가지다. 학령인구의 꾸준한 감소로 입학정원이 남아도는 상황에서 입시 경쟁은 더욱 치열해지는 모순된 현상이 나타나고 있다. 지방대학은 지원자가 점점 줄어 폐교하는 학교가 늘고 있으나 수도권 중심의 인기대학, 인기학과는 갈수록 경쟁률이 치열해진다. 대다수가 상위권 명문대라는 제한된 지위재를 욕망하기 때문이다. 노동시장 역시 지위재 중심의 경쟁을 한다. 일자리가 넘쳐나는 데도 대졸 구직자의 대다수는 일자리가 없다고 말한다. 그들의 대부분이 '좋은 일자리'를 원하기 때문이다. 한국은행의 추계에 따르면 '좋은 일자리'는 약 500만 개로 지난 20년간 큰 변화가 없었다. 과거에는 이 수치가 당시 대졸자 누적 수와 비슷했다. 하지만 현재 대졸자는 1,000만 명을 넘어서는 상황이다. 이로 인해 과거엔 대졸자라면 누구나 당연하게 차지할 수 있었던 좋은 일자리가 지금은 대졸자의 절반만이 누릴 수 있는 특권이 되었다.

이러한 지위재를 둘러싼 경쟁은 소득수준이 일정 단계에 도달한 사회에서 불가피하게 나타나는 현상이다. 그런데 한국 사회의 경우 그 양상이 더욱 치열하다. 급격한 구조변동과 불균형적인 성장이 이를 부추긴 탓이다. 모두가 원하는 좋은 집, 좋은 대학, 좋은 직장을 내가 차지함으로써 나의 지위를 타인보다 위에 두려는 것이다. 이러한 지위재를 둘러싼 과도한 경쟁은 사회 전반에 상대적 박탈감, 불평등 인식, 그리고 지속적인 경쟁 압박을 확대하는 구조적 원인이 되고 있다. 그 결과 청년층이 근로의욕을 잃고 노동시장에 참여하지 않는 현상이 커지고 있다. 일자리가 없는 것이 아니라 그들이 선호하는 양질의 일자리가 부족하다고 생각하기 때문이다. 이처럼 모두가 선호하는 '좋은 일자리'가 아니라면 아예 구직활동을 하지 않는 청년층이 늘면서 지방의 산업단지나 중소기업은 고령자와 외국인 노동자에 의존하는 구조가 굳어지고 있다.

문제는 여기에 그치지 않는다. 노동시장에서 기피 일자리가 늘고 선호 일자리가 고착되는 현상은 고용, 교육, 직업훈련 의지가 없는 청년 무직자인 니트NEET, Not in Employment, Education, and Training족의 증가로 이어지고 있다. 게다가 이들의 상당수는 평생을 부모에게 의존하며 살아가는, 이른바 캥거루족으로 전환될 가능성이 크다. 이미 일본에서는 늙은 부모의 연금에 기대어 함께 생활하는 중년층의 사례가 늘고 있다. 한국 역시 이와 유사한 경향이 나타날 가능성이 있다.

한편 지위재 경쟁은 개인의 사회적 계층을 규정하고 그에 근거한 자신감의 강도에도 영향을 미친다.[7] 1980년대 한국인의 평균소득은 현재의 10분의 1도 되지 않았다. 그럼에도 당시 많은 국민이 자신을 '중산층'이라고 인식했다. 절대적 가난에서 벗어난 것만으로도 충분히 중산층의 경제적 만족감을 느꼈기 때문이다. 그런데 최근 조사에서는 자신을 중산층이라 응답하는 비율이 크게 줄고 '서민'이라고 답하는 경우가 많았다. 서민은 조선시대 후처의 자식인 서얼庶孽에서 유래한 단어로 출생의 정당성에 대한 결핍감을 내포한 표현이다. 1980년대와 비교할 때 평균소득이 10배 이상이나 늘었음에도 왜 사람들은 자신을 중산층이 아닌 서민이라고 말했을까? 이는 소득수준을 떠나 사회적 위상에 대한 낮은 자의식, 나아가 계층 상승 가능성에 대한 포기와 단념의 정서로 해석될 수 있다. 이처럼 지위재 중심의 경쟁 질서는 청년층에게 꿈과 희망을 잃게 하고 사회 전체에 계층적 위화감을 심화해 발전의 걸음을 더디게 하는 요인이 된다.

## 승자독식 균열사회로서 1990년대 중반~현재

◆ ◆ ◆

### 부자나라의 불행한 국민

오늘날 한국은 불만, 불안, 불신이 가득한, 이른바 '3불 사회'가 되었다. 빠른 경제 성장을 경험한 덕분에 사람들은 웬만한 성취에는 만족하지 못하게 되었고 성장이 더뎌진 현재는 불만과 불안이 더욱 커지고 있다. 가뜩이나 팍팍한 현실에서 중년층은 자녀 교육과 노후 준비로 불안을 느끼고 청년층은 과거 세대와는 전혀 다른 미래 환경 속에서 희망을 잃어가고 있다. 여기에 국회를 비롯한 행정부와 사법부 등 공공제도에 대한 신뢰도 극히 낮아지고 있다. 21세기 이후 역대 정부들은 참여, 포용, 창조, 공정 등 이상적으로 설계된 가치들을 국정철학으로 제시했다. 하지만 현실은 배제, 차별, 무능, 불공정이라는 역설적인 결과만 내놓았다. 약속과 다른 결과, 이상과 다른 현실이 국민의 불신을 고조시키고 있다.

그뿐만이 아니다. 한국은 권위주의적 빈곤 국가에서 풍요로운 민주주의 국가로 발전했음에도 정작 국민의 정서는 분노로 가득하다. 불만, 불안, 불신이 켜켜이 쌓이면서 분출된 분노이다. 한국미래학회 회장을 역임한 전상인 교수는 지난 50년간의 한국 사회는 '헝그리 사회'에서 '앵그리 사회'로 전환되었다고 말한다. 그토록 바라던 풍요를 얻었음에도 왜 사람들은 행복하기는커녕 불만, 불안, 불신이 가득하며 심지어 '분노'하는 것일까? 그 원인은 1990년대 후반부터 현재까지 이어지는 승자독식 균열사회의 구조적 특성에서 찾을 수 있다.

한국 사회는 외환위기 이후 국제통화기금IMF의 처방에 따라 급격한 구조조정과 노동시장 유연화가 추진되면서 심각한 이중구조와 불균형 상태에 놓이게 되었다. 경제적으로는 글로벌 경쟁력을 갖춘 대기업과 생존이 위태로운 한계 중소기업, 과잉 보호된 내부 노동시장과 무방비로 내몰린 외부노동시장, 그리고 비정상적으로 팽창한 자영업 부문이 공존하는 격차사회格差社會*가 형성되었다. 사회적으로는 초저출산, 분노, 고립이 일상화되며 공동체적 연대의 기반이 약해진 갈등사회로 빠르게 변화해갔다. 그 결과 현재의 한국 사회는 성공한 소수가 자원을 독점하는 구조 속에서 실패한 다수는 배제되고 낙오되는 '승자독식 균열사회'가 되었다.

## 풍요의 역설

승자독식 균열사회의 구조적 특성을 보여주는 핵심 개념으로 '풍요의 역설'과 '민주화의 역설'을 들 수 있다. 먼저 풍요의 역설 현상부터 살펴보자. 오늘날 한국의 1인당 국민소득은 3만 달러를 넘어 4만 달러에 가까워졌으나 국민의 삶은 오히려 불행해졌다. 경제협력개발기구OECD의 사회 지표를 기반으로 한 보고서 「한눈에 보는 사회Society at a Glance」에 따르면, 한국은 높은 수준의 경제지표에도 불구하고 대부분의 사회지표에서 최하위를 기록하고 있다. 특히 고령화 속도, 실업 대비 수준, 사회적 안전망, 노인 빈곤율, 복지지출, 건강에 관한 우려, 자살률, 사회적 신뢰, 불안감, 사회적 고립, 중장년층의 외로움 등에서 심각한 양상을 보인다. 세계행복지수에서도 2013년 세계 41위, 2021년에는 62위, 2023년 57위로 하락하여 경제협력개발기구OECD 국가 중 최하위를 기록했다. 이

---

* 격차사회: 사회 내 계층, 소득, 정보, 산업 등 다양한 영역에서 격차가 심화해 중간계층이 줄고 상·하위 계층이 극단적으로 양극화되는 사회 현상

렇듯 한국은 1인당 국내총생산GDP은 꾸준히 성장해왔지만 국민의 행복감은 오히려 계속 하락하는 '풍요의 역설'을 겪고 있다. 경제협력개발기구OECD 회원국들과의 비교에서도 이러한 경향은 명확하게 드러난다. 한국의 국민 행복 수준은 전체 경제협력개발기구OECD 국가 중 하위권에 머무르고 있고 행복을 구성하는 긍정적 요소들도 대부분 하위권에 속한다. 예컨대 물질적 기반은 23위 수준으로 중하위권에 속하며 사회적 기반은 1990년에는 21위로 중위권이었으나 시간이 지날수록 계속 하락하여 2017년에는 25위까지 떨어졌다. 부정적 요소들의 순위 역시 낮은 편이다. 최근 물질적 격차는 다소 개선된 모습을 보이지만, 사회적 영역은 여전히 취약하며 경제협력개발기구OECD 평균보다 더 빠르게 악화하고 있다. 국내 전문가들의 연구에서도 한국의 국민 행복지표를 구성하는 요인 중에서 긍정적 요인보다는 부정적 요인이, 물질적 영역보다는 사회적 영역이 더 큰 취약점을 보이는 것으로 나타났다. 특히 사회적 요인은 최근까지도 개선 조짐을 보이지 않으며 다른 국가들과 비교해도 악화 속도가 빠른 편이다.[8] 이러한 점에서 정책적인 개입과 관리가 매우 시급한 상황이라 할 수 있다.

한편 한국은 심각한 초저출산 현상으로 인구소멸설까지 나오는 상황에서 자살률까지 급증하고 있다. 2022년 한국의 자살률은 인구 10만 명당 25.2명으로 경제협력개발기구OECD 1위다. 과도한 입시 경쟁은 높은 청소년 자살률로, 심각한 노인 빈곤은 세계에서 가장 높은 노인자살률로 이어졌다. 통계청장을 지낸 오종남 박사는 저서『은퇴 후 30년을 준비하라』에서 "한 사람이 30년을 배우고, 30년을 일한 후, 또 다른 30년을 살아야 하는 시대에 접어들었다."라고 진단하며 자녀에게 조기 상속을 하지 말 것을 권고하기도 했다. 이렇다 할 수입 없이 노년의 30년을 버텨야 하는 현실에서 장수는 축복이 아닌 또 다른 불안 요소가 되기 때문이다.

노인자살이 급격하게 늘어난 이유는 전통적인 가족 중심 복지체제가 무너졌음에도 불구하고 이를 대체할 국가재정 기반 복지시스템이 제대로 갖춰지지 못해서다. 과거 한국은 지금보다 공식적인 복지는 부족했으나 이른바 '숨겨진 복지'가 존재했다. 경제활동이 활발한 30~40대에 아파트를 장만하면 그 가격이 계속 올라서 퇴직 후 유용하게 활용할 수 있었다. 즉 아파트를 팔아 자녀의 결혼 자금과 노후 자금으로 활용하는 것이다. 이는 부동산 개발 건설업체, 정부, 그리고 중산층의 투자심리가 서로 어울려 만들어낸 일종의 '한국형 복지연금시스템'이다.[9] 그런데 인구감소와 주택 과잉공급으로 부동산 불패 신화가 무너지면서 '숨겨진 복지' 또한 사라졌다. 그 결과 경제적인 대책 없이 은퇴하는 사람들에게서 심각한 노인 빈곤의 문제가 발생했고 높은 노인자살률로 이어졌다.

이렇듯 한국은 지속적인 경제 성장에도 불구하고 국민의 삶은 더 불행해지고, 심지어 자살까지 생각하는 사람이 늘고 있다. 현재 한국이 처한 풍요의 역설을 해결하려면 그간의 '성장'이라는 목표가 과연 정당한 것이었는지에 대한 근본적인 의문을 제기해야 한다.

## 민주화의 역설

승자독식 균열사회의 구조적 특성을 보여주는 또 다른 핵심 개념은 '민주화의 역설'이다. 민주화는 한국 사회가 이뤄낸 중요한 성취다. 그런데 2024년 12월에 초현실적인 계엄령 선포와 탄핵 정국이 이어지면서 한국 정치의 후진성이 만천하에 드러났다. 아시아 최고의 민주주의 국가이자 전 세계에 한류열풍을 일으킨 선진국 한국에서 민주화의 역사를 역행하는 미개한 상황이 벌어진 것이다. 이로써 국민은 미성숙한 한국 정치가 국가 발전의 발목을 잡는 커다란 걸림돌임을 새삼 확인하게 되었다.

이러한 정치적 파국의 배경에는 민주화 이후 오히려 신뢰가 낮아졌다는 '신뢰 적자deficit of trust'의 문제가 자리하고 있다. 과거 관료적이고 권위적인 정권에서는 제도 신뢰와 일반 신뢰가 상대적으로 높았다. 그러나 민주화 이후 입법부, 사법부, 행정부 등 핵심 공공기관에 대한 신뢰가 급격히 추락했다. 규칙을 만들고 집행하며 위반자를 심판하는 기관들을 시민이 신뢰하지 못하게 된 것이다. 게다가 심판 과정과 결과에 대한 불신과 갈등에서 비롯된 사회 경제적 비용 또한 막대했다.

불행 중 다행인 것은 미성숙한 정치 환경에서도 한국 민주주의의 뿌리는 단단했다는 점이다. 느닷없는 계엄령 선포가 있었으나 다행히 '시민들의 저항과 군경의 소극적 임무 수행' 덕분에 국회가 계엄 해제를 결의할 수 있었다. 아스팔트에서도 꽃은 피어나듯이 민주주의의 뿌리가 죽지 않으면 반드시 다시 살아난다는, 한국 민주주의의 풀뿌리 기반 회복탄력성을 확인하는 소중한 계기였다. 더불어 헌법재판소의 일치된 판결로 윤석열 대통령 탄핵안이 인용되어 갈등을 풀어나갈 최소한의 제도적 장치가 작동하고 있음이 확인되기도 했다.

물론 헌법재판소의 선고문에서도 지적되었듯이, 윤석열 대통령의 계엄령 선포는 민주 정치의 근본을 흔드는 중대한 문제였다. 헌법재판소는 '국회는 소수 의견을 존중하고 정부와의 관계에서 관용 그리고 자제를 전제로 대화와 타협을 통하여 결론을 도출하도록 노력했어야 한다. 피청구인 윤 대통령 역시 국민의 대표인 국회를 협치의 대상으로 존중하였어야 함에도 국회를 배제의 대상으로 삼았다. 이는 민주 정치의 전제를 허무는 것이다.'라고 했다. 이렇듯 연속된 탄핵, 충돌, 그리고 민주주의의 근간을 허무는 독단적 계엄선포는 전형적인 비토크라시vetocracy*의 양상을 보인다. 계엄선포와 대통령 탄핵이라는 정치적 사건의 배후에는 비례성과 대표성을 상실한 단순다수제 선거제도로 인한 정치의 폭민화, 비토크라시의 심화, 정치의 사법화와 같은 구조적 요인들이 있다. 그리고 이러한 요인들은 결국 오늘날 한국의 '민주화의 역설'을 심화하는 원인이 되었다.

## 풍요의 역설과 민주화의 역설에서 벗어나야 한다

◆ ◆ ◆

1960~1970년대 한국 사회의 시대정신은 "우리도 한번 잘살아보세!"라는 구호로 상징되는 '성장'이었다. 그리고 1980년대 중반에는 대통령 직선제로 대표되는 '민주화'가 새로운 시대정신으로 부상했다. 그러나 외환위기 이후 한국의 시대정신은 분열되기 시작했다. 한쪽에서는 여전히 민주화 담론을 중요하게 여기지만 다른 한쪽에서는 성장을 대안으로 제시했다. 일부는 선진화를 새로운 시대정신으로 이야기하지만 그 정의가 불분명하듯이 내용 또한 모호하다. 이렇듯 산업화와 민주화의 성취 이후 한국이 추구하는 가치는 불분명해졌고 그 공백을 채운 것은 다름 아닌 '이익갈등'이었다.

---

\* 비토크라시: 상대 정파의 정책과 주장을 모조리 반대하고 거부하는 극단적인 파당 정치

"우리도 한번 잘살아보세!"라던 모두의 바람대로 현재 한국은 경제 성장, 과학기술 발전, 평화적 민주화 등에서 성공적인 결과물을 얻었다. 그러나 그 과정에서 발생할 문제들에 대한 고찰과 충분한 제도적 뒷받침이 없었던 탓에 '역설과 불일치'의 고통을 겪고 있다. 경제 성장의 측면에서는 이미 중진국 함정을 넘어선 것으로 평가되지만 민주적 거버넌스의 품격은 얕은 수준이다. 경제가 잘 작동하게 하는 '비경제적 토대'이자 정치가 잘 작동하게 하는 '비정치적 토대'인 '사회의 품격'이 낮기 때문이다. 그래서 정치적 전환과 제도적 개혁도 기대에 미치지 못하고 있다. 한국은 경제적으로는 중진국 함정에서 벗어난 듯 보이지만 정치적 전환에서는 여전히 걸음이 더디다. 한국이 풍요의 역설과 민주화의 역설에서 벗어날 돌파구를 찾는다면 모든 국민이 풍요롭고 행복한, 진정한 혁신적 품격사회를 만들어갈 수 있을 것이다.

# 시스템의 딜레마 구조와
# 멘탈 모델을 파악해야 한다

"보이는 게 다가 아니다."

이 말은 겉으로 드러난 것 외에 보이지 않는 무언가가 존재하며, 심지어 그것이 더 크고 중요할 수도 있음을 의미한다. 시스템 이론 가들이 제시하는 '빙산 모델' 또한 보이는 게 다가 아니며 보이지 않는 곳에 문제를 해결할 실마리가 있음을 보여준다. 사회의 다양하고 복잡한 문제들을 이해하고 분석할 때 종종 활용되는 빙산 모델은 겉으로 드러난 현상을 넘어 더 깊은 차원의 원인과 구조를 탐구하게 한다. 빙산의 수면 위에 드러난 사건은 단기적이고 개별적인 현상이다. 이러한 사건들은 시간의 흐름에 따라 반복되거나 변화하게 된다. 그러나 이보다 더 근본적인 층위는 눈에 보이지 않는, 빙산의 감춰진 90%에 해당하는 시스템 구조다.[10]

시스템 구조는 사건과 동향이 지속적으로 발생하게 만드는 조건이자 메커니즘이다. 이 구조를 이해하지 못하면 문제의 재발을 막을 수 없다. 시스템 구조에는 법, 제도, 정책 등과 같은 유형적 요소가 있다. 그리고 사람들의 인식과 행동의 토대가 되는 멘탈 모델과 같은 무형의 요소도 포함된다. 멘탈 모델은 세상을 해석하는 데 사용되는 개인의 심층적 가정, 믿음, 일반화된 인식의 틀로 정의된다. 멘탈 모델은 경험과 데이터를 기반으로 형성되며 의식·무의식적으로 사고와 행동을 지배한다. 따라서 형성하는 데 시간이 걸리며 바뀌는 데도 시간이 걸린다. 멘탈 모델은 주관적으로 형성되므로 완벽한 객관성을 보여주기 어려우며 현실을 단순화시키는 버전이다. 그러나 무의식적 가정은 문제 해결 방식을 제한하거나 창의적 접근을 방해할 수 있다.

## 사회를 총체적으로 이해해야 시스템을 개혁할 수 있다
◆ ◆ ◆

구성원들이 사회를 총체적으로 이해할수록 시스템의 반응 방식을 바꿀 기회가 많아진다. 한 사회를 총체적으로 이해하려면 드러난 증상과 역설, 그것을 만들어낸 시스템 구조, 그 구조를 뒷받침하는 심층적인 멘탈 모델이라는 세 층위를 구별하여 분석하고 각 층위에 대응하는 해법을 모색할 수 있어야 한다. 그렇다면 한국 사회의 표면에 드러난 두 가지 사회적 역설인 여섯 가지 구조적 시스템 딜레마와 그 이면에 작동하는 멘탈 모델의 문제를 차례로 살펴보자.

### 증상과 역설
한국 사회에서 겉으로 드러나는 증상들과 그 추이는 무엇이며 그로 인해 생기는 역설들에는 어떤 것이 있을까? 한국 사회에서 뚜렷하게 나타나는 증상으로는 지속적인 출생률 하락과 고령화의 심화, 1인당 국민소득의 꾸준한 증가, 세계 최고 수준의 자살률, 낮은 행복감 등이 있다. 이는 앞서 언급했듯 이른바 '풍요의 역설'이다. 국민소득이 높아졌음에도 국민의 삶은 불만, 불신, 불안으로 가득 차 있고, 행복감은 오히려 하락했고, 자살률은 급증했고, 아이를 낳지 않는 초저출산 현상이 멈추지 않는다.

'풍요의 역설'과 더불어 '민주화의 역설'도 가져왔다. 한국은 성공적인 민주화를 이뤘음에도 정치 효능감이 사라지고 정치에 대한 냉소가 팽배해졌다. 또 입법부·사법부·행정부에 대한 신뢰가 심각하게 훼손되고 판정 불복에 따른 사회적 갈등도 깊어졌다.

## 시스템과 딜레마

현재 한국 사회는 만성적이고 복잡한 문제들로 얽혀 있다. 이는 단기적이거나 관성적인 처방으로는 결코 해결될 수 없는 문제들이다. 사회 시스템은 쉽게 바뀌지 않는 특성이 있다. 개인과 집단의 행동 양식이나 동향은 시간의 흐름 속에서 다양한 사건들과 연결된다. 그리고 이러한 사건과 동향을 만들어내는 근저에는 일정한 시스템 구조가 존재한다. 결국 문제의 가장 근본적인 원인은 '빙산 아래'에 감춰진 시스템 구조에 자리 잡고 있으며 이는 표면에 드러난 현상들만으로는 파악하기 어렵다. 한국 사회의 시스템 구조에 자리 잡은 '여섯 가지 구조적 시스템 딜레마'를 살펴보면 다음과 같다.

## 고투입-저효율의 딜레마

스위스 국제경영개발대학원IMD의 국가경쟁력 평가 결과 한국은 2023년에 28위에서 2024년에는 20위로 상승했다. 그런데 국제경

증상과 역설

시스템의 딜레마 구조

멘탈 모델

영개발대학원IMD 국가경쟁력은 다양한 평판 요소를 바탕으로 산출되기 때문에 순위의 변동보다는 변하지 않는 경쟁력 프로파일의 특성에 주목할 필요가 있다. 세계경제포럼WEF의 2016년 보고서는 한국이 사회간접자본 투자, 대학 진학률, 특허 수, 브로드밴드 보급률 등 양적 투입 측면에서는 높은 순위이지만, 정부 규제의 질, 정책 결정의 투명성, 기업 이사회의 역할, 노사관계 협력, 금융시스템 등 제도의 운용과 관련된 항목에서는 최하위권을 기록했다고 지적한다. 즉 많은 자원을 투입하지만 낮은 효율 때문에 국가경쟁력의 강화에 제약이 생긴다는 것이다.

　2019년에 세계경제포럼WEF이 실시한 국가경쟁력평가에서 한국의 종합경쟁력은 세계 13위였다. 정보통신기술ICT 수용률(1위), 거시경제 안정성(1위), 전기 보급(2위), 교통 인프라(5위), 기대수명(7위) 등은 세계 최고 수준이다. 반면 노사협력(130위), 은행 규제(109위), 고용 및 해고 관행(102위), 외국인 고용의 용이성(100위), 사업 시작 용이성(97위), 기업가정신(88위), 정부 규제의 부담(87위), 노동력의 다양성(86위), 정책 일관성(76위), 사회자본(78위), 사법부 독립성(69위) 등은 매우 낮은 평가를 받았다. 이 평가에서도 한국이 높은 순위를 기록하는 항목들은 대부분 양적 투입과 관련된 지표들이다. 혁신역량 역시 투입 중심 지표로 보면 우수한 편이다. 반면 낮은 순위를 기록한 항목들은 대부분 제도의 운용이나 질적 측면에 해당한다. 정부 규제, 노동시장의 경직성, 대학교육의 질, 금융서비스 수준 등이 대표적이다. 시대와 사회적 요구에 부응하지 못한 채 장기간 방치된 제도들이 한국을 '고투입-저효율' 구조의 국가로 만든 것이다.

### 지속성 파괴의 딜레마

정치 부문에서 경직된 다수제 선거제도가 가져온 승자독식 구조는 국가적 장기 거버넌스의 실종을 낳았다. 정권을 잡은 정부들은 이전 정부와의 차별화를 내세웠고 그 과정에서 정책의 지속성이 훼손되었다. 예를 들어 이명박 정부의 '녹색성장' 정책은 한국이 국제적 협력을 주도하며 지속가능한 성장을 이끈 성공사례로 평가받았다. 그러나 같은 정당 출신인 박근혜 정부에 의해 이 정책은 사실상 폐기되었다. 박근혜 정부 시절에도 유사한 사례가 있었다. 박근혜 정부는 오랜 진통 끝에 2015년 일본군 위안부 문제에 대한 한일 협상을 타결했다. 그러나 문재인 정부가 집권 직후인 2017년에 이를 다시 파기했다. 이처럼 정권 교체 시 정책이 정반대로 뒤집히는 사례가 반복되면 심각한 파급효과를 가져올 수 있다. 특히 외교 분야에서는 그 충격이 매우 크다.

현재 한반도를 둘러싼 국제관계는 역사 갈등이 정치 갈등을 낳고 경제 갈등이 안보 갈등을 촉발하는 연동형 모순 상태에 놓여 있다.

실제로 문재인 정부가 한일 위안부 합의를 파기하자 일본의 아베 총리는 보복 조치로 반도체 핵심 부품 수출 규제를 단행했다. 그리고 한국은 이에 대응해 한일 군사정보보호협정GSOMIA을 종료하면서 일본의 안보를 정면으로 자극했다. 이처럼 과도한 차별화는 일차원적 해법에 집착한 나머지 다른 층위로 갈등을 확산시켰다. 한일 갈등은 한미 군사동맹을 약화해 미국의 방위비 분담금 증액 요구로 이어졌다. 게다가 북한은 핵을 놓고 목소리를 키웠고 러시아와 중국은 한반도에 대한 영향력을 확대하려 한다. 역사 갈등이 경제적 피해를 넘어 안보 위기로 증폭되는 구조는 단순한 차별화 전략이 아닌 복잡한 다차원적 해법이 필요함을 보여준다.

### 장기 목표 파괴의 딜레마

한국이 직면한 사회 문제는 구조적이고 고질적이며 포괄적이다. 반면 단임제 정부의 대응은 단편적이고 단기적이며 대중적이다. 그래서 5년이라는 짧은 기간의 처방이 오히려 장기 목표를 훼손하는 역효과를 낳고 있다. 참여정부가 내세운 참여, 분권, 균형이라는 모토는 수십 년에 걸쳐 추진해야 할 장기 비전이었다. 그런데 5년이라는 임기 안에 성과를 내야 한다는 압박감 때문에 결국 단기적 효과가 뚜렷한 정책으로 기울어졌다. 이는 비단 참여정부만의 상황은 아니다. 그간의 모든 정부가 대중적 지지도가 낮아질수록 단기 처방의 유혹에 이끌렸고 그러다 보니 애초의 장기 비전과 점점 멀어지는 딜레마에 빠졌다.

문재인 정부가 제시한 포용국가 이념에 기반을 둔 소득주도 성장과 비정규직 철폐 정책도 유사한 문제를 안고 있다. 단기적으로는 정부 예산을 투입해 공공 일자리를 확대하고 비정규직을 정규직화하는 것이 가능하다. 하지만 대기업과 중소기업의 혁신적 성장과 창업을 통한 민간부문의 고용 창출이 뒷받침되지 않으면 소득주도 성장은 지속하기 어렵다. 인천공항의 정규직 전환 발표 이후 각계에서 봇물 터지듯 쏟아진 정규직화 요구는 결과적으로 비정규직의 증가로 귀결되었다. 이는 단기처방이 강력한 사회적 기대를 충족시키기에는 적합한 도구가 아니었음을 보여준다.

장기적인 비전에서 비롯된 정책이 제대로 효과를 내려면 저항을 감수하면서라도 제도 개혁에 착수해야 한다. '참여와 분권'이 이상적이듯 '공정과 포용' 역시 매력적인 가치이다. 하지만 목표가 이상적이고 매력적일수록 단기 성과를 내기 어렵다. 따라서 조급한 처방은 오히려 그 목표로부터 멀어지게 만든다. 윤석열 정부의 의대 정원 확대 시도 역시 같은 맥락에서 볼 수 있다. 윤석열 정부는 의사 인력의 부족 문제를 단기간에 해결하고자 했다. 하지만 전공의와 개원 의사들의 집단적 반발을 가져왔다. 다양한 의료 직역 간의 이해관계를 충분히 조율하지 못한 결과 의료 생태계 전반의 혼란으로 이어졌다. 그 결과 문제 해결은커녕 더 큰 불안을 초래하게 되었다.

지방 혁신도시도 유사한 딜레마를 겪고 있다. 배후도시가 제대로 갖춰지지 않아 교육은 물론이고 의료나 쇼핑과 같은 기본 서비스조차 부족한 실정이다. 이런 이유로 가족 동반 이주율은 최하위 수준이며 수도권과의 거리를 메우기 위한 통근버스가 쉴 새 없이 운행된다. 이러한 문제들은 정도의 차이는 있지만 혁신도시 대부분이 공통으로 안고 있는 구조적 난제다.

중앙 의존의 딜레마

중앙과 지방의 권력관계를 근본적으로 바꾸지 않은 '분권'은 결국 중앙의 권력과 자원에 의존하는 '분산'에 그칠 수밖에 없다. 참여정부는 대표 정책인 분권을 단박에 실현하는 방안으로 행정수도 이전과 정부기관의 지방 이전을 선택했다. 그러나 지역이 실질적인 권한과 책임을 지고 스스로 운명을 결정하려는 '밑으로부터의 참여'가 부재한 상황에서 중앙의 재원과 조직을 물리적으로 지방에 나누는 정책이 중심이 되었다. 중앙부처는 정책 집행권을 쉽게 이양하지 않으려는 강한 관성을 지니고 있다. 그리고 지방정부는 재정 기반이 취약한 탓에 중앙에 대한 의존에서 벗어나기 어렵다. 결국 목표는 분권이지만 수단은 중앙집중 구조에 의존할 수밖에 없는 이중적 딜레마에 봉착했다.

행정부를 비롯한 여러 공공기관이 전국에 분산되었다. 하지만 공공기관들은 지역사회와 쉽게 융화하지 못했고 본래의 기능을 수행하는 데도 어려움이 많았다. 공공기관의 실무자들 대다수가 해당 지역의 주민이 아니기에 공감과 소통이 쉽지 않았고 실질적인 권한과 책임 또한 낮았다. 충북혁신도시(진천·음성)의 경우만 하더라도 정보통신, 인력개발, 공공서비스 등 11개 기관이 입주했으나 기관 직원들의 지역 정착률은 낮은 수준에 머물러 있다. 배후도시가 제대로 갖춰지지 않으니 가족을 동반한 이주를 꺼리는 것이다. 이러한 상황에서 지역의 운명을 스스로 결정하려는 '밑으로부터의 참여'는 요원할 수밖에 없다.

2023년에 개최된 새만금 세계스카우트잼버리는 '분권'을 바라면서도 결국 수단은 중앙에 의존할 수밖에 없는 이중적 딜레마가 낳은 대표적인 실패 사례이다. 전라북도는 오랫동안 방치된 새만금 간척지에 기반 시설을 확충하는 기회를 만들기 위해 중앙의 재원을 동원한 국제 행사를 유치했다. 그러나 행사 준비 부족, 정치적 이벤트화, 폭염에 따른 참가자 건강 위험, 과도한 예산 낭비 등으로 결국 한국의 국제적 신뢰와 이미지에 심각한 타격을 입히는 결과를 가져왔다. 이 행사는 지역의 운명을 스스로 개척하고 결정하기 힘든 지방의 현실을 적나라하게 드러냈다. 이는 지역 스스로 충분한 필요와 담론을 통한 기획과 준비가 아닌 자원을 비롯한 많은 것을 중앙에 의존하고 끌려간 예견된 실패였다.[11]

문재인 정부가 검찰의 독립성과 자율성을 확보하려 했던 개혁 과정도 유사한 딜레마를 드러낸다. 검찰이 권력의 눈치를 보지 않도록 하려면 아이러니하게도 또 다른 강한 중앙 권력이 개입해야 하는 상황이 벌어진다. 그러나 이는 검찰을 또 다른 권력에 줄 세우는 결과를 낳을 수 있다. 또한 제도적 분권, 자율성 보장, 그리고 검찰 직업의 뚜렷한 소명감과 높은 청렴성이 뒷받침되지 않고는 해결되기 어렵다.

## 산업 양극화의 딜레마

세계시장의 개방은 수출주도형 산업의 긴장감을 더욱 고조시킨다. 글로벌 환경의 복잡성과 높은 기술격차 등은 기업의 경쟁력 강화를 위한 분화와 정교화를 요구한다. 그러나 치열해진 글로벌 경쟁에 노출된 수출주도형 대기업은 1차, 2차 협력사들과 생태계적 역량을 키우는 동반성장보다 하청기업에 압력을 전가하는 방식을 선택했다. 정부의 강력한 임금 가이드라인으로 인해 임금 표준화가 관철된 닫힌 시스템의 환경에서는 대기업과 하청기업 간 협력적 관계가 비교적 효율적으로 작동했다. 그런데 개방성이 커질

수록 강력한 경쟁압력에 처하게 된 수출주도형 대기업과 그에 종속된 중소기업은 상생적 협력<sub>symbiotic collaboration</sub>보다는 약탈적 위계 hierarchical exploitation 관계로 전환된다.

독일이나 일본과는 달리 한국의 대기업과 중소기업의 관계가 위계적이고 약탈적인 이유는 하청기업이 특정 대기업에 전속되어 있기 때문이다. 즉 하청기업은 특정 대기업에 거의 전적으로 일감을 의존하고 있다. 따라서 거래처를 다양화하여 네트워킹의 자율성을 높이지 않는 한 약탈적 위계 관계는 해결되기 어렵다. 과거 고도성장기에는 매우 효과적으로 작용해 온 원청과 하청기업의 전속성이 글로벌 개방이 극대화된 시기에는 약탈성을 강화하는 딜레마를 낳게 된 것이다.

이러한 개방의 딜레마는 노동시장에도 큰 영향을 미친다. 대기업은 대부분 강력한 노조에 의해 잘 조직된 정규직 노동자를 중심으로 높은 임금과 안정적 고용 지위를 보장받는다. 반면 조직력이 없는 하청 중소기업의 노동자는 점차 주변화되고 비정규직화되어 '동일노동'을 함에도 '신분차별적 보상'을 받는 이중구조가 강화된다. 예를 들어 노조가 조직된 대기업 정규직의 노동이 받는 임금이 100이라고 하면 노조가 없는 중소기업 비정규직의 임금은 40에 불과하다.

## 회복탄력성 해체의 딜레마

경쟁에서 배제된 서비스산업, 자영업, 농업 부문 등의 경쟁력은 점차 감소하고 있다. 특히 수출낙수효과의 소멸로 숙련노동 의존을 최소화하는 자동화가 확산되고 생산성과 임금의 기업 간 격차도 극대화되고 있다. 또 복지의 이중구조가 커지는 상황에서 중소기업의 경쟁력도 점차 약해지고 있다. 정부는 이러한 상황을 해결하려 중소기업과 유치산업을 보호하고 지원하기 위한 다양한 정책을 시행하고 있다. 대표적인 것은 중소기업의 자금조달을 돕는 신용보증제도, 기술개발 지원 프로그램, 대기업과 중소기업 간의 상생협력을 유도하기 위한 금융지표 설계, 영세 중소기업 인력난 해결을 위한 외국인 근로자 체류 기간 확대 등이다. 이 외에도 특정 산업을 보호하기 위해 관세, 무역협정, 그리고 보조금 같은 정책적 장치도 활용하고 있다.

어디 그뿐인가. 농업과 농민을 보호하기 위해서 정부는 외국 농산물 수입을 규제하고 농산물 구매 보조금을 통해 농가의 시장 판매 압박을 완화하려 노력한다. 그리고 농업경영자금 지원을 통해 한계상황에 처한 농민이 생산 활동을 지속할 수 있게 도움을 주는 등 많은 보호 정책을 시행하고 있다. 그런데 정부의 보호가 반드시 약으로만 쓰이는 것은 아니다. 약도 과하게 쓰면 독이 되듯이, 정부의 보호 정책이 지나치면 산업의 회복탄력성을 해체하고 자생력을 약화하는 딜레마를 낳는다. 예를 들면 외국 농산물 수입규제는 소비자에게 높은 가격을 부담하게 할 수 있다. 또 보조금에 대한 의존도가 높아질수록 농가의 자생력이 줄어들 수 있고 농업경쟁력에도 악영향을 미칠 가능성도 크다.

그뿐만이 아니다. 보호정책은 트럼프 2기에 격화되는 무역분쟁의 계기로 작용할 수도 있다. 그리고 특정 농산물이나 산업에 집중하는 보조금과 지원정책은 다른 분야와의 형평성 문제를 일으킬 위험도 있다. 이처럼 중소기업, 자영업, 농업 부문에 체계적 지원이 이어질수록 이 부분의 경쟁력과 회복탄력성은 감소하여 경쟁력을 상실하는 장기적 딜레마를 발생시킬 수 있다.

## 미래 문제를 현재로 가져와 멘탈 모델을 수립해야 한다

◆ ◆ ◆

한국 사회를 총체적으로 이해하려면 '드러난 증상과 역설'과 '그 것을 만들어낸 시스템 구조' 외에도 이러한 구조를 뒷받침하는 심 층적인 '멘탈 모델'의 층위를 살펴보고 해법을 모색할 필요가 있다.

1970년대 한국을 고도성장으로 이끈 주된 동력은 다름 아닌 '생 존을 위한 욕망'이었다. 국가의 생존은 개인의 생존욕망과 조화롭 게 어울리며 공감대를 확산해갔다. "잘살아보세!"라는 구호는 스스 로의 노력을 통해 삶을 바꿀 수 있고 생존의 문제를 풀어나갈 수 있다는 자신감으로 연결됐다. 빈농 출신의 대통령과 빈농 출신의 많은 기업가의 강력한 생존욕망은 멘탈 모델로 작용하며 국민의 열정과 자발적 참여를 이끌었다.

닫힌 압축성장사회에서의 멘탈 모델이 '생존'이었다면 1980년 대 중후반 이후부터 '민주화와 개방에 대한 열망'으로 바뀌었다. 민 주화의 열망은 권력구조를 바꿈으로써 한 사회의 운영 원리를 바 꿀 수 있다는 정치적 역능감이 묻어나는 멘탈 모델이다. 이러한 모 델을 서울대학교 김홍중 교수는 '진정성의 시대'로 표현했다. 진 정성의 윤리는 사회적 모순과 억압에 대한 격렬한 항의, 비판, 사 회 참여(앙가주망)를 동반하며 개인이 사회적 역할과 자신의 욕망 사이의 간극을 적극적으로 좁히려는 근대적 주체 형성의 전형적 인 양상이었다고 본다. 그러나 이러한 멘탈 모델은 시간이 흐르면 서 변형되었다. 김홍중 교수는 진정성의 주체가 단순히 내면적인 성찰에 머무르지 않고 사회적이고 공적인 관심, 책임, 실천 역량을 갖춘 주체로 변화해야 한다고 주장한다. 진정성의 윤리를 넘어서 사회적 참여와 실천을 기반으로 하는 새로운 주체 형성으로 진화해야 한다는 것이다.

안타깝게도 승자독식 균열사회에서 멘탈 모델은 경쟁을 통한 생존을 극단적으로 우선시하는 신자유주의적 생존주의로 변형되었다. 1997년의 외환위기의 충격으로 모든 분야에서 경쟁이 필수로 여겨지는 문화가 형성되었다. 게다가 경쟁을 거친 성과는 신성한 권리라는 한국형 메리토크라시meritocracy*의 신화가 굳어지게 되었다. 이 과정에서 조기유학, 선행학습, 스펙경쟁 등 개인의 적응과 효율성 향상에 집중하는 멘탈 모델이 자리 잡았다. 닫힌 압축성장 시대의 진정성 문화가 구조적인 개혁을 추구하는 지향성을 가졌다면 승자독식 균열사회에서는 자기계발과 경제적 생존과 성공을 지향하는 경쟁적 문화로 발전하게 되었다.

이처럼 '생존을 위한 욕망' '민주화와 개방에 대한 열망'과 같이 '우리'를 중심으로 하던 기존의 멘탈 모델은 승자독식 균열사회에 들어서며 '나'를 중심으로 변형되었다. 발전국가 시기엔 국가가 콘트롤타워가 되어 미래전략을 짜고 체계적으로 추진했기에 '우리'가 중심이 된 멘탈 모델을 형성할 수 있었다. 그러나 민주화와 개방화의 시기를 지나 승자독식 균열사회에 이르는 동안 한국은 정치, 경제, 사회적으로 복잡하고 무거운 문제들이 생겨났다. 그 과정에서 사회구성원들은 모래알처럼 뿔뿔이 흩어졌고 경쟁과 쟁취를 우선하는 '나' 중심의 멘탈 모델이 굳어졌다.

그렇다면 미래의 한국은 어떤 멘탈 모델이 형성될 것인가? 아니,

---

* 메리토크라시: 부, 권력, 명예 등의 사회적 재화를 어떤 사람의 타고난 혈통이나 신분, 계급 같은 것이 아니라 오로지 실력에 따라 사람들에게 부여하자는 이념이다. 그러나 객관화된 시험 결과만을 기준으로 할 때 마이클 샌델Michael Sandel은 '공정하다는 착각'에 빠질 수 있다고 경고한다.

어떤 멘탈 모델을 적극적으로 만들어나가야 할 것인가? 바람직한 멘탈 모델의 수립을 위해서는 아직 표면 위로 드러나지 않은 미래의 문제를 현재로 끌어와 드러내는 현존화 역량이 필요하다. 현존화present란 현재present의 동명사로 미래의 일을 마치 현재인 것처럼 인식하고 행동하는 것을 뜻한다. 그리고 개인과 집단이 본질적인 변화와 혁신을 이룰 때 필요한 깊은 인식 상태를 의미한다. 즉 현존화 역량은 잠재된 미래의 문제를 감지하고 이를 현재로 끌어와 표면 위로 드러내는 능력이다.[12] 따라서 멘탈 모델을 비롯한 미래전략을 수립할 때 현존화 역량이 부족하면 미래 대비는 단편적이고 분절적이 되는 한계를 벗어나지 못한다.

# 현존화 역량으로
## 한국형 미래전략을 짜야 한다

미래는 점술가가 예언하는 초자연적인 예측의 대상이 아니다. "미래를 예측하는 가장 좋은 방법은 그것을 창조하는 것"이라던 피터 드러커Peter Drucker의 말처럼 미래는 선택과 창조의 대상이다. 미래는 창조의 대상인 만큼 하나로 정해져 있는 것이 아니다. 여러 개의 미래가 있고 어떤 미래를 맞이할 것인가는 우리의 선택에 달렸다. 즉 어떤 미래를 원하는가를 분명하게 그리고 그에 걸맞은 노력을 통해 내가 원하는 미래를 창조해나가면 된다.

국가의 미래도 마찬가지이다. 한국의 미래를 어떻게 창조할 것인지는 국민의 선택과 노력에 달렸다. 그런데 과거의 발걸음을 그대로 이어간다면 한국은 희망적인 미래에 닿을 수 없다. 다음의 그림 「미래삼각형」은 한국의 미래를 보여준다. 현재 한국은 그간의 역사적 변화과정이 낳은 결과물이다. 현재 한국 사회를 특징짓는 풍요의 역설, 민주화의 역설, 그리고 그 이면에서 작동하는 여섯 가지 딜

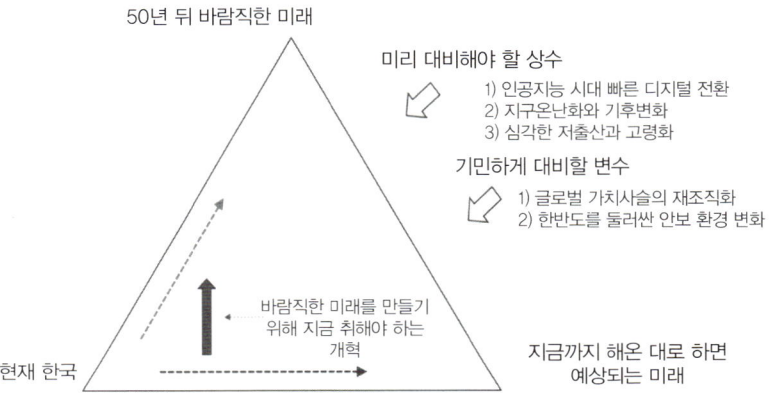

**미래삼각형**

50년 뒤 바람직한 미래

미리 대비해야 할 상수
1) 인공지능 시대 빠른 디지털 전환
2) 지구온난화와 기후변화
3) 심각한 저출산과 고령화

기민하게 대비할 변수
1) 글로벌 가치사슬의 재조직화
2) 한반도를 둘러싼 안보 환경 변화

바람직한 미래를 만들기 위해 지금 취해야 하는 개혁

현재 한국

지금까지 해온 대로 하면 예상되는 미래

레마는 쉽게 극복될 문제가 아니다. 한국은 경로 의존성*이 강한 탓에 기존의 경로를 벗어날 정도의 과감한 미래전략 없이는 희망적인 내일을 기대할 수 없다. 심지어 지금까지 해온 대로 하면 예상되는 미래는 파국이다. 실제로 다수의 국민이 그렇게 인식하고 있다. 세계 최악임을 알리는 여러 지표를 보며 한국의 미래에 걱정을 넘어 두려움까지 내비친다. 더구나 앞서 언급한 디지털 전환, 그린 전환, 인구 전환이라는 미리 대비해야 할 상수와 트럼프 2기 이후 기민하게 대응해야 할 글로벌 가치사슬의 재조직화와 한반도를 둘러싼 안보환경의 변화는 미래의 대비가 난제가 될 것이라 예고한다.

## 창조적 미래전략의 핵심은 '현존화 역량'이다

◆ ◆ ◆

그렇다면 50년 후 한국의 바람직한 미래는 어떻게 만들어낼 것

---

* 경로 의존성: 과거의 역사나 우연에 의해 정해진 특정 경로에 한 번 의존하기 시작하면 이후에 사회경제적, 기술적 환경이 변화하여 그 경로가 비효율적임을 알게 되더라도 계속 그 경로에 의존하게 되는 경향성

인가? 미래는 현재의 확장이다. 그러나 한국은 지금 모습을 그대로 확장하여 미래를 맞이해서는 안 된다. 거듭 강조하지만 그것은 파국에 이르는 지름길이다. 따라서 지난 과거에서 현재에 이르기까지 이어왔던 역사의 무게를 벗어던지고 미래의 비전이 견인하는 방향으로 사회 전체가 바뀌어야 한다. 그래야만 원하는 미래를 맞이할 수 있다. 수많은 미래 중 한국은 과연 어떤 미래를 바라며 그러한 미래를 만들려면 어떤 준비를 해야 할까? 여러 개의 미래가 예측되는 다중미래는 시공성의 개념으로 접근하면 더 쉽게 이해할 수 있다. 시공성chronotope은 철학자이자 문학평론가인 미하일 바흐찐Mikhail Bakhtin이 제시한 것으로 시간chronos과 공간topos을 합한 개념이다. 바흐찐은 "이야기 속에는 시간과 공간이 내적으로 연관되어 있고 그 연관성의 차이가 세계관으로 나타난다."라고 해석했다.

시공성 위에서 시간과 불확실성이 사회적으로 구성되고 공간적으로 차별화된 인식이 구성된다. 다음 그림 「시공간 개념에서 선형적, 파괴적, 빈전적 시스템」의 시공성 모서리 왼쪽에는 직선에 가까운 가장 선형적linear인 상태의 순간이 존재한다. 이는 한국이 지금까지 해왔던 방식에서 크게 벗어나지 않을 때 예측되는 가까운 미래의 모습이다. 그러나 시간이 흐를수록 불확실성이 커져서 곡선은 오른쪽으로 휘게 된다. 화살표가 만나는 오른쪽 아래의 모서리는 파괴적disruptive이고 혼돈상태에 있는 현재 순간이다. 이러한 파괴적인 혼돈상태에서는 원인과 결과를 찾기 어렵고 과거를 돌아보아야만 이해할 수 있는 일들이 대부분이다. 이러한 불확실성을 해결하기 위해서는 변화를 읽는 예민한 감수성이 필요하다. 그리고 이미 드러나기 시작한 미래에 대해 민감한 대응이 요구된다.[13]

한편 그림의 상단 모서리는 현재와는 시간과 공간이 가장 멀리

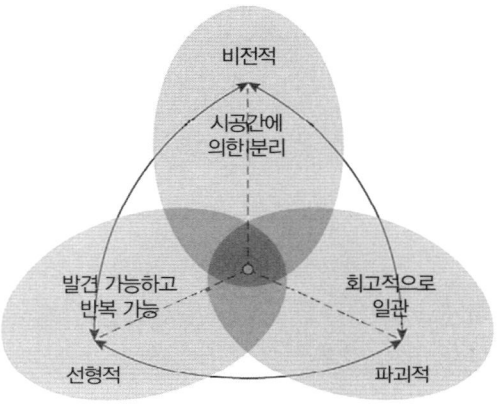

**시공간 개념에서 선형적, 파괴적, 비전적 시스템**

분리된 비전적visionary 영역이다. 이는 바람직할 것으로 기대되는 미래의 비전인데 '과감한 미래전략'이 여기에 해당한다. 비전적 영역에 대한 미래 준비의 대표적인 사례는 1971년 과학기술처(현 교육과학기술부)가 한국과학기술연구원KIST과 함께 발표한 「서기 2000년의 한국에 관한 조사 연구」이다. 지금으로부터 55년 전에 그린 미래한국의 청사진이자 한국 최초의 미래보고서였다. 2000년에 예측되는 한국의 인구, 경제, 생활환경과 과학기술의 발전상 등 다양한 분야에 걸쳐 진행된 당시 연구에는 대담한 비전이 담겨 있다. 시간이 흘러 이미 과거가 된 미래이기에 우리는 당시의 미래 예측이 얼마나 정확했는지 평가할 수 있다.

해당 연구는 1970년에 3,140만 명이었던 한국의 인구가 2000년에는 4,700만 명에 달할 것으로 전망했는데 실제 인구인 4,614만 명에 근접한 예측이었다. 또한 한국의 인구밀도가 1제곱킬로당 466명으로 세계에서 가장 높은 고밀도사회가 될 것이라고 예상했는데 실제 인구밀도인 1제곱킬로당 464명에 근접했다. 평균수명

80세, 평균 4명의 핵가족화, 저출산고령화 현상에 대한 예측도 정확했다. 그뿐만 아니다. 전국에 자동차도로가 포장되고 초고속 대중교통수단의 출현으로 서울과 부산을 2시간 이내에 연결할 것이라는 전망도 KTX의 등장으로 현실화됐다.

이처럼 놀랍도록 정확한 예측에도 불구하고 간과된 것들이 있었다. 고도성장의 과정에서 많은 소중한 것들이 파괴될 것이라고는 아무도 알지 못했다. 국민의 행복감이 바닥으로 떨어지고 청소년과 노인의 자살률이 치솟았다. 모두가 함께 잘살자며 노력했던 결과는 부의 양극화를 심화했다. 민주화의 요구에 따라 대통령 직선제가 되었으나 새롭게 형성된 정치 영역은 한국 사회 시스템 전반의 효율성과 효과성을 제어하는 블랙홀로 작용하고 있다. 당시 수립했던 한국의 미래전략에는 발전만 있을 뿐, 많은 파괴적인 요소에 대한 예측과 대응 방안이 없었던 탓이다.

한국의 미래전략을 수립할 때 가장 중요한 것은 선호하는 미래에 대한 비전을 분명히 하는 일이다. 그것은 현재 우리에게 익숙한 방식이 지금까지 해온 대로 하면 예상되는 미래를 넘어서 모두가 합의한 바람직한 미래의 모습을 구현하는 것이다. 이를 위해서는 파괴적인 요소disruptive system의 관리도 중요하다. 즉 성장과 발전의 이면에서 만나게 될 파괴적인 요소들을 예측하고 그 피해를 최소화하는 노력이 필요하다. 일례로 국회미래연구원은 현재의 한국이 가진 선형적 체계가 '성장사회'라고 정리했다. 그리고 바람직한 미래비전을 '성숙사회'라고 보았다. 즉 한국이 현재의 모습을 계속 이어간다면 성장사회는 될 수 있으나 결코 성숙사회는 될 수 없다는 의미이다. 더구나 국회미래연구원은 개인 간 사회적 관계, 주거환경, 교육, 경제, 정치, 국제관계 등에서 성숙사회로 가지 못하면 한국은 과거의 굴레에 갇혀 현재의 문제를 풀지 못한 채 쇠퇴의 길로 갈 수밖에 없다고 진단했다.

미래는 단순한 예측이 아닌 적극적인 창조의 영역이다. 시공성이라는 관점에서 볼 때 다중적 미래의 모습은 현재의 확장, 역사의 무게, 미래의 견인이라는 세 꼭짓점의 힘이 어떻게 작용하는가에 따라 결정된다. 그래서 원하는 미래를 맞이하려면 무엇보다 미래비전에 대한 포괄적 합의가 필수적이다. 구성원이 바람직한 미래에 대한 비전을 공유하고 그러한 비전을 구현하려면 현재 어떤 전략이 필요한지에 대한 공감대를 높여야 한다. 앞에서 언급한 현존화 역량이 창조적 미래전략을 짤 때 가장 필요한 것이다. 그러기 위해서는 먼저 기존 패러다임을 버리고 시스템 전체의 관점에서 문제를 인식하고 재정의하는 것이 중요하다. 그다음은 이해관계자들에 대한 관찰과 면접을 통해 미래 신호를 포착해야 한다. 마지막으로 소규모 실험과 프로토타이핑을 통해 신속하게 아이디어를 검증해야 한다.

## 한국형 미래전략으로 미래 모델을 만들어야 한다

◆ ◆ ◆

한국의 미래는 어떤 모습일까? 역동적인 캘리포니아(미국)인가, 일본의 잃어버린 30년인가, 높은 행복과 투명성 그리고 복지를 구가하는 북유럽인가? 그도 아니면 극심한 출산율 감소와 노동시장의 이중구조로 청년층의 유출이 심각하고 재정적자에 허덕이는 유럽의 환자 이탈리아인가?

자본주의 다양성을 주장한 대표적 사례로 시장기반 영미형 자본주의와 조정기반 독일과 일본 자본주의를 구별한 홀과 소스키스

Hall and Soskice의 연구가 있다. 이 논의를 확장하여 유럽이나 미국과는 전혀 다른 동아시아 모형이 존재한다는 주장도 나왔다. 혹자는 정부가 나서서 기업과 노동자 사이의 협력을 촉진하는 일본의 집합적 자본주의, 정부가 시장에 직접 참여하고 이끌어가는 대만의 조정-소유형 자본주의, 권위주의 당과 국가가 부분적으로 시장화된 글로벌 경제를 감독하는 중국의 신스탈린주의, 그리고 이들과 다르게 정부가 재벌의 상위 파트너로 활동하는 한국을 국가주도 자본주의라고 정의하기도 한다.[14] 벨기에 출신의 정치경제학자 밥 한케Robert (Bob) Hancké는 국가-경제 관계의 밀접성, 이익단체의 조직화 정도, 조정방식 등을 교차하여 다양한 국가유형을 구분했다. 이 구분에 따르면 한국은 닫힌 압축성장시기에는 국가주의 시장경제의 특징이 강했다. 그런데 승자독식 균열사회에서는 여전히 국가의 영향은 강하지만 조직된 노조와 이익단체에 의해 포획된 보상국가 시장경제로 이행하는 것으로 볼 수도 있다.

이처럼 세계 각국의 전문가들은 자본주의의 다양성을 주장하며 특징에 맞게 여러 성장모형을 정의했다. 그리고 최근에는 한국이 독특한 한국형 자본주의 경로에 들어섰다는 주장도 나오고 있다. 한국의 발전 모형은 선진국을 따라잡는 모방전략으로 해결할 수 없는 고유성이 있기에 '창조적인 한국형 미래전략'이 필요하다는 주장이다. 한국은 높은 기대수명, 낮은 범죄율, 낮은 이혼율 등의 특징을 보이는데 이는 일본, 이탈리아, 스페인 등과 유사한 안전사회형임을 보여준다. 반면에 경직된 노동시장과 적극적 노동시장 정책 등은 독일이나 프랑스 등의 유럽대륙 자본주의의 특징과 유사하다. 그리고 저성장과 나쁜 분배, 격돌형 자유민주주의, 낮은 노조 조직률 등은 영미형 자본주의사회의 특징을 보인다. 이와 더불어 한국은 장시간 노동, 최고 자살률, 남녀 간의 높은 임금 격차, 재벌형 기업 거버넌스, 강력한 발전국가의 유산 등 고유한 한국형의 특징도 가지고 있다.[15]

　과거의 한국은 선진국을 따라잡는 모방전략으로 성장했다. 그러나 이제 한국은 더는 추격자가 아니다. 한국의 발전 모형은 복잡성과 고유성을 가지고 있기에 그에 맞는 맞춤형 미래전략을 수립해야 한다. 그런데 문제는 현재 한국은 아무것도 바꿀 수 없는 사회가 되었다는 점이다. 정치가 제 역할을 하지 못하는 것이 제일 큰 원인이다. 그간 한국의 정치는 시민의 실질적 이해관계나 사회발전과는 무관한, 자신들의 권익만을 위한 정쟁이었다. 오랜 시간 국민과 멀어진 정치는 민주주의의 만성적 위기를 가져왔다. 불안정하고 유동적인 정치시장에서 정치인들은 생존을 위해 선명성 경쟁을 벌이지만, 정치의 불안정성과 타협의 부재는 정치적 의사결정이 불가능한 사회를 낳았다.[16] 심지어 더 나은 세상으로의 변화를 이끌어야 할 정치가 오히려 필요한 변화를 막는 병목이 되었다. 이러한 상황에서 노동시장의 심각한 이중구조 또한 많은 사회적 문제를 낳고 있다. 노동시장은 대기업 정규직과 중소기업 비정규직으로 나뉘어 연금과 사회복지 등의 혜택이 모두 차별적이다. 이러한 노동시장의 이중구조는 미래에 대한 청년들의 불안감을 더욱 고조시키고 저출산과 고령화와 같은 문제를 만들었다. 이 외에 중산층의 붕괴 등 다양한 새로운 현상들에 제대로 대응하지 못한 채 한국은 표심만을 겨냥한 포퓰리즘 정치가 확산하고 있다.

　한국형 자본주의의 미래는 과거 압축성장 시기의 거버넌스, 즉 위계적이고 일사불란한 조율로는 결코 해결할 수 없다. 아울러 현재와 같은 승자독식 균열사회의 이익추구형 격돌로도 해결할 수 없다. 한국형 자본주의의 미래는 상생을 위한 제도 재정렬을 통해 이룰 수 있다. 이때의 상생이란 대기업, 자본, 정규직 등 선도 부문과 중소기업, 노동, 비정규직 등 상대적 취약부문 사이에 성장의 상호보완성이 증진되는 것을 의미한다. 이는 선도 부문에서 취약부문으로 일방적으로 소득을 이전하는 기계적 평균화와는 다르다. 다시 말해 경제 주체 간의 상호 작용이 '발전-시혜'의 관계가 아니라 서로의 발전을 '견인-추동'하는 것이 상생이다.[17]

그리고 이러한 상생은 시장경제 활성화 메커니즘과 시장참여 촉진 메커니즘을 통해 구현할 수 있다. 시장경제 활성화 메커니즘은 시장을 통한 효율적 자원 배분, 시장실패에 대한 교정, 시장 참여자들에게 양립 가능한 인센티브를 제공하는 것을 의미한다. 그리고 시장참여 촉진 메커니즘은 시장에서 탈락하거나 탈락할 위험이 있는 영세 제조업, 생계형 자영업 종사자, 비정규직 등을 적극적으로 배려하고, 이들의 자생력을 끌어올리면서 사회안전망을 점점 더 확충해가는 것을 의미한다. 현재의 한국모델을 구성하는 제도들은 제도 피로, 인센티브 구조의 왜곡, 환경 변화 등으로 조화와 균형을 잃고 균열한 상태이다. 이를 극복하기 위한 제도 재정렬의 노력이 성공하려면 경로 의존성의 정해진 궤도를 과감히 벗어나야 한다. 그리고 새로운 차원에서 장기적으로 임팩트를 창출할 수 있도록 제도의 상호보완성과 환경적응성을 충족시켜야 한다.

# 대한민국의 미래는
## 혁신적 품격사회로 가야 한다

　한국이 목표로 하는 미래는 혁신적 품격사회다. 품격사회는 모든 사람이 자기 역량을 온전히 발휘할 수 있는 사회를 의미한다. 그리고 이러한 품격사회는 다가오는 미래에 대한 비전을 분명히 하고, 이를 구현하기 위한 전환의 전략을 구체화하는 역량, 즉 혁신이 뒷받침될 때 실현이 가능하다.

　혁신적 품격사회로의 출발은 현재 한국이 처한 정치, 사회, 경제의 모순을 해결하는 데서 시작해야 한다. 그리고 이를 위해서는 광범위한 사회적 협력이 뒷받침되어야 한다. 전환을 위한 시도에서 정치적 거버넌스가 확보되지 못하면 사회정치적 갈등 속에서 머물다 다음 단계의 발전으로 나아가지 못하게 된다. 따라서 혁신적 전환을 하려면 기득권층과 새로이 부상하는 집단 간의 포괄적 타협을 통해 지속가능한 발전을 위한 사회적 기반을 마련하는 것이 중요하다.

## 품격사회란 무엇이고 어떻게 만드는가

◆ ◆ ◆

품격사회란 구체적으로 어떤 사회일까? 사회의 품격은 개인의 발전과 웰빙을 가능케 하는 사회의 역량을 의미한다. 사회의 품격은 크게 두 축으로 구성된다. 다음의 그림처럼 첫 번째 축의 양 끝에는 '제도'와 '생활세계'가 있다. 제도는 법적 규범과 체계적인 행정 등으로 구성되고 생활세계는 일상적인 시민의 삶이 펼쳐지는 영역이다. 제도와 생활세계가 얼마나 조화와 균형을 이루는가에 따라 사회의 품격이 결정된다. 기존 제도와 시스템의 경직성은 시민이 문제제기와 정치적 참여, 그리고 사회적 승인에 대해 요구함으로써 점차 유연해질 수 있다. 또한 생활세계의 지나친 무질서는 '제도'라는 시스템의 개입을 통해 질서를 유지하는 것이 바람직하다.

두 번째 축의 양 끝에는 '사회·국가'와 '개인'이 있다. 이 두 측면이 얼마나 조화와 균형을 이루는가에 의해 사회의 품격이 결정된다. 개인의 자유와 창의성이 존중받는 것이 중요하다. 그러나 모래알처럼 구성원들이 서로 뿔뿔이 흩어진 사회도 바람직하지 않다. 한 사회의 구성원으로서 공동의 소속감과 유대감을 느낄 수 있어야 한다. 그러나 국가나 집단이 우선시되어 개인을 희생시키는 집단주의나 국가주의 또한 바람직하지 않다. 개인의 자유와 창의성이 존중받되 공동의 소속감과 유대감도 느낄 수 있어야 한다. 즉 개인의 자발적 참여와 헌신으로 공동의 연대를 창출할 수 있어야 좋은 사회다.[18, 19]

모든 사람이 자기 역량을 온전히 발휘할 수 있는 품격사회를 만들려면 어떻게 해야 할까? 우선 사회 제도의 설계가 가장 취약한 위치에 놓인 개인을 보호하는 분배적 정의에 기반을 두어야 한다.

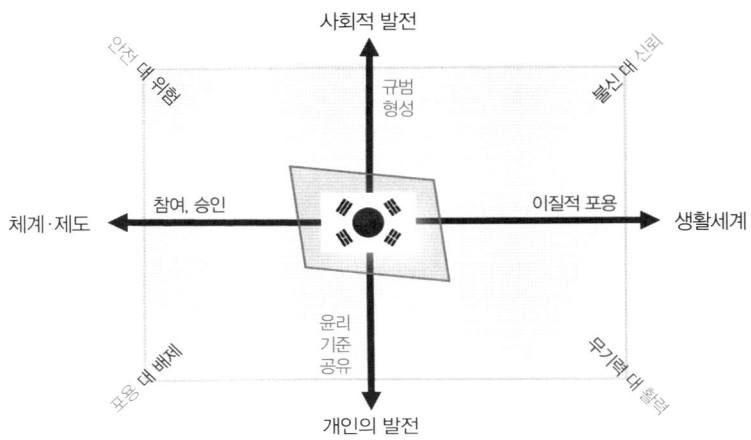

그리고 제도에 대한 개인의 접근이 평등하며 각 개인이 자신의 역량을 배양하고 정치적 결정에 참여하여 역능성을 갖추어야 한다. 또 모든 개인이 투명하고 공정한 규칙을 신뢰하여 높은 수준의 연대감을 느낄 수 있어야 한다. 이 모든 것이 충족되는 사회가 품격 있는 사회다.

품격이 높은 사회에서 시민들은 안심하고 포용적이며 활력이 있고 신뢰가 넘치는 생활을 한다. 반면 품격이 낮은 사회에서 시민들은 불안하고 차별을 느끼며 무기력하고 불신하게 된다. 이러한 기준으로 볼 때 현재 한국은 경제협력개발기구OECD에서 가장 사회의 품격이 낮은 나라이다. 높은 자살률, 낮은 행복감, 최저 출생률이 이를 증명한다. 앞으로 미래전략의 핵심은 '어떻게 사회의 품격을 높일 것인가?'에 맞추어져야 한다. 미래전략의 최우선 가치는 국민의 웰빙지수를 높여 행복한 국민을 만드는 것이다. 그건 사회의 품격을 높임으로써 가능하기 때문이다.

'혁신적'이라는 수식어는 단순히 기술적 혁신만을 의미하지 않는다. 이는 현재의 승자독식 균열사회에서 품격사회로 이행하기

## 승자독식 균열사회에서 혁신적 품격사회로

| 구분 | 승자독식 균열사회 (현재) | 혁신적 품격사회 (미래 비전) |
|---|---|---|
| 핵심가치관<br>(멘탈 모델) | 각자도생, 제로섬 경쟁,<br>승자독식 | 지속가능한 웰빙, 상생 협력,<br>공유 기반 번영 |
| 거버넌스 | 비토크라시, 단기적 성과주의,<br>정책 단절 | 숙의 민주주의,<br>장기적 비전, 정책 일관성 |
| 경제 시스템 | 이중구조화, 지위재 경쟁,<br>고투입–저효율 | 혁신적 포용 성장, 안전 유연성,<br>고부가가치 창출 |
| 사회 구조 | 불신, 배제,<br>불안, 양극화 | 신뢰, 포용, 안전,<br>사회적 통합 |
| 주요 결과 | 낮은 행복감, 높은 자살률,<br>지속가능성 위기 | 높은 삶의 질, 사회적 활력,<br>지속가능한 발전 |

위해 요구되는 정치, 경제, 사회 시스템 전반에 걸친 근본적이고 구조적인 전환, 즉 사회적 혁신의 역량을 강조하는 개념이다. 과거의 경로의존성에서 벗어나 새로운 사회운영 원리를 창조하는 능력이 바로 혁신의 핵심이다.

## 제로섬 경쟁을 지속가능한 웰빙으로 전환해야 한다

◆ ◆ ◆

창조적인 한국형 미래전략을 수립하려면 무엇보다 승자독식 균열사회에서 작동하는 역설과 딜레마로 인한 반복된 실패에서 벗어나야 한다. 그러기 위해서는 '혁신적 이중순환학습'이 필요하다. 이중순환학습을 위해서는 대증적 처방을 넘어 문제를 만들어낸 시스템, 메커니즘, 그리고 그것이 전제하는 멘탈 모델에 대한 비판적이고 근본적인 검토가 필요하다. 또 장기적이고 지속적인 임팩트를 낳는 핵심 처방을 통해 관련된 이해당사자들의 협력을 촉진하고 생태학적 변화를 가져올 수 있어야 한다.

왜 정책 실패는 반복되는가? 근본적인 이유는 문제의 피상적인 증상에만 집중하고 그 증상을 만들어내는 근본적인 시스템 구조와 그 구조를 지탱하는 심층적인 멘탈 모델을 간과하기 때문이다. 앞에서 언급했듯이 시스템 이론의 빙산 모델은 이러한 다층적 현실을 이해하는 데 유용한 분석틀을 제공한다.

수면 위에 드러난 빙산의 일각은 우리가 일상적으로 마주하는 개별 사건들, 즉 증상이다. 낮은 출산율, 청년 실업, 정치적 갈등 등이 여기에 해당한다. 수면 바로 아래에는 이러한 증상들을 반복적으로 발생시키는 시스템 구조가 존재한다. 이는 법, 제도, 정책, 자원 배분 방식, 권력관계 등 사회를 움직이는 보이지 않는 규칙과 메커니즘이다. 그리고 빙산의 가장 깊은 곳에는 이러한 시스템 구조를 당연하게 여기고 유지하려는 구성원들의 무의식적인 가정, 신념, 가치관, 즉 멘탈 모델이 자리 잡고 있다.

지난 수십 년간 한국 사회가 경험한 대표적인 정책 실패 사례인 저출산 대책은 이 빙산 모델을 통해 그 원인을 명확히 파악할 수 있다. 정부는 200조 원이 넘는 막대한 예산을 투입했음에도 불구하고 출산율 하락을 막지 못했다. 이는 정책이 '아이를 낳지 않는다'는 증상에만 초점을 맞추고 출산 장려금 지급과 같은 대중적 처방에만 머물렀기 때문이다. 정작 문제의 근원인 시스템 구조, 즉 아이를 낳아 기르는 것을 비합리적인 선택으로 만드는 구조적 환경은 외면했다. 여성의 경력 단절을 강요하는 성차별적 이중 노동 시장, 지위재 경쟁이 촉발한 살인적인 사교육비 부담, 감당할 수 없는 수준의 주거비용 등 근본적인 시스템을 개혁하지 않는 한 어떠한 현금성 지원도 출산율을 반등시킬 수 없음이 증명된 것이다.

궁극적으로 이 시스템을 지탱하는 것은 '나의 자녀만큼은 이 무한경쟁에서 승리해야 한다'는 부모 세대의 불안과 '개인의 성공을 위해서는 결혼과 출산을 포기해야 한다'는 청년 세대의 체념이 뒤

섞인 멘탈 모델이다. 따라서 진정한 해법은 단기적인 대중요법을 넘어 시스템 구조의 재설계를 통해 사회구성원의 멘탈 모델을 '제로섬 경쟁'에서 '지속가능한 웰빙'으로 전환하는 총체적이고 장기적인 접근을 통해서만 찾을 수 있다. 이 글에서 제안하는 정책들은 바로 이 빙산의 하부를 겨냥한 근본적인 처방이다.

## 어떻게 역설과 딜레마의 구조를 해소할 것인가

◆ ◆ ◆

그렇다면 앞에서 언급한 승자독식 균열사회에서 작동하는 역설과 딜레마의 구조를 해소하려면 어떻게 해야 할까?

첫째, '풍요의 역설'을 극복하려면 국민 웰빙을 최우선으로 하는 정책 전환이 필요하다. 경제협력개발기구OECD는 한국인 불행의 원천이 명문대와 정규직을 목표로 모든 에너지를 쏟아붓는 '황금티켓증후군'이라고 지적했다. 행복과 성공의 지름길인 황금티켓을 쟁취하려 많은 시간과 열정을 쏟지만, 그것은 소수에게만 허용되는 달콤한 열매다. 게다가 황금티켓의 쟁취에 실패한 다수의 사람은 상실감과 패배감을 경험하게 되고 현실에서의 차별적 대우까지 감당해야 한다. 교육, 직업훈련, 고용이 국민 웰빙을 위한 올바른 구조가 되기 위해서는 한국 사회에 만연한 '승자독식' 구조가 먼저 깨져야 한다. 굳이 명문대와 정규직이 아니더라도 충분히 행복하고 풍요롭게 살 수 있는 길을 활짝 열어두어야 한다. 그 시작은 노동시장의 이중구조를 깨는 과감한 유연화, 이동성 강화, 그리고 그 전환을 감당할 대대적인 사회안전망과 적극적 노동시장 정책의 강화다. 이러한 노력이 뒷받침되어야 풍요의 역설을 극복할 수 있다.

둘째, '민주화의 역설'을 극복하려면 승자독식을 낳는 선거 규칙을 바꾸어야 한다. 이 책의 3장에서도 한국 정치가 '87년 체제'의 구조적 한계, 즉 제왕적 대통령제와 소선거구 단순다수제로 인해 승자독식 구조가 고착되었음을 지적한다. 그리고 그로 인해 극심한 정치적 양극화와 대립, 즉 '정서적 내전' 상태에 빠졌다고 진단한다. 이는 정책의 실종과 국가적 난제 해결 능력의 상실로 이어지고 있다. 단순 다수 소선거구제를 중대선거구로 개편하고 정당의 득표율과 의석 배분의 비례성에 맞게 지역구 의석을 감소하고 비례대표 의석을 늘릴 필요가 있다.

셋째, '고투입 저효율의 딜레마'를 극복하려면 규제개혁을 통해 유연성을 극대화해야 한다. 혁신적인 경제로 가기 위해서는 비효율적이고 지대추구적인 지원정책을 중단해야 한다. 오히려 혁신적 중소기업과 스타트업에 대한 금융과 정보지원을 확대하고 창업에 따른 리스크를 관리해주는 금융 부문의 개혁이 절실하다.

넷째, '차별화가 낳은 지속성 파괴의 딜레마'를 해소하기 위해서는 대통령 5년 단임제를 4년 중임제로 바꿔 정책의 연속성과 책임성을 강화해야 한다. 또한 대통령과 국회의원의 선거 주기를 일치시켜 안정적인 정국 운영과 책임성을 강화해야 한다. 그리고 국회도 양원제로 개편해야 한다. 국회에 시민 상원을 도입하여 다양한 정치, 경제, 사회적 의견을 반영하고 시민들이 참여하는 합리적인 의사결정과정을 구축해야 한다. 그래야 불필요한 정쟁에 따른 급격한 정책번복의 폐해가 줄고 국가적 정책의 일관성을 유지할 수 있게 된다.

다섯째, '단기 처방이 낳은 장기 목표 파괴의 딜레마'를 해소하려면 주요 정책 현안에 대한 공론화 위원회 운영을 활성화하여 정책 숙의 및 심의 과정에 시민참여를 확대해야 한다. 이 책의 3장에서도 '숙의 민주주의'를 위한 거버넌스 개혁을 통해 정치적 이해관계에서 벗어나 연금 개혁과 같은 중장기적 국가 과제를 해결할 수 있어야 한다고 주장한다. 이를 위해 아일랜드의 '시민의회' 모델을 벤치마킹한 상설화된 숙의 기구 설립을 제안한다. 이는 정치적 교착 상태를 우회하고 사회적 합의를 이끄는 핵심적인 제도적 장치가될 수 있다

여섯째, '분권이 낳은 중앙 의존의 딜레마'를 해소하려면 행정구역의 개편이 필수적이다. 이를 통해 서울 중심의 정책을 완화하고 서울과 수도권에 필적할 메가 클러스터를 활성화하여 자립적 산업정책, 명문대학 육성으로 인재 충원 등이 가능하도록 해야 한다. 또 지역 주민의 의견을 반영하는 주민참여 예산제도를 활성화하여 명실상부한 분권을 실현해야 한다.

일곱째, '개방이 낳은 산업 양극화의 딜레마'를 극복하려면 대기업과 중소기업 간의 가치사슬과 협력구조가 혁신되어야 한다. 국내 중소기업의 상당수가 대기업의 '가두리 양식장'에 갇힌 것처럼 의존적이고 일방적인 하청 관계에서 벗어나지 못한다. 중소기업은 대기업에 대한 의존과 구속에서 벗어나 글로벌 수준의 높은 경쟁력과 교섭력을 가져야 한다. 그래야 한국의 소재, 부품, 장비산업의 중심에서 탄탄하게 뿌리내리고 세계시장을 향해 거침없이 나아갈 수 있다. 한국의 산업생태계가 바로 서려면 'K-히든 챔피언*' 육성

---

* 독일 경제의 허리는 '히든 챔피언Hidden Champions'이라 불리는 강소기업들이다. 이들은 틈새시장에서 세계시장을 지배하는 중소·중견기업으로 독일 제조업 경쟁력의 원천이다. 히든 챔피언의 성공 요인은 특정 분야에 대한 깊이 있는 집중, 연구개발R&D에 대한 과감한 투자, 적극적인 세계화, 그리고 무엇보다도 이론과 실무를 겸비한 우수한 기술 인력을 안정적으로 공급하는 '이원적 직업 교육 시스템'에 있다.

전략을 적극적으로 모색해야 한다.

대학 진학만이 유일한 성공 경로라는 사회적 인식을 바꾸기 위해 앞서 언급한 안전유연성 확보를 통한 노동시장 이중구조 해체 전략이 절실하다. 이를 위해 기업과 학교가 협력하여 현장 중심의 교육과정을 운영해야 한다. 또 중소기업에 취업해도 대기업 수준의 대우와 지속적인 경력 발전 경로를 보장받을 수 있게 하여 중소기업의 혁신역량을 키워야 한다. 아울러 공정거래위원회의 권한과 독립성을 강화하여 대기업의 기술 탈취 및 불공정 하도급 거래에 대한 감시와 처벌을 획기적으로 강화해야 한다. 이를 통해 중소기업이 대등한 파트너로서 대기업과 거래할 수 있는 환경을 조성할 수 있기 때문이다. 그리고 정부의 연구개발R&D 지원 방식을 단기성과 위주에서 장기적인 원천기술 개발 중심으로 전환하여 잠재력 있는 중소·중견기업의 혁신역량을 키우고 글로벌 시장에 진출할 수 있도록 해야 한다.

여덟째, '보호가 낳은 회복탄력성 해체의 딜레마'를 해소하려면 소기업에까지 근로기준법의 적용을 확대해야 한다. 그리고 자생력과 경쟁력을 갖춘 소기업이 살아날 수 있도록 금융지원을 강화해야 한다. 또 퇴직자가 실패가 예견된 자영업에 무분별하게 진입하지 않도록 이를 대체할 펀드를 구성하여 혁신적 스타트업 생태계를 활성화하고 연동시켜야 한다.

아홉째, '현존화 역량 없는 미래전략의 딜레마'를 해결하려면 경제적 효율성(혁신적 산업과 안정적 경제 운영), 사회적 통합성(사회 갈등 해소), 환경적 책임성(미래세대를 위한 생태계 보전) 간의 단기적인 갈등과 딜레마를 장기적인 선순환으로 만드는 혁신적인 역동적 균형 전략이 필요하다. 그리고 이를 담당할 정부, 대학, 기업, 연구기관 등이 병렬적으로 네트워킹하는 미래전략 생태계의 형성이 중요하다.

## 역동적 균형 전략으로 장기 정책 설계를 해야 한다

◆ ◆ ◆

승자독식 균열사회의 다층적 딜레마를 극복하고 혁신적 품격사회로 나아가기 위해서는 수십 년을 내다보는 장기적이고 체계적인 정책 설계가 필수적이다. 한국 사회의 복잡한 문제를 풀어나가기 위해서는 역대 정부의 실패를 반복하지 않아야 한다. 이를 위해 가장 중요한 원칙이 무엇일까? 그것은 단기적 관점에서의 딜레마를 장기적인 선순환으로 풀어나가는 역동적 균형dynamic balancing 전략이다. 경제, 사회, 환경이 지향하는 주요 가치의 대부분이 단기적으로 서로 충돌하는 부분이 있다. 예를 들면 현재 한국 사회에서 가장 시급한 것은 사회적 위험에 처한 이들을 보호하는 일이다. 그런데 사회복지의 확대는 확장재정정책으로 인한 물가상승과 국가채무 증가라는 딜레마를 낳는다. 이러한 단기적 관점에서의 딜레마들을 정부는 역동적 균형 전략을 통해 장기적 선순환으로 해결해나가야 한다.

한국이 경제, 사회, 환경적으로 지속가능하기 위해서는 경제적 효율성, 사회적 통합성, 그리고 환경적 책임성을 높여야 한다. 즉 경제적 효율성을 높여야 안정적이고 지속적인 경제 성장이 가능하고 사회적 통합성을 높여야 개인의 자율성이나 창의성을 극대화하면서도 동시에 조화롭고 질서가 있는 사회를 만들 수 있다. 그리고 환경적 책임성을 높여야 미래세대를 위해 자연환경과 생태계를 안정적으로 보전할 수 있다. 그런데 경제적 효율성, 사회적 통합성, 그리고 환경적 책임성을 높이고 유지하는 일은 한 정권이 5년이라

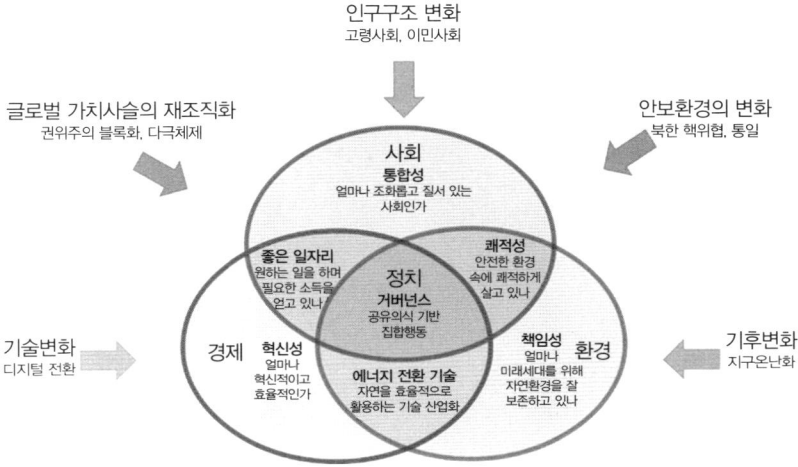

경제, 사회, 환경 간의 관계

는 짧은 시간 안에 해낼 수 있는 일이 아니다. 따라서 경쟁자의 공약이나 전임 정부의 정책 중에서 지속가능성을 위해 필요한 것은 과감히 취해야 한다. 그리고 이를 계기로 서로 협력하는 협치 역량을 발휘해야 한다.

경제, 사회, 환경은 서로 독립된 영역이지만 겹치는 부분도 많다. 경제, 사회, 환경이 지향하는 주요 가치를 실현하려면 단기적으로 서로 충돌하는 부분들을 현명하게 해소하는 것이 중요하다. 한국의 새로운 미래전략의 성패도 거시적이고 장기적인 관점에서의 균형을 통해 이러한 문제를 창조적으로 해소하는 데 달렸다. 그리고 그 해답은 위의 그림에서 보여주듯 경제, 사회, 환경 간 중첩 영역의 핵심가치를 늘리는 데서 출발한다.

## 경제적 효율성과 사회적 통합성의 역동적 균형

경제적 효율성과 사회적 통합성은 단기적으로 서로 충돌하나 장기적으로는 서로를 필요로 한다. 경제적 효율성과 사회적 통합성을 동시에 충족하는 정책으로는 유연안정성secure flexibility을 위한 노동시장 개혁, 좋은 일자리 창출, 세대 간 정의를 위한 복지국가 개혁을 들 수 있다.

## 노동시장 개혁

현재 한국 경제가 직면한 고투입-저효율, 산업 양극화, 풍요의 역설과 같은 핵심 딜레마를 해결하기 위해서는 혁신적이고 포용적인 새로운 경제-사회 계약을 구축해야 한다. 성장의 과실이 사회 전반에 공유되고 모든 경제 주체가 실패를 두려워하지 않고 잠재력을 발휘할 수 있는 생태계를 조성하는 것을 목표로 한다.

이 책의 2장은 한국 경제가 저성장 격차사회에 진입했으며 저출산과 고령화로 인한 '축소경제'로 전환하고 있음을 경고한다. 특히 생산성 정체, 노동시장의 이중구조, 산업 양극화, 기후위기 대응 미흡 등 복합적인 위협 요인을 상세히 분석하고 있다. 현재 한국의 노동시장은 대기업·공공부문 정규직이라는 내부자와 중소기업 비정규직이라는 외부자로 엄격하게 분절된 이중구조가 고착되어 있다. 이러한 구조는 극심한 소득 불평등과 사회적 이동성 저하를 가져온다. 또 여성의 경력 단절을 고착화하고 청년층의 미래 불안을 증폭시켜 저출산 문제의 핵심 원인으로 작용하고 있다. 이는 고용주에게는 유연성을 강요하고 노동자에게는 불안정성을 강요하는 기형적인 시스템이다. 이러한 문제를 해결하려면 노동시장의 유연성과 사회적 안정성을 성공적으로 결합한 사례로 평가받는 덴마크의 유연안전성 모델을 벤치마킹할 필요가 있다.

유연안정성 모델이 성공하려면 세심한 제도적 설계는 물론이고 노사정 간의 높은 사회적 신뢰와 강력한 사회적 대화 문화가 탄탄하게 구축되어야 한다. 이는 현재 한국처럼 신뢰가 낮은 사회, 대립적 노사관계의 환경에서는 단번에 구현하기 어려운 조건이다. 따라서 유연안전성 모델을 한국의 현실에 맞게 적용하기 위해서는 신중한 단계적 접근이 필수적이다. 단순한 해고 규제 완화는 사회적 안전망이 부재한 상황에서 대량 실업과 극심한 사회 불안을 초래할 뿐이다.

한국형 유연안전성 모델은 느슨한 고용보호(유연성), 관대한 실업급여(안정성), 적극적 노동시장 정책(재취업 지원)이라는 세 축, 이른바 '황금 삼각형Golden Triangle'으로 구성되어야 한다. 그래야 기업은 경영 환경 변화에 따라 인력을 유연하게 조정할 수 있고 노동자는 실직하더라도 높은 수준의 소득 보장과 체계적인 재교육 및 직업 알선 서비스를 통해 안정적으로 다음 일자리로 이동할 수 있다. 이러한 한국형 유연안전성 모델을 구현하려면 최소 15년이 소요되는 장기적 로드맵이 필요하다. 1단계의 5년간은 고용보험을 보편화하고, 인공지능 기반 직업 매칭 시스템을 고도화하고, 고품질의 재교육과 향상훈련프로그램을 대대적으로 확충한다. 그리고 2단계의 중기 5년간은 안정성 기반이 구축된 토대 위에 사회적 대화를 통해 '유연성-안정성 교환'을 위한 제도개혁을 추진한다. 또 정규직에 대한 과도한 고용보호를 완화하고 이에 상응하는 실업급여의 보장수준과 기간을 늘린다. 더불어 동일가치노동-동일임금 원칙을 법제화하고, 비정규직사용 사유를 제한하고, 노동시장 내 불합리한 격차를 해소한다. 그리고 마지막 후기 5년간은 개혁된 제도를 시장에 안착시키고 노동이동성을 저해하는 연공서열형 임금체계를 직무와 성과 기반 임금체계로 전환한다. 또 노동생애 전반에 걸친 직업능력 개발을 지원하는 시스템을 완성한다.

## 좋은 일자리 창출

경제적 효율성과 사회적 통합성을 위해 정부는 좋은 일자리를 많이 창출함으로써 국민이 경제활동에 더욱 적극적으로 참여하도록 이끌어야 한다. 현재 한국 사회는 청년 인구가 줄어드는 가운데 취업할 생각이 전혀 없는 니트NEET족은 점점 늘고 있다. 2024년을 기준으로 대졸자 중 400만 명 이상이 니트족이다. 배울 만큼 배웠으나 일은 하고 싶지 않다는 것이다. 이들은 대기업과 공기업처럼 연봉, 복지, 안정성이 보장되지 않는다면 차라리 취업하지 않겠다는 생각이 강하다. 이렇듯 한국 사회에 고학력의 청년 무직자가 계속 늘어나는 상황에서 정작 중소기업의 생산직은 일할 사람을 구하지 못해 계속 외국인 연수생으로 채우고 있다. 이러한 심각한 불일치를 줄이려면 대기업과 중소기업 간의 임금과 작업조건 등의 격차를 좁혀야 한다.

임금과 작업조건이 대기업 수준으로 향상되어도 고용이나 복지가 안정적으로 보장되지 않으면 취업을 망설일 수밖에 없다. 즉 정규직과 비정규직 간의 신분적 차별을 그대로 두고는 좋은 일자리 문제를 해결할 수 없다. 그렇다고 단숨에 최저임금을 올리고 비정규직을 모두 정규직화할 수도 없는 일이다. 이는 기업의 고용 리스크를 늘려 오히려 정규직 채용을 과하게 줄이는 악순환을 낳는다. 이러한 문제의 해결을 위해서는 노동시장의 경직성을 줄이되 실업보험 등의 다양한 사회안전망을 통해 '안전 유연성'을 발휘하는 제도적 틀이 필요하다.

또한 젊은 세대를 위한 좋은 일자리를 늘리고 미래 성장동력을 키우려면 스타트업 생태계를 활성화하는 정책도 중요하다. 원천기술의 선도국가가 되려면 혁신형 스타트업의 창업을 촉진하고 그들의 노력이 제대로 보상받을 수 있는 제도적 뒷받침이 마련되어야 한다. 그런데 현재의 금융시스템을 담보 대출 중심에서 기술역량 평가 기반 대출로 바꾸지 않고는 이런 노력을 제대로 지원할 수 없다. 국가의 미래 성장동력이 될만한 충분한 기술력을 인정받는다면 정부는 금융 등의 시스템적인 지원을 통해 가능성을 현실로 만드는 길을 활짝 열어주어야 한다.

## 복지국가 개혁

한편 사회통합을 위해서는 사회적 위험에 처한 이들에 대한 복지지출이 필수적이다. 복지지출은 경제적 효율성과 가치가 충돌할 수 있다. 그러나 이 역시 경제적 효율성과 사회적 통합성의 연결고리를 찾는다면 현명하게 해결할 수 있는 문제이다. 현재 한국 사회에서 해결이 시급한 문제는 경제협력개발기구OECD 최고 수준인 노인빈곤이다. 게다가 2025년을 기준으로 한국은 고령화 속도가 세계에서 가장 빠르다.

한국은 노후 준비가 제대로 되어 있지 않은, 가난한 노인이 많은 나라이다. 정부의 보호가 필수적이지만 노인 인구의 비중이 큰 만큼 신중한 접근이 필요하다. 장기적으로 볼 때 마냥 퍼주기식의 복지는 국가 경제를 흔들리게 할 위험이 있다. 따라서 예방적 접근의 복지시스템을 구축하여 복지지출의 효율성을 높이는 것이 중요하다. 즉 수많은 가난한 노인에게 물고기를 마냥 나눠줄 것이 아니라 물고기 잡는 법을 교육해야 한다. 그리고 물고기를 잡을 수 있는 환경을 미리 구축해둠으로써 노인빈곤을 줄이는 선순환을 기대하는 것이다. 또한 지속가능성을 담보하기 위해서는 국민연금만이 아니라 공무원연금, 사학연금 등의 개혁도 시급하다.

급격한 저출산과 고령화로 인해 현재의 부과방식 국민연금 제도는 미래세대에게 감당할 수 없는 재정적 부담을 전가하는 시한폭탄이 되었다. 연금 개혁은 더는 미룰 수 없는 시대적 과제임에도 불구하고 정치권은 표를 의식하여 단기적 미봉책으로 일관하며 세대 간 갈등을 방치하고 있다. 가장 바람직한 연금모델로 스웨덴의 명목확정기여형NDC, Notional Defined Contribution 제도가 있다. 개인이 납부한 보험료가 가상의 개인 계좌에 적립되고 은퇴 시점의 기대여명과 과거 경제성장률 등에 연동하여 연금액이 자동으로 조정되는 방식이다. 이를 통해 인구구조 변화와 경제 상황 변동에 능동적으로 대응하여 제도의 재정적 지속가능성을 자동으로 확보하는 것이다.

이 같은 논의가 성공하려면 초당적 정치적 합의가 필수적이다. 그런데 한국의 극심한 정치 양극화를 고려할 때 거의 불가능한 일처럼 보인다. 따라서 성공적인 연금개혁을 위해서는 정부나 국회의 일방적인 추진이 아닌, 사회적 합의 형성을 위한 새로운 거버넌스 메커니즘의 발굴이 필수적이다. 이 책에서 제안한 '시민의회'를 제도화해 무작위로 추출된 시민대표들이 전문가의 정보를 충분히 학습하고 숙의하는 과정을 통해 사회적으로 수용 가능한 개혁의 기본 원칙과 방향에 대한 권고안을 도출하는 방안이 기대되는 이유다.

시민의회의 권고를 바탕으로 국회는 초당적 '연금개혁특별위원회'를 구성하여 구체적인 제도 설계를 추진해야 한다. 이때 제도는 기존 세대의 기득권을 점진적으로 조정하고 미래세대의 부담을 완화하는 방향으로 설계되어야 한다. 그리고 이를 위해 향후 30~40

년에 걸쳐 현행 제도에서 한국형 명목확정기여형NDC 제도로 점진적 이행이 가능한 장기 로드맵을 법제화할 필요가 있다.

### 환경적 책임성과 경제적 효율성의 역동적 균형

환경적 책임성과 경제적 효율성의 가치도 단기적으로는 서로 충돌하지만 풀어나갈 고리는 분명 존재한다. 지속가능한 발전이라는 측면에서 두 영역의 공통된 키워드는 에너지와 자원·폐기물이다. 지속가능하려면 현재 소비와 미래 소비 간의 갈등을 줄여야 한다. 즉 현재의 필요를 충족시키기 위해 자원을 소비하되 미래세대를 위한 환경과 자원의 보호가 전제되어야 한다. 그러기 위해서는 한정된 자원을 효율적으로 이용하고 폐기물의 재생과 순환을 늘려야 한다.

에너지도 마찬가지다. 경제적 효율성과 환경적 책임성을 동시에 충족하는 대표적인 에너지로 원자력을 들 수 있다. 원자력은 에너지 효율성이 높고 클린 에너지로써의 가치도 크다. 그런데 문재인 정부가 원전의 위험성을 이유로 탈원전을 선언하자 한국의 원전산업 생태계는 빠르게 파괴되었다. 물론 탈원전을 선언하기 이전의 낮은 전기요금은 왜곡된 산업구조를 만들었다. 가장 비싼 에너지인 전기를 한국은 제조업의 경쟁력을 높이기 위해 낮은 요금으로 제공했다. 이러한 정책은 결국 제철산업에서 전기고로를 널리 쓰게 할 정도로 왜곡된 산업구조를 만들었다. 더불어 과도한 냉난방과 같은 에너지 낭비를 촉진하는 부작용도 있었다. 이러한 점들을 고려할 때 환경적 책임성과 경제적 효율성을 모두 충족하는 에너지 정책으로 이명박 정부에서 제안한 녹색성장의 내용과 프로그램을 복원하는 것도 좋은 방안이 될 수 있다.

장기적 관점에서 에너지 전환 전략의 마련은 필수적이다. 탄소 제로 기준에 대비하려면 혁신적인 기술개발이 필요하고 신재생에 너지의 생산, 저장, 이동을 위한 새로운 기반시설에 대한 투자가 요구된다. 에너지는 장기적 관점에서 접근하며 미래지향적인 시장을 만들어야 한다. 개발 비용을 낮추기 위해 손쉽게 얻을 수 있는 에너지 자원의 소비를 극대화하면 미래 가용자원은 급속히 고갈된 다. 게다가 이는 결국 후속 세대에게 개발 비용을 전가하고 이들의 삶의 질을 떨어뜨리는 결과로 이어진다.

현재와 미래, 비용과 효용 중 어디에 초점을 둘 것인지는 '나'를 넘어 '후손'에까지 시선을 두면 분명한 답이 나온다. 따라서 특정 시점의 일회성 최적화static optimization가 아닌 시간의 흐름에 따라 점 진적인 조율이 필요한 장기적이고 역동적인 최적화dynamic optimization 전략을 분명히 해야 한다.

이념이나 특정 에너지원에 치우친 에너지 정책의 위험을 피하 려면 기술 중립적 포트폴리오 접근을 통해 재생에너지(태양광, 풍 력)의 보급을 지속적으로 확대해야 한다. 이때 안정적인 기저부하 를 담당할 핵심적인 무탄소 에너지원으로써 차세대 소형모듈원자 로SMR 등 혁신 원자력 기술개발과 활용을 병행해야 한다. 또한 에 너지 효율 최우선 원칙에 따라 국가 에너지 전략의 최우선 순위를 '공급 확대'에서 '수요 효율화'로 전환해야 한다. 그리고 산업 부문 의 에너지 효율 개선을 위한 규제 및 인센티브를 강화하고 건물 에 너지 효율 기준을 대폭 상향할 필요도 있다. 더불어 스마트 그리드 와 에너지저장장치ESS에 대한 투자를 확대하여 에너지 시스템 전 체의 효율을 극대화해야 한다.

## 사회적 통합성과 환경적 책임성의 역동적 균형

사회와 환경의 교차 영역에서는 사회적 통합성과 환경적 책임성이라는 가치가 단기적으로 충돌한다. 탄소세 도입 시 저소득층의 부담이 증가할 수 있고 풍력발전소와 같은 신재생에너지 시설의 건설 과정에서 발생하는 지역 주민과의 갈등도 피할 수 없다. 그리고 홍수나 폭염의 피해를 줄이기 위한 친환경 인프라 투자가 부동산 가치를 상승시켜 취약한 기존 거주민을 내쫓는 '그린 젠트리피케이션green gentrification' 현상도 발생할 수 있고 개발제한구역 지정으로 인한 주민 재산권 침해 등의 문제도 예측된다. 따라서 사회적 통합성과 환경적 책임성의 역동적 균형을 통해 이러한 문제들을 해결해야 한다.

사회와 환경이 중첩하는 영역의 핵심은 기후변화와 환경보호이다. 전문가들은 지구온난화는 극심한 가뭄, 홍수, 폭염 등으로 전인류의 생존을 위협할 것이라 경고한다. 게다가 지구온난화가 해양오염, 수질오염, 산불, 전염병 등의 다양한 환경재난으로 이어질 위험도 크다. 따라서 기후변화와 환경보호에 관한 글로벌한 대책이 필요하다. 특히 기후변화와 환경재난에서 비롯된 피해는 취약계층일수록 더 크다. 경제적 능력뿐 아니라 신체적·사회적 능력이 뒤지는 노약자나 심신미약자들은 기후변화에 대응할 능력이나 회복력이 낮다. 따라서 사회안전망의 구축을 통해 '기후 정의'라는 새로운 가치를 실현할 필요가 있다. 아울러 현재를 넘어 미래까지 내다보는 역동적 균형 전략으로 미래세대의 이익을 보호할 수 있게 제도를 설계해야 '세대 간 정의'를 해소할 수 있다.

기후 정의를 실천하려면 '정의로운 전환기금 조성'이 필수적이다. 석탄 발전소 폐쇄 등으로 영향을 받는 지역과 노동자들을 위해

기금을 설치하고 해당 지역의 대체 산업 육성, 노동자 재교육과 전직 지원, 사회복지 프로그램 강화 등에 사용해야 한다. 그래야 에너지 전환 과정에서 발생하는 사회적 갈등을 최소화하고, 기후 정의 원칙을 실현하는 토대를 다질 수 있다.

5년 단임의 대통령제에서 정치인들은 당장 확인되는 가시적인 성과와 현세대 유권자의 지지에 집중하는 경향이 있다. 이로 인해 국가채무 증가, 환경 파괴, 연금 고갈 등 미래세대가 감당해야 할 부담을 외면하는 단기적 정책 결정이 만연하다. 국제적으로는 '세대 간 형평성intergenerational equity'이 지속가능발전의 핵심 원칙으로 자리 잡았다. 현세대가 미래세대의 필요를 충족시킬 능력을 저해하지 않는 범위 내에서 자신들의 필요를 충족해야 한다는 개념이다. 이는 미래세대 또한 깨끗한 환경과 안정적인 사회 시스템을 누릴 권리가 있음을 인정하는 것이다.

미래세대까지 생각하는 지속가능발전을 구현하려면 정책 결정 과정에 장기적 관점을 제도적으로 내장해야 한다. 그러기 위해 독립적인 '미래세대위원회'를 설립하고 그 권한을 법률로 보장해주어야 한다. 위원회의 기능은 정부의 주요 법률안, 국가 예산안, 장기 발전 계획 등이 미래세대에 미칠 재정적, 환경적, 사회적 영향을 평가하는 '미래세대영향평가'를 실시하는 것이다. 그리고 평가 결과는 국회와 대통령에게 보고되며 정부는 위원회의 권고에 대해 공식적으로 답변할 의무가 있다. 이러한 기반을 통해 단기적인 정치적 이해관계를 넘어 국가 정책의 장기적 지속가능성을 확보하는 제도적 장치를 마련하는 것이다.

# 사회 운영 패러다임 자체를
# 전환해야 한다

대한민국은 압축성장의 기적과 민주화의 성취라는 눈부신 역사를 뒤로하고 이제는 그 과정에서 누적된 구조적 모순과 마주하고 있다. '승자독식 균열사회'라는 현재의 진단은 단순한 비관론이 아니다. 새로운 시대정신과 국가 비전을 요구하는 절박한 시대적 요청이다. 이 책은 그 대안으로 '혁신적 품격사회'를 제시하고 구현하기 위한 장기적이고 체계적인 정책 아키텍처를 제안한다. 이는 단기적인 문제 해결을 넘어 사회 운영의 패러다임 자체를 전환하기 위한 거시적 설계도다.

## 악순환의 고리를 끊고 선순환의 구조를 만들자

◆ ◆ ◆

현재 한국 사회는 여러 시스템적 딜레마들이 서로 맞물려 악순환의 고리를 형성하고 있다. 과도한 입시 경쟁은 창의적 인재양성을 저해하고(교육) 노동시장의 이중구조를 심화시킨다(경제). 또 불안정한 미래는 청년들의 결혼과 출산을 포기하게 만들어(사회) 결국 국가의 재정적 지속가능성을 위협하는(재정) 연쇄적 위기를 낳고 있다.

이 책이 제안한 정책들은 이러한 악순환의 고리를 끊고 선순환의 구조를 만들기 위한 것이다. 예를 들어 이 책의 4장에서 제안한 교육 개혁은 협력과 창의성을 키워 독일 모델을 지향하는 K-히든 챔피언 전략에 필요한 혁신 인재를 공급한다. 덴마크 모델에 기반한 '안전유연성' 노동시장은 실패를 두려워하지 않는 도전적 기업가 정신을 북돋우고 다시 양질의 일자리를 창출하여 사회 경제적 안전을 높인다. 아일랜드 모델을 본뜬 '시민의회'는 스웨덴 모델과 같은 어려운 연금개혁에 대한 사회적 합의를 이끄는 동력이 된다. 이처럼 각 정책은 독립적으로 작동하는 것이 아니라 서로를 지지하고 강화하며 혁신적 품격사회라는 공동의 목표를 향해 나아가는 유기적 전체를 구성하는 것이다.

## 공유 기반 번영의 가치관이 필요하다

◆ ◆ ◆

가장 근본적인 변화는 빙산의 가장 깊은 곳, 즉 우리 사회의 멘탈 모델에서 일어나야 한다. 지난 수십 년간 한국은 '나와 내 가족만 살아남으면 된다'는 제로섬 생존 경쟁의 멘탈 모델이 사회를 지배해왔다. 이는 놀라운 경제 성장을 이끌었으나 동시에 공동체의 신뢰를 파괴하고 사회를 황폐하게 했다.

혁신적 품격사회는 새로운 멘탈 모델을 요구한다. 그것은 나의 성공이 타인의 실패를 전제하지 않으며 공동체의 안녕이 곧 나의 안녕이라는 '공유 기반 번영'의 가치관이다. 이 책이 제안한 정책들은 단순한 기술적 제도 개선이 아니다. 그것은 새로운 멘탈 모델이 뿌리내릴 수 있는 사회적 토양을 만드는 제도적 장치다. 공정한 경쟁 규칙, 실패해도 다시 일어설 수 있는 사회안전망, 차별 없는 포용적 공동체, 그리고 신뢰에 기반한 숙의의 정치는 구성원들이 단기적인 이기심을 넘어 장기적인 공동의 이익을 위해 협력하도록 이끄는 제도적 인센티브로 작용할 것이다.

## 지속가능하고 품격 있는 미래로 나아가자

◆ ◆ ◆

혁신적 품격사회로의 전환은 하나의 정부, 하나의 정권이 임기 내에 완수할 수 있는 과제가 아니다. 이는 우리 세대가 시작하여 다음 세대와 함께 완성해야 할, 수십 년에 걸친 장기적인 '세대의 프로젝트'이다. 혁신적 품격사회로의 전환을 위한 장기적 프로젝트가 성공하려면 단기적인 정치적 이해득실을 넘어 국가의 미래를 위한 용기 있는 결단과 인내가 필요하다. 그리고 새로운 국가적 목표에 대한 광범위한 사회적 합의가 절실하다.

한강의 기적은 경제적 가치이고 6월 항쟁이 정치적 가치를 시대정신으로 삼았다면 이제 대한민국은 사회적 가치를 새로운 시대정신으로 확립해야 한다. 즉 불안, 불신, 차별과 무기력을 넘어 모든 구성원의 존엄과 잠재력이 존중받는 사회를 지향해야 한다. 거칠고 험난한 여정일 테지만 승자독식 균열사회의 경로를 벗어나 지속가능하고 품격 있는 미래로 나아갈 수 있는 유일한 길이기에 더는 망설일 수 없다. 이제는 행동에 나서야 할 때다.

**2**장

# 위기 대응을 통해
# 한국 경제를 전환한다

## 송의영

서강대학교 경제학과 교수

국제경제와 경제성장론을 연구하며, 서울대학교에서 경제학을 전공하고 미국 하버드대학교에서 박사 학위를 받았다. 현재 서강대학교 경제학과 교수로 재직하며, 국제무역과 경제발전의 상호작용을 중심으로 연구하고 있다.

주요 논문으로는 「Trade and the Speed of Convergence(무역과 경제 수렴 속도)」(『Review of Development Economics(개발경제학 리뷰)』, 2014), 「Taxation, Human Capital and Growth(조세, 인적자본, 그리고 경제성장)」(『Journal of Economic Dynamics and Control(경제동학 및 제어 저널)』, 2002) 등이 있다. 저서로는 『개방과 경제발전』과 『한국의 경제발전 70년』이 있다.

한국국제경제학회장, 국민경제자문회의 대외경제분과 의장, 공적자금관리위원회 민간위원장 등을 통해 학계와 경제 정책을 연결하는 역할을 해왔다.


## 정혁

서울대학교 국제대학원 교수

서울대학교 경제학과를 졸업했고 미국 시카고대학교에서 경제학 박사학위를 받았다. 이후 미국 서던캘리포니아대학교, 밴더빌트대학교, 일본 GRIPS(국립정책연구대학원대학교), KDI 국제정책대학원에서 교수로 활동했다. 또한 한국개발정책학회 회장, 한국경제학회와 한국국제경제학회 이사 등의 활동을 통해 한국 학계 활성화에 기여했다. 한국 정부 다수 부처, 세계은행, UN ESCAP, UNDP, OECD DAC 다양한 국제기구, 다수 개도국 정부에 정책 자문을 제공하며 공공 번영에 기여했다.

연구 분야는 경제성장과 불평등, 한국경제발전, 인적자본과 혁신, 인구구조 전환 시대의 미래 발전, 국제무역과 기업 동학, 국제개발 등이며, 한국 경제발전의 경험을 국제사회와 공유하면서 글로벌 번영과 지속가능한 발전을 위한 논의에 기여해왔다.

주요 연구로는 「The Price of Experience」(『American Economic Review』, 2015) 등이 있다. 주요 저서로는 『Human Capital and Development: Lessons and Insights from Korea's Transformation』『Understanding and Comparing National Innovation Systems: The U.S., Korea, China, Japan, and Taiwan』 등이 있다.

# 기적 이후
# 한국 경제는 어디로 갈 것인가

"한국 경제는 이제 끝난 건가요?" "한국은 정말 이대로 무너지는 건가요?"

사회 곳곳에서 한국 경제를 염려하는 탄식이 쏟아져 나온다. 자타가 공인하는 초고속 성장을 해오던 한국이 한계에 닿고 결국 내리막을 향한다는 불안감이 커진 탓이다. 당장 피부로 느끼는 생활고의 무게는 물론이고 쉴 새 없이 쏟아지는 비관적인 뉴스들도 이러한 불안과 위기감을 더욱 고조시킨다. 글로벌 경영컨설팅회사 맥킨지는 지난 2013년에 이미 한국 경제를 '서서히 가열되는 냄비 속의 개구리'에 비유했다. 그리고 10년 뒤인 2023년에는 '이미 반쯤 삶아진 개구리'에 비유하며 더욱 심각해진 상황을 경고했다. 게다가 국내 전문가들은 2050년에 한국의 경제성장률이 1%대로 추락할 것이라는 예측으로도 부족해 이제 0%대의 성장률이라는 절망적인 전망을 한다.

어디 그뿐인가. 중국은 한국을 추격하는 것을 넘어 다양한 분야에서 앞서기까지 한다. 중국은 태양광 패널, 드론, 전기차에서 이미 세계 최강의 자리를 굳히고 있다. 미래를 지배할 첨단기술 분야는 어떤가. 중국의 신생 기업 딥시크DeepSeek와 유니트리Unitree Robotics의 놀라운 성과는 인공지능과 로봇 기술 분야에서의 중국의 위력과 더 큰 성장 가능성을 증명하고 있다. 게다가 중국은 대부분의 첨단 기술 분야에서 영향력 있는 연구 논문이 세계에서 가장 많다. 끊임 없는 연구를 통해 첨단기술 분야의 미래를 장악하려는 강한 의지 일 것이다.

한국은 어떨까? 중국과의 비교가 무색할 정도로 인공지능과 로 봇 원천기술에서 한국은 큰 격차를 보인다. 첨단기술의 연구 수준 도 거의 모든 분야에서 중국에 뒤지고 있다. 과학기술 인재 양성 미래 전망 역시 암울하다. 저출산으로 인해 한국 과학기술의 미래 를 떠안을 청년의 숫자가 빠르게 감소하고 있는 데다 이공계 우수 인재의 대부분은 의사가 되고 싶어 한다. 불확실한 미래에 도전하 기보다는 안정적인 성공을 좇는 것이 현실이다.

## 한국 경제성장 신화가 종언을 고하며 위기를 맞고 있다

◆ ◆ ◆

지난 60년간 한국의 발전 경험은 세계에서 가장 빛났다. 한국은 일본제국주의의 식민통치와 한국전쟁을 거치며 국토의 80%가 잿 더미였을 정도로 모든 게 무너졌다. 그러나 그 잿더미를 딛고 보란 듯이 일어서며 경제 성장의 신화를 창조해나갔다. 한국은 지난 60 여 년 동안 1인당 국내총생산GDP이 연평균 6%씩 성장하며 최빈국 에서 고소득국으로 전환했다.

한국의 놀라운 성장에 세계는 찬사를 아끼지 않았고 많은 개발도상국은 한국 모델을 벤치마킹하기를 원했다. 이런 한국의 성장 신화가 이제 종언을 고하고 있다. 2000년대 중반부터 경제성장률이 급격하게 하락하면서 현재까지 저성장이 이어지고 있다. 더 큰 문제는 이러한 저성장 장기화 구도 속에서 소득 격차와 양극화가 점점 심해지고 있다는 것이다. 실상 고도성장 시기 한국 경제 성장모형의 중요한 특징은 성장과 더불어 임금소득의 불평등이 감소했다는 것이다. 임금소득 모든 분위에서 소득성장이 있었지만 하위 분위 그룹 성장 속도가 더 빨랐기 때문이다. 이런 포용적 성장 추세는 1990년대 중반까지 지속됐다. 그러나 1997년 외환위기 이후 중산층이 붕괴하면서 양극화가 동반된 소득 불평등이 극심해졌다. 그리고 이러한 현상은 지금까지 꾸준히 강화되고 있다. 즉 현재 한국은 '고성장 포용사회'에서 '저성장 격차사회'로 전환한 것이다.

그뿐만 아니다. 현재 한국은 지속적인 인구감소가 시작된 '축소경제'로 전환했다. 격차사회가 축소경제가 될 때 사회 전체에 다양한 차원의 불균형이 발생하며, 이는 복합적 사회갈등을 발생시킨다. 또한 저성장으로 인해 사회갈등을 조정할 사회 경제적 여유까지 줄어들면서 사회구성원 간에는 각자도생과 지대추구* 가치관이 만연해져 사회통합이 더욱 힘들어진다. 더구나 고도성장 신화에 익숙한 한국에는 이는 낯선 세상의 문이 열리는 것이라 적응이 쉽지 않다.

한국이 직면한 문제는 내부에만 있는 것이 아니다. 미국의 트럼프 2기 정부가 세계를 뒤흔들면서 한국도 큰 위협을 받고 있다. 한국은 1960년대 이후 수출과 제조업을 원동력으로 경제 성장을 이

---

* 지대추구: 경제 주체들이 자신의 이익을 위해 비생산적인 활동에 경쟁적으로 자원을 낭비하는 현상

루었다. 특히 1990년에서 2008년까지 국제무역 전성기에 한국은 미국과 중국을 주축으로 하는 글로벌 공급망을 구축하여 산업을 고도화하고 국제경쟁력을 강화했다. 그러나 2010년대에 시작한 미국과 중국의 전략 경쟁은 거대한 중국 시장과 미국 시장을 연결하는 무역망에 균열을 일으켰다. 그리고 2025년 출범한 트럼프 2기 정부가 중국산 수입품에 고율의 관세를 부과하고 이에 중국이 맞대응함으로써 미국과 중국 경제가 분리되는 위험에 처했다.

그뿐만 아니다. 트럼프 2기 정부는 한국, 일본, 유럽연합EU, 인도, 브라질, 동남아시아 국가들의 수출품에 15~50%를 넘나드는 고율의 관세를 부과했거나 부과할 것을 예고하고 있다. 이로써 미국과 미국의 우방 사이에 또 다른 공급망 균열이 발생하고 있다. 이렇듯 한국은 대외적 환경의 변화로 제조업과 국제무역이라는 성장의 두 축에 외부 충격으로 인한 큰 균열이 동시에 발생하는 위기를 맞고 있다.

## 생존과 성장의 문제를 동시에 고민하고 해결해야 한다

◆ ◆ ◆

외부 환경의 불확실성이 커지는 것 못지않게 한국 경제를 위협하는 내부 요인도 많다. 그중 가장 심각한 것이 인구 위기이다. 현재 한국의 출산율은 경제협력개발기구OECD 최하위이다. 게다가 절대적인 수치도 극단적으로 낮은 수준이다. 2023년에 한국의 합계출산율*은 0.72로 대체출산율** 2.1의 34% 수준이다. 이는 이 출

---

\* 합계출산율: 여성 한 명이 가임 기간(15~49세)에 출산하는 평균 자녀 수

\*\* 대체출산율: 한 국가가 현재의 인구 규모를 유지하는 데 필요한 출산율 수준

산율이 유지될 경우 한 세대가 지나면 인구가 대략 3분의 1 수준으로, 두 세대가 지나면 9분의 1 수준으로 세대마다 기하급수적으로 감소한다는 의미이다. 즉 현세대가 관찰할 수 있는 시계인 60년 후면 한국은 인구 600만 명인 현재 싱가포르 수준의 도시국가가 되는 것이다.* 이러한 예측에 근거할 때 한국은 머지않아 인구소멸의 위기를 걱정해야 한다.

사실 인구소멸은 지방에서부터 이미 진행 중이다. 현재 진행형인 지방소멸은 지방에서 수도권으로의 인구이동이 주요 원인이다. 하지만 인구대체율 3분의 1 수준의 초저출산율이 지속된다면 궁극적으로 수도권 역시 인구소멸에서 예외일 수 없다. 극단적으로 0.7대의 출산율이 3세대 이상 지속될 경우 한국은 99% 이상의 영토를 비워둔 채 서울 일부에만 사람이 사는 초소형 도시국가로 변할 수 있다. 심지어 문제는 여기서 끝이 아니다. 인구대체율 미만의 출산율은 인구 규모가 적다는 것이 아니라 인구감소가 멈추지 않는다는 의미이다. 따라서 국제연합UN의 전망처럼 합계출산율이 1.3으로 반등한다고 하더라도 궁극적으로 한국 전체가 소멸하는 상태로 수렴함을 의미한다.

낮은 출산율은 단순히 아이가 적게 태어나고 인구가 줄어드는 문제에서 그치지 않는다. 고령화 현상과 맞물리며 심각한 경제위기 상황을 가져올 수 있다. 소득증대와 기술진보로 평균수명이 늘어나면서 고령인구 비중이 빠르게 증가하고 있다. 전문가들은 2045년이 되면 한국이 경제협력개발기구OECD 국가 중 고령인구의 비중이

---

* 다른 인구구조 요인들이 불변이라는 전제 하의 가상적 계산이다. 기대수명 증가 등의 요인으로 실제 인구는 이렇게 감소하지 않을 수 있다.

가장 높을 것으로 예측한다. 저출산으로 경제활동가능인구는 점점 줄어들고 부양해야 할 고령인구는 상대적으로 늘어나니 국가 경제가 크게 휘청거릴 수밖에 없다. 연금이 도입된 1988년에 노인부양비율*은 4.6이었다. 그런데 2023년에는 이 비율이 이미 16.5가 되었고, 2100년에는 80.3으로 급격히 증가할 것으로 예측된다. 경제활동가능인구 중 노동참여율 및 고용률이 60% 정도임을 고려하면, 이는 실제로 일하는 노동자 한 명이 본인 외 1명 이상의 노인을 부양해야 함을 의미한다. 과연 이것이 감당할 수 있는 미래인가?

현재 한국이 직면한 다양한 위기 중 인구 위기는 국가의 존망이 걸린 중대한 문제이다. 그럼에도 이 문제는 오랜 기간 방치됐고 현재도 그 심각성을 제대로 체감하지 못하고 있다. 현재 한국 인구는 5,000만 명이고 내가 사는 경제는 그 규모로 돌아가고 있기 때문이다. 기후는 온도 변화나 해수면 변화로 현세대가 이미 일상에서 환경 변화를 체감하며 위기의식을 느끼고 있다. 이러한 측면에서 볼 때 인구 위기는 기후 위기보다 더 위험하다.

또한 인구 위기는 제때에 대응하지 못하면 문제가 기하급수적으로 누적된다. 지금 당장 대응을 시작한다고 해도 그 효과가 경제에 나타나기까지 최소 30여 년의 시간이 필요하다. 머뭇거리고 지체할수록 되돌리는 데 더 많은 시간과 노력이 필요하기에 지금 바로 대응을 시작해야 한다. 대응의 적기를 놓칠 시 돌이키기 어려운 대표적인 예로 연금의 구조개혁과 지방경제 활성화를 통한 지방소멸 방지를 들 수 있다.

---

* 노인부양비율: 경제활동 연령 그룹(생산가능인구)인 25~64세 인구 100명 대비 65세 이상 인구

오늘날 한국 경제는 글로벌 경쟁의 심화, 산업구조의 변화, 저출산과 고령화라는 여러 중대한 문제들로 위협받고 있다. 그러나 이것이 한국 경제의 종말을 의미하는 것은 아니다. 우리보다 앞선 선진국들도 후발 공업국에 따라잡히고 고령화가 진행되는 등의 유사한 문제들을 겪었다. 그리고 그들은 새로운 기술과 산업을 창조하는 혁신을 통하여 1인당 국민소득 증가율 2%를 장기간 유지함으로써 선진국의 지위를 유지했다.

지금 한국은 표면적으로는 상호 모순되는 것 같은 생존과 성장의 문제를 동시에 고민하고 해결해야 한다. 이러한 상황에서 조급하고 즉자적인 대응은 매우 위험하다. 이럴수록 장기적인 시각에서 한국 경제가 직면하고 있는 핵심 위협 요인을 진단하고, 이들 위협 요인에 대한 대응책을 찾아야 한다. 축소경제에서 이에 대한 모색은 어려우나 궁극적인 해결책은 '혁신'에 있다. 다만 이 '혁신'은 단순한 기술혁신뿐 아니라 새로운 사회질서와 경제질서를 구축하는 혁신이어야 한다.

# 압축성장한 만큼
# 급격히 격차경제가 되었다

　70년 동안 1인당 국민총소득의 실질 가치가 50배나 늘어난 기적의 나라가 있다. 바로 한국이다. 한국은 일제 강점기와 한국전쟁을 지나며 물적자본과 인적자본이 모두 피폐했다. 전쟁 직후인 1953년에 한국의 연간 1인당 국민총소득은 당시 돈으로 2,000원이었다. 그로부터 70년이 지난 2024년에는 1인당 국민소득이 4,485만 원이었다. 70년의 세월이 흐르는 동안 돈의 가치가 달라졌으니 그 실질적 성과가 어느 정도인지 선뜻 와닿지 않을 수 있다. 그 성과를 체감하는 한 가지 방법은 현재의 우리가 과거 소득 수준으로 사는 삶을 상상해 보는 것이다.

　1953년 1인당 국민총소득을 2020년 원화 가치로 환산하면 대략 연봉 90만 원 정도이고 월급으로 치면 7만 5,000원이다. 2020년에 8만 원도 안 되는 돈으로 한 달을 산다는 것을 현재 우리가 상상할 수 있을까? 한국전쟁 이후 두 세대를 거치는 동안 노벨경제학상 수상자인 로버트 루카스Robert Lucas Jr.가 '기적'이라고 평가한 경제 성장을 통해 한국의 실제 월평균 소득은 50배 높은 400만 원이다. 이 얼마나 놀랍고 감사한 일인가.

## 한국 경제는 놀라운 비상 후 급격히 추락했다

◆ ◆ ◆

한국의 경제 성장은 흔히 고도성장 혹은 압축성장으로 표현된다. 이는 성장의 속도에 초점을 맞춘 표현이다. 한국 경제가 그만큼 빠르게 성장했음을 의미한다. 실제로 1960년 이후 한국은 연평균 1인당 실질 국내총생산GDP이 약 6%씩 성장했다. 이는 현재까지 전 세계에서 가장 높은 장기 성장률이다. 그뿐만이 아니다. 이러한 고도성장을 통해 이룬 자랑스러운 성과 중 하나는 현재 한국의 1인당 실질 국내총생산GDP이 과거 한국의 식민지배국이었던 일본보다 10% 더 높다는 사실이다. 제2차 세계대전 이후 독립한 식민지가 과거 식민제국의 소득을 넘어선 사례는 한국이 처음이자 유일하다. 세계은행이 발표한 자료에 의하면 한국은 2017년을 기점으로 구매력평가 기준 1인당 실질 국내총생산GDP이 일본을 추월했고 그 격차가 점점 더 커져 2023년에는 10%가 더 높다.

세계 최고의 고도성장이라는 성과보다 더 주목해야 할 점은 따로 있다. 60년 동안 연평균 6%라는 고도성장을 유지했다는 점이다. 고도성장 경험은 한국만의 성과는 아니다. 다른 많은 국가에서도 고도성장의 성과는 종종 창출된다. 하지만 고도성장을 이룬 개발도상국 중 선진경제로 진입하는 경우는 매우 드물다. 고도성장이 선진경제로 진입할 정도의 충분한 기간을 지속하지 못하기 때문이다. 실제로 전 세계 성장률 데이터를 보면 고도성장이 가장 빈번하게 관찰되는 지역은 놀랍게도 아프리카와 중남미 지역이다.[1]

하지만 이 지역 국가들의 고도성장 기간은 대부분 5~10년 정도이다. 아시아 지역의 신흥경제국 역시 고도성장의 유지 기간이 20년을 넘지 못한다. 이처럼 대부분의 후발경제국이 저소득국에서 중진국으로의 도약에는 성공하지만, 중진국에서 선진국 그룹으로 진입하지는 못한다. 이러한 지속가능 성장의 부재가 바로 소위 '중진국 함정'의 원인이다.

20년 넘게 고도성장을 유지한 예외적인 사례는 한국, 중국, 일본, 대만, 싱가포르 정도의 일부 아시아 국가들뿐이다. 이 중에서 일본, 대만, 싱가포르는 1960년에 저소득국이 아니었다. 중국의 경우 1960년에 한국과 유사한 소득 수준의 저소득국이었으나 도약의 시점이 한국보다 훨씬 늦다. 게다가 중국은 고도성장의 유지 기간이 30여 년 정도라 현재는 고소득국이 아닌 상위 중소득국 수준이다. 세계시장에서 중국의 위력이 커지고는 있으나 향후 30년 동안 고도성장을 꾸준히 이어가며 중진국 함정을 벗어날지는 지켜보아야 할 일이다. 이러한 관점에서 지난 60여 년 동안 저소득국에서 시작해서 중진국 함정을 뚫고 고소득국까지 진입하며 모든 소득그룹 스펙트럼을 지나쳐온 국가는 한국뿐이다.

다음 그림 「소득 수준 대비 한국 경제 성장 경로 국제비교」는 1960~2023년 기간에 1인당 실질 국내총생산GDP(2015년 미 달러 가치, 로그 단위) 수준 대비 성장률의 4차 다항식 추세선을 한국, 고소득국, 상위 중소득국, 하위 중소득국, 저소득국 간에 비교한 그래프이다. 한국의 소득 수준이 높아지면서 그 성장률이 어떻게 변화하였는지를 보여준다. 또한 같은 소득 수준이었을 때 각 소득그룹의 성장률과 어떤 차이가 있는지를 나타낸다. 이 그림에는 소득축에 25%, 50%, 75%라는 세 개의 참조 선이 표시되어 있다. 이는

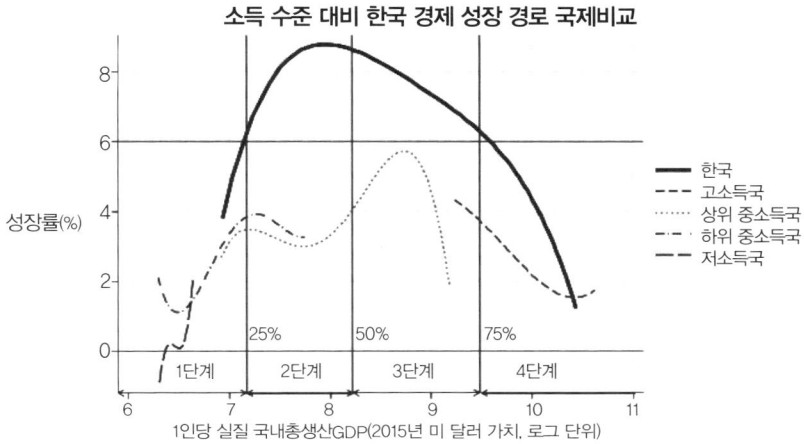

소득 수준 대비 한국 경제 성장 경로 국제비교

성장률(%)

범례:
한국
고소득국
상위 중소득국
하위 중소득국
저소득국

1단계 / 2단계 / 3단계 / 4단계
25% / 50% / 75%

1인당 실질 국내총생산GDP(2015년 미 달러 가치, 로그 단위)

(출처: 세계개발지표WDI 사용, 저자 작성)

각각 1960~2023년 기간에 전 세계 1인당 실질 국내총생산GDP의 백분위 수치이며, 이를 기준으로 소득 수준을 네 단계로 구분한다.[*] 이 백분위 수치들은 2015년 세계은행에서 제시하는 4개 소득그룹 국가를 구분하는 한계 소득 수준과 유사하다. 이 그림을 통해 관찰되는 한국 경제 성장의 주요 양상은 다음과 같다.

첫째, 한국의 성장률은 1단계(저소득국)에서 2단계(하위 중소득국)로 진입하는 과정에서 증가 추세였다. 2단계 소득 수준에서도 하위 중소득 그룹의 성장률이 둔화하는 것과는 달리 꾸준히 상승했다.

둘째, 3단계(상위 중소득국)에 진입하면서 한국의 성장률 추세는 하락하기 시작했다. 하지만 같은 소득 수준에 있는 상위 중소득국 그룹의 성장률보다 현격히 높다. 상위 중소득국 그룹의 성장률은 3단계 중간 즈음에 성장률이 급격히 떨어지는 반면 한국의 성장률은

---

[*]  25%, 50%, 75% 백분위 소득 수준은 1,300달러, 3,700달러, 1만 3,100달러
    이다.

완만하게 하락한다. 이런 2~3단계 소득 수준에서의 꾸준한 성장으로 한국은 중진국 함정에 빠지지 않고 고소득국으로 진입했다. 한국은 4단계(고소득국) 소득 수준에 진입하면서 다른 고소득국 그룹과 마찬가지로 성장률이 하락하는 추세이다. 그러나 4단계에 들어설 당시 다른 고소득국 그룹의 성장률이 4% 정도인 데 비해 한국은 그보다 2%가 더 높은 6%였다.

1단계에서 시작해 4단계에 진입하는 시기까지 한국의 경제성장률은 다른 동일 소득그룹 국가들보다 월등한 양상을 보였다. 그리고 현재의 성장률 수준도 타 고소득그룹 국가들과 크게 다르지 않다. 그런데 왜 현재 한국 경제에 위기를 알리는 빨간불이 켜지고 암울한 전망까지 나올까? 현재 한국 경제가 위기인 이유는 단순히 성장률이 낮아졌다는 사실 때문만은 아니다. 고소득국 단계에서는 한국뿐만 아니라 대부분의 선진국이 저성장 시대에 진입했다. 그런데 한국의 문제는 성장률의 하락 속도가 다른 국가들보다 훨씬 더 빠르다는 것이다. 앞의 그림에서 확인되는 것처럼 4단계에 진입한 이후 고소득국 단계에서부터 한국의 성장률 하락 추세 '곡률'은 다른 고소득국보다 훨씬 더 가속화된 모양이다. 이는 고소득국 단계에 진입한 다른 국가들과는 사뭇 다른 양상이라 하락의 속도에 브레이크가 걸릴지 의문이다. 즉 한국은 선진국 그룹에 진입한 후 지속적인 성장을 이어가지 못하는 '선진국 함정'에 빠진 것이다.

## 잘나가던 한국은 왜 '선진국의 함정'에 빠졌는가

◆ ◆ ◆

1960년 이후 한국 경제의 성장 과정에는 크게 세 차례 큰 전환이 있었다. 이는 1960년대와 1970년대의 저소득국에서 하위 중소

득국으로의 도약, 1980년대 상위 중소득국 단계에서 성장 동력의
유지, 1990년대 중반 고소득국 단계 진입 이후 10년이 지난 시점
에서 성장률이 가속적으로 하락하는 경제로 전환으로 요약된다.

필자는 세계은행 보고서[2]에 한국 경제가 고도성장을 한 이유를
밝혔다. 자본·노동·토지 사용의 농업경제에서 산업경제로의 구조
전환, 각 섹터 내 물적자본 축적·인적자본 축적·고용 창출 등 생산
요소의 증가, 총요소생산성 증가 등 다각적인 차원의 모든 성장 요
인이 어느 한쪽에 치우침이 없이 균형적으로 작동했기 때문이다.
아래 표는 이를 나타내는 장기 및 시기별 성장회계 결과를 요약 제
시한다.

한국 경제의 구조전환과 장기 성장 추이를 나타내는 성장회계(%)

| 시기 | 1974~2016 | 1974~1980 | 1980~1990 | 1990~2000 | 2000~2010 | 2010~2016 |
|---|---|---|---|---|---|---|
| 1인당 국내총생산GDP | 5.70 | 6.68 | 8.29 | 6.32 | 3.98 | 2.34 |
| 구조전환 | 1.39 | 3.49 | 2.32 | 0.91 | 0.48 | 0.16 |
| 섹터 내 생산요소 축적 | 1.78 | 3.27 | 2.46 | 1.70 | 0.98 | 0.63 |
| 섹터 내 고용률 | 0.79 | 0.99 | 0.68 | 0.75 | 0.69 | 0.99 |
| 섹터 내 총요소생산성 | 1.57 | −1.51 | 2.33 | 2.84 | 2.02 | 0.56 |

(출처: Jeong, 2020, Table 6. Broad Categories of GDP per Capita Growth)

한국 경제 성장의 진정한 특징은 하위 중소득국에서 상위 중소
득국으로 전환하는 1980년대에 나타난다. 이 시기에 이전에는 마
이너스였던 총요소생산성의 성장이 플러스(2.33%)로 바뀌며 구조
전환과 생산요소 축적 등과 함께 주요 성장 요인이 된다. 더불어
2%대의 총요소생산성 성장은 1980년대를 기점으로 이후 30년 동
안 제1의 성장 원천이 되었다. 즉 생산요소 축적 위주의 성장경제
가 1980년대 이후 생산성 성장 위주의 경제로 탈바꿈한 것이다.

이러한 성장 엔진 전환이 한국이 소위 중진국 함정에 빠지지 않고 연평균 6% 성장률을 60년이나 유지할 수 있었던 근본 원인이다.

한편 1980년대 이후부터 2010년대까지 구조전환(0.16%)과 생산요소 축적(0.63%)에 의한 성장률은 계속 감소하였다. 구조전환은 경제 구성비의 변화이므로 지속적 성장 요인이 될 수 없다. 그리고 경제 구성이 안정된 단계에서는 총자본 규모가 커질수록 투자 수익률이 감소하는 한계수확체감의 법칙이 작동해 투자 증대만으로는 경제 성장이 지속될 수 없다. 이처럼 한국 경제가 산업화 등 구조전환이 안정화된 1990년대를 지나면서 성장률이 하락하는 것은 한국 경제에 특별한 문제가 있어서 생기는 현상이 아니다. 구조전환과 생산요소 축적에 의한 경제 성장에는 한계가 있다는 경제법칙에 따른 일반적인 현상이다. 따라서 한국 경제의 성장률이 2~3%대로 지속적으로 감소하는 것 자체는 전혀 걱정할 일이 아니다. 한국 경제가 자본축적의 측면에서 성숙단계로 접어들면서 나타나는 자연스러운 현상이다.

정작 가장 큰 문제는 1980년대 이후 30년 동안 꾸준히 이어졌던 눈부신 생산성 성장이 2010년 이후부터 0.56%로 급격하게 낮아졌고 그 하락 추세가 유지된다는 점이다. 이때가 한국의 경제성장률이 가속적으로 하락하는 시기이자 한국 경제가 바로 '선진국 함정'에 빠진 시기이다. 이는 자본축적이나 고용 창출 등의 요인에 문제가 생긴 것이 아니라 생산성 정체에 원인이 있다. 특히 생산요소 축적의 성장 효과 감소는 1990년대부터 이미 시작된 추세를 따르고 있을 뿐이다. 이러한 성장률 하락 추세를 총요소생산성 성장으로 완화하고 있었다. 하지만 이 생산성 성장동력이 급격히 사라지고 있는 것이 현재 한국 경제위기의 본질이다. 즉 단순히 저성장

경제로 전환한 것이 문제가 아니라 생산성 성장이 사라진 저성장 경제로 전환하고 있는 것이 현 한국 경제위기의 요체다.

한국 경제가 중진국 함정에 빠지지 않았던 이유도 생산성 변화 때문이었고 선진국 함정에 빠진 이유 역시 생산성 변화 때문이다. 이러한 장기 성장회계 분석의 종합은 향후 위기의 한국 경제를 구할 방법은 수출 증대, 자본축적 투자 촉진, 고용 창출 자체가 아니라 '혁신을 통한 생산성 증대' 한 가지임을 강변한다. 생산성 성장이 살아날 때 수출 증대, 자본축적 투자 촉진, 고용 창출은 따라온다. 과연 현재 한국의 경제정책 당국이 이러한 접근을 하고 있는지 반추해야 한다.

## 역 쿠즈네츠 커브를 타고 격차경제로 급격히 전환했다

◆ ◆ ◆

한국 경제의 도약 단계에서의 발전 경험이 국제사회에서 주목받았던 또 다른 이유가 있다. 비슷한 상황의 다른 국가들과 달리 한국은 고도성장과 더불어 소득 불평등, 특히 임금소득 불평등이 감소했다는 점이다. 즉 한국은 저소득국에서 중소득국으로, 중소득국에서 고소득국으로 전환하는 단계에서 성장이 소득분배를 개선해나갔다.

하지만 성장이 분배를 개선하는 현상은 안타깝게도 한국이 고소득국으로 진입하던 1990년대 중반 이후부터 사라지고, 한국 경제의 소득 불평등이 상승하기 시작했다. 한국 경제는 인적자본을 토대로 성장했기에 성장과 소득 불평등에서 가장 중요한 역할을 하는 것은 임금소득이다. 다음의 그림 「한국 경제 임금소득 성장과 불평등 변화 추세」는 1980년 이후 평균 임금소득과 소득 불평등

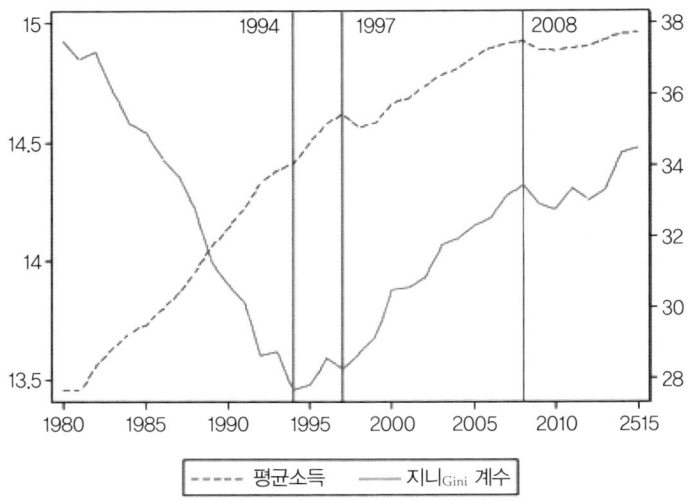

한국 경제 임금소득 성장과 불평등 변화 추세

(출처: 정혁, 2017)

지수인 지니Gini 계수의 변화를 보여준다. 1980년부터 2015년까지 한국의 임금소득 평균 성장률은 4.5%였다. 그런데 시기별로 성장률이 달랐다. 임금 성장 추세는 1997년과 2008년의 두 차례 금융위기를 전환점으로 크게 둔화했다. 이는 임금소득성장률 변화 추세와 1인당 국내총생산GDP 성장률 변화 추세가 일치함을 보여준다.

임금소득성장률이 7.1%였던 1980~1994년의 기간 동안 불평등 지수는 꾸준히 하락했다. 하지만 1994년 이후 불평등 지수는 급격한 반등을 보이며 한국의 소득분배는 악화되기 시작한다. 이는 경제발전단계에 따른 불평등 동학을 제시한 쿠즈네츠 커브Kuznets Curve와는 정반대의 양상이다. 노벨경제학상 수상자인 사이먼 쿠즈네츠Simon Kuznets는 쿠즈네츠 커브 이론을 통해 경제 성장 초기에는 불평등이 증가하나 일정 수준의 경제 성장 단계를 넘어가면 오히려 경제적 불평등이 줄어든다는 주장을 했다. 이 이론과 달리 한국 경제

### 임금소득 10분위 그룹별 성장률

| 10분위 그룹 | 1980~2015년 | 1980~1994년 | 1994~2008년 | 2008~2015년 |
|---|---|---|---|---|
| D1 | 4.3% | 8.7% | 2.3% | −0.3% |
| D2 | 4.7% | 8.8% | 2.6% | 0.6% |
| D3 | 4.8% | 8.9% | 2.8% | 0.5% |
| D4 | 4.8% | 8.9% | 2.9% | 0.4% |
| D5 | 4.8% | 8.7% | 3.0% | 0.3% |
| D6 | 4.7% | 8.4% | 3.2% | 0.2% |
| D7 | 4.6% | 7.8% | 3.6% | 0.1% |
| D8 | 4.5% | 7.1% | 4.0% | 0.3% |
| D9 | 4.4% | 6.5% | 4.3% | 0.5% |
| D10 | 4.2% | 4.9% | 4.9% | 1.2% |
| 전체 | 4.5% | 7.1% | 3.8% | 0.5% |

(출처: 정혁, 2017)

는 정반대의 상황, 즉 '역逆 쿠즈네츠 커브'를 보여준다.

다음의 표 「임금소득 10분위 그룹별 성장률」는 이러한 성장과 분배 변화의 연결고리를 찾기 위해 시기별로 나누어 임금소득 10분위 그룹들의 성장률을 분해한 결과를 보여준다. 이에서도 알 수 있듯이, 임금소득 고성장 시기인 1980~1994년에는 하위 70% 그룹의 성장률이 평균 성장률보다 높아 하위 및 중위 소득그룹의 성장이 주도적 역할을 한다. 하지만 1994~2008년 시기에는 이 양상이 반전된다. 우선 1994~2008년 모든 소득분위 그룹의 성장률이 하락했다. 그런데 하위 70%의 임금소득성장률 하락 폭이 상위 30%의 하락 폭보다 훨씬 크다. 따라서 이 시기에 성장은 상위 소득그룹에 의해 주도됐다. 즉 성장 기제가 1994년 전후로 '질적인' 전환을 했으며 이러한 성장 기제 변화가 소득분배 악화와 성장률 하락을 동시에 생성한 것이다.

1990년대 중반에 나타난 경제성장률 하락과 분배 악화를 추동

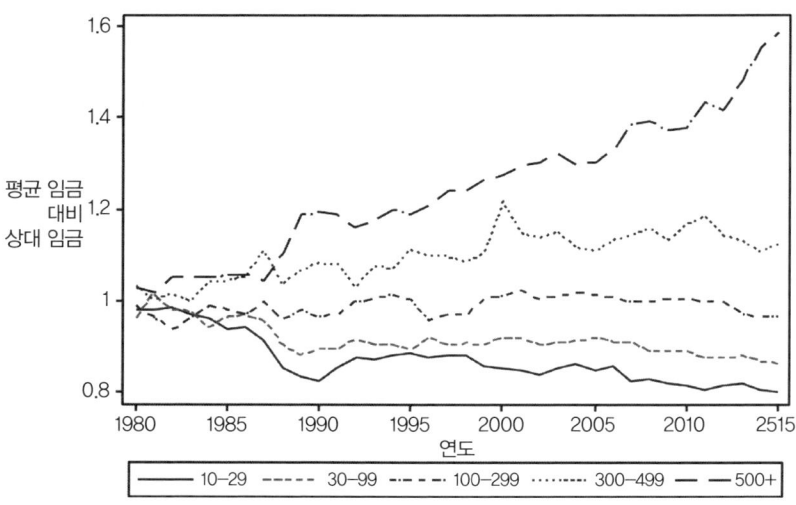

**사업체 규모별 상대임금 변화 추세**

평균 임금 대비 상대 임금

연도

—— 10-29 ----- 30-99 --·-- 100-299 ········ 300-499 —— 500+

(출처: 정혁, 2017)

한 하위 소득그룹의 임금소득성장률 하락에는 크게 두 가지 요인
이 복합적으로 작용했다. 우선 1990년대는 1989년 이후 활성화된
대기업 노조로 인해 한국의 대기업들이 임금상승의 압력을 해소하
려 해외 진출을 본격화했던 시기다. 게다가 당시는 중국 역시 개방
을 선택해 수출 주도 성장을 하던 때라 글로벌 시장에서 수출 경쟁
이 치열해져 임금 압박이 더욱 심했다. 그런데 이러한 임금 압박은
모든 소득그룹이 아닌 하위 70% 그룹에 집중되었다. 이는 대기업
과 중소기업 노조 간 협상력의 비대칭성과 기업 간 수직 분업구조
라는 한국 노동시장의 구조적 특성 때문이다. 1988~1989년에 한
국의 노조는 대규모 사업체 위주로 결성되었다. 중소기업은 노조
가 없거나, 있더라도 협상력이 약했다. 이러한 차이가 임금 격차에
미치는 효과는 무척 컸다. 이는 평균 임금 대비 사업체 크기별 상
대임금의 변화를 보여주는 위 그림 「사업체 규모별 상대임금 변화

추세」에서도 확인할 수 있다.

　놀랍게도 1988년 이전에는 사업체 크기에 따른 임금소득 차이가 그다지 크지 않았다. 예를 들어 1980년에 10~29인 사업체의 임금소득은 전체 평균보다 2% 낮았고 500인 이상 사업체의 임금소득 역시 전체 평균보다 2% 높은 정도에 불과했다. 이 시기의 임금 차이는 주로 학력, 경력, 종사 산업 등 노동자의 인적자본 차이에 의해 결정됐다. 그런데 이러한 현상은 1980년대 후반부터 급변한다. 1989년에 10~29인 사업체 임금소득은 전체 평균보다 17% 낮았고, 500인 이상 사업체 임금소득은 전체 평균보다 19% 높았다. 이러한 격차 확대는 대규모 사업체 위주로 노조가 결성되던 1988~1989년 시기에 갑자기 발생했다. 게다가 사업체 규모 간 임금소득 격차의 확대는 노조 활성화 시기에 그치지 않았고 1990년대 중반 이후에도 계속 이어졌다. 이 시기에 임금소득성장률은 소득분위 하위 70% 그룹에서 급격히 감소하면서 전체 임금소득성장률 하락과 더불어 불평등 지수도 하락 추세에서 상승 추세로 반등한다. 이러한 변화는 글로벌 시장 경쟁압력 심화와 한국 노동시장의 수직 분업구조와 직결되어 있다. 임금소득성장률이 하락한 원인은 글로벌 시장의 경쟁압력이 심화한 데 있다. 하지만 이러한 압력이 하위 70% 그룹에 집중된 것은 대외적 수출 경쟁 압박과 강한 노조로부터의 대내적 임금상승 압박에 처한 대기업이 비용 절감 압력을 수직 분업 관계에 있는 소규모 하청기업에 전가했기 때문이다. 게다가 이 압력은 노조가 약한 소규모 하청기업 노동자에게 장시간 노동이나 임금률 하방 압력 등 여러 채널로 다시 전가된다. 이러한 임금 압력 전가 현상은 글로벌 경쟁이 심화할수록 더 강하게 나타난다. 그림 「사업체 규모별 상대임금 변화 추세」에서 보이듯이 사업체 간 상대임금 격차는 1990년대 중반 이후 악어 입 벌어지듯이 크게 벌어졌다.

물론 이와 같은 사업체 간 상대임금 격차 확대는 기술적인 요인에 의해서 발생할 수도 있다. 1990년대의 기술진보가 숙련기술 중심의 기술 변화였음을 고려할 때 임금 격차를 확대했을 가능성이 있다. 하지만 한국은 이 가능성이 실증 증거에 의해 배제된다. 숙련기술 중심의 기술 변화와 임금 격차 간의 관계를 보다 직접적으로 측정하는 척도는 '대졸' 프리미엄이다. 한국의 경우 1980년 이후 교육 그룹 간 임금 격차는 커지기는커녕 오히려 줄었다. 구체적으로 고졸자 대비 4년제 대졸자 학력 프리미엄 비율은 1980년에 2.32에서 1989년에는 1.91, 그리고 2015년에는 1.64로 꾸준히 하락했다. 따라서 한국의 사업체 크기에 따른 임금 격차 확산은 숙련기술 중심의 기술 변화와는 큰 관계가 없는 것으로 나타난다.

한국은 2008년 이후 임금소득성장률이 0.5%로 더 크게 낮아지고 불평등도 더욱 증가했다. 이 시기에 가장 큰 성장률 하락이 발생한 그룹은 중위 그룹(4~8분위)과 최하위 그룹(1분위)으로, 2008년 이전의 소득분배 악화 양상과는 또 다른 모습을 보여준다. 이 시기 임금소득 불평등 증가는 소득분배 개선을 목적으로 시행한 정책이 아이러니하게 노동시장 경직성과 이중구조를 오히려 강화하는 결과를 가져온 데 기인한다.

2007년에 도입된 기간제 및 단시간근로자 보호 등에 관한 법률(비정규직법) 및 단시간근로 지원정책 등 일련의 노동정책은 임금의 하방 경직성downward rigidity*을 만들었다. 이에 기업은 근로유형이나

---

\* 임금의 하방 경직성: 한 번 올라간 임금은 다시 떨어지지 않는 속성

근로시간을 조정해 인건비를 낮추는 방법으로 고용 관리의 틀을 수정했다. 즉 근로자의 노동공급 측면보다는 기업의 노동수요 측면에서 고용이 결정되는 왜곡을 낳았다. 그 결과 단시간근로자는 더 양산되었고 시간당 임금은 올랐으나 근로시간은 감소해 결과적으로 하위 및 중위 소득그룹의 총 임금소득이 정체되는 상황을 일으켰다. 심지어 최하위 그룹의 경우는 임금소득의 절대 수준이 감소했다. 결국 양질의 일자리는 더 사라지고 정규직과 비정규직 간 이중구조는 오히려 강화되었으며 소득 불평등 또한 더욱 심화되었다. 시장의 반응을 충분히 이해하지 못한 상황에서 시행한 선한 사마리아인의 정책이 가져온 나쁜 결과의 전형적인 사례가 발생한 것이다.

## 저성장 격차경제로 사회통합 붕괴 위기에 놓이다

◆ ◆ ◆

한국은 이렇듯 '저성장 격차경제'로 전환했다. 성장과 불평등은 떼려야 뗄 수 없는 관계로 서로 밀접하게 영향을 미친다. 불평등한 소득분배가 오랜 기간 이어지면 사회통합을 해치고 사회적 분업의 영역을 축소해 성장을 저해한다. 반면 어떤 성장 기제를 통해 성장하느냐에 따라 소득분배의 변화 방향은 달라진다. 이는 불평등이 성장을 결정하느냐, 성장이 불평등을 결정하느냐는 일방적인 인과관계로 연결되는 것이 아니다. 성장의 기제와 불평등의 기제에 따라 성장과 불평등 간에는 어떤 조합도 가능하다. 한국 경제는 고도성장과 소득분배 개선을 동시에 달성하는 가장 좋은 조합에서 시작했으나 현재는 저성장과 소득분배 악화라는 가장 나쁜 조합의 상태에 있다.

저성장 경제에서는 경제적 잉여가 적어 주어진 자원 획득에 대한 경쟁이 치열해진다. 그리고 새로운 투자나 혁신을 통해 성장을 시도하기보다 자신의 기득권을 지키거나 타인의 기득권을 탈취하려는 지대추구rent seeking 성향이 강해진다. 이러한 지대추구 성향의 강화는 타협보다는 대립 구도를 형성시킨다. 따라서 경제적 양극화를 통해 소득분배가 악화하는 상황에서는 사회갈등이 전방위적으로 확산할 수 있다. 정치 세력이 진보와 보수라는 이름으로 양극화하고 남녀 간에 편 가르기 경향이 강해지는 것은 사회갈등의 전방위적 확산의 단면이다. 더구나 저성장 격차경제가 인구가 지속적으로 그리고 비대칭적으로 감소하는 축소경제와 결합한 상황에서 세대 갈등과 지역 갈등은 더 심각해지고 있다. 이처럼 현재 한국은 경제위기는 물론이고 경제 질서의 근간이 되는 사회통합이 근본적으로 붕괴할 수 있는 복합적인 위기를 맞고 있다.

# 복합위기 시대에서의
## 성장 전략을 찾아야 한다

    세계 무역은 1990년부터 세계 금융위기가 발발한 2008년까지 폭발적인 속도로 증가했다. 이 시기에 무역이 급증한 가장 큰 이유는 글로벌 공급망의 확장이다. 과거에는 제품의 모든 생산공정이 한 나라에서 이루어졌다. 그런데 이 시기부터는 생산비용 절감을 위해 제품의 생산공정이 여러 국가로 분산되었다. 선진국의 기술과 개발도상국의 저임금 노동이 결합해 생산비용을 줄이는 것이다. 선진국의 다국적기업이 글로벌 공급망의 확산을 주도했다. 그리고 저임금 노동력의 대표국인 중국이 제조를 담당하며 강력한 동력을 제공했다. 한국도 자체 생산한 기술집약적 중간재와 중국의 저비용 중간재를 결합함으로써 제조업의 국제경쟁력을 확보하며 글로벌 공급망에 깊숙이 침투했다.

    세계 금융위기 이후 글로벌 공급망 발달에 대한 회의가 고조되었다. 선진국에서는 글로벌 공급망 때문에 자국의 제조업이 쇠퇴했고 그로 인해 중산층의 일자리가 감소하고 소득 불평등 현상이 확대되었다는 인식이 커졌다. 심지어 미국에서는 중국의 성장이 미국의 안보와 경제를 동시에 위협한다는 인식까지 생겨났다. 게다가 코로나 팬데믹을 거치면서 세계 한구석에서 발생한 교란이 글로벌 공급망을 통해 지구촌 전역으로 급격하게 퍼질 수 있다는 공포가 확대되었다. 그 결과 공급망 관리의 우선순위가 효율성에서 안정성으로 바뀌었다. 선진국의 정치 지형은 자유무역에서 보호무역으로 이동했고 노동시장의 문제를 정치적 전략으로 활용하는 포퓰리즘이 정치의 중앙 무대로 진출했다.

## 다자 무역체제 붕괴 후 글로벌 공급망의 균열이 생겼다
◆ ◆ ◆

미국의 트럼프 1기 정부(2017~2021)와 바이든 정부(2021~2025)는 이러한 변화를 구체화하는 일련의 보호무역과 산업정책을 펼쳤다. 중국의 성장을 견제하고 제조업 고용을 지키기 위해 중국과의 관세 전쟁을 시작했고 기술 유출을 막기 위해 대중국 수출과 직접투자에 대한 규제를 강화했다. 또 안보를 명분으로 철강·알루미늄의 수입에 관세와 수입쿼터를 부과했다. 그뿐만이 아니다. 반도체와 친환경 산업에서 고용창출, 공급망 안정성, 기후 대응을 목적으로 하는 산업 보조금 정책을 실행했다. 두 정부가 실시한 일련의 보호무역과 산업정책은 대부분 세계무역기구WTO의 규칙과 충돌하는 것이었다. 그러나 합의된 규칙을 바탕으로 세계 무역을 관리하고 감독하는 세계무역기구WTO가 미국을 제재하기엔 역부족이었다. 세계무역기구WTO의 분쟁해결기구DSB는 미국의 판사 임명 거부로 이미 수년째 기능이 마비된 상태이다. 게다가 중국의 산업정책을 비판하던 선진국들이 산업정책의 새로운 리더로 등장하면서 기존의 규칙 기반 다자 무역체제가 붕괴하기 시작했다. 이로써 세계 무역을 연결하는 글로벌 공급망은 미국을 중심으로 하는 서구 블록과 중국 블록으로 나뉘며 균열이 생겼다.

2025년에 출범한 트럼프 2기 정부는 보호무역의 칼날을 중국과 우방에 동시 겨냥하고 있다. 트럼프 정부는 고율 관세의 부과, 완화, 면제, 유예를 반복하는 혼돈의 관세정책을 펴고 있어 발표된 정책이 어떻게 실현될지 아직 미지수다. 그러나 미국이 펼치는 정책의 강도와 형태가 예측의 범위를 넘어서는 수준이라 세계 경제가 요동하고 있다.

미국의 강경한 관세정책은 중국과 격렬한 마찰을 일으켰다. 미국은 중국 수출품에 145%에 이르는 관세를 부과했고 중국이 125%의 관세로 보복하면서 두 경제가 사실상 분리되는 위험이 발생했다. 또한 중국은 미국의 반도체 수출 규제에 대항하여 국방과 기술 산업에 필수적이고 자국이 공급망을 장악하고 있는 희토류의 대미 수출을 제한하는 위협적 조치를 발표했다. 유럽연합EU, 캐나다, 멕시코도 미국에 대한 관세 보복을 예고하고 나섰다. 이러한 조치들로 미국의 국채 가격과 환율이 급락하자 트럼프 정부는 한발 후퇴하여 관세를 유예 혹은 완화하는 유화적 조치를 발표했다. 그리고 관세 인하 협상을 시작했는데 대상은 상대국의 무역장벽은 물론 세제, 규제, 투자 협력 등의 경제 조치와 국방비 등의 비경제적 조치를 망라하는 것이었다. 최근 한국, 일본, 유럽연합EU의 미국 우방은 합쳐서 1조 5,000억 달러라는 거액의 대미 투자를 약속하고 미국에 추가 시장 개방을 하는 대신 미국이 이들 국가에 적용하는 상호 관세와 자동차 관세를 25%에서 15%로 낮추는 기초 협상을 마무리했다. 이들 국가가 이렇게 불평등한 협상을 수용한 것은 기술과 안보에서 미국에 크게 의존하기 때문이다. 그러나 철강에는 50%의 관세가 계속 부과되고 고율의 품목 관세가 반도체, 의약품 등 다른 상품에도 부과될 가능성이 있다. 또한 약속한 투자의 이행이나 환율, 디지털 규제, 국방 등 다른 정책에서 미국과 이견이 발생하면 관세율은 언제든지 다시 뛸 수 있다. 한편 브라질과 인도에 대해서는 미국이 정치와 외교상의 이유로 50%의 고율 관세를 부과했다. 이로써 그동안 자유무역을 지탱했던 규칙 중심의 다자주의 무역체제가 사실상 무너졌다. 또한 경제적 위협을 통하여 상대국의 정책 변화를 유도하는 경제적 강제economic coercion를 중국이 아니라 미국이 글로벌 스케일로 시연하는 놀라운 형국이 발생했다.

현재 글로벌 공급망은 미국을 중심으로 재편되고 있다. 미국 블록과 중국 블록 사이에서 생기기 시작한 글로벌 공급망의 균열이 미국과 그 외 모든 국가 사이에서 발생하고 있다. 한국도 예외는 아니다. 한국은 선진국에서 전례를 찾기 힘든 높은 비중(24%, 2023)의 제조업을 유지하고 있고 무역 역시 제조업에 집중되어 있다. 게다가 균열의 중심에 있는 중국과 미국은 한국의 1위, 2위 교역국이다. 특히 미국 무역 규제 강화의 중심에 있는 반도체, 배터리, 전기차 산업은 한국 제조업의 중추를 이루고 있다. 미국의 강경한 관세정책과 글로벌 공급망의 균열이 더욱 확대되어 실현된다면 한국 경제는 큰 타격을 입을 것이다.[*]

---

[*] 무역의 균열에 대한 대응책은 송의영이 집필한 한국연구재단 정책연구 용역 보고서 『풍요롭고 조화로운 대한민국을 위한 통찰과 전망』「제6장 무역환경의 변화와 한국의 대응」과 중첩되는 부분이 있음을 밝힌다.

## 지구온난화로 인한 기후 위기는 글로벌 과제다

◆ ◆ ◆

"이번 여름은 유난히 길고 덥다."라는 말이 매년 반복되고 있다. 지구가 점점 뜨거워지고 있기 때문이다. 한국을 비롯한 전 세계가 마주한 최대 위기 중 하나가 지구온난화로 인한 기후 위기이다. 세계기상기구WMO의 발표에 따르면, 2024년의 지구 평균 온도는 산업화 이전 온도를 1.55도 초과하면서 관측 이후 최고 온도를 기록했다. 대다수 기상학자는 지구온난화의 원인으로 온실가스 배출을 꼽는다. 그리고 지구온난화 때문에 폭염, 폭한, 홍수, 가뭄, 태풍, 해수면 상승 등의 기상 이변이 급증한다고 생각한다. 국제연합UN 산하 과학자 단체인 기후 변화에 관한 정부간 협의체IPCC는 인류가 기후변화를 방치할 경우 2100년의 지구 평균 온도는 산업화 이전 대비 4.3도까지 올라갈 것으로 추정한다.

지구온난화는 기후 이변을 넘어 경제에도 큰 영향을 미친다. 스탠퍼드대 경제학자 아드리앵 빌랄Adrien Bilal 교수와 노스웨스턴대 디에고 켄치히Diego Känzig 교수가 발표한 논문에 의하면 지구 평균 온도가 1도 상승하면 세계 총생산GDP이 12%까지 하락할 수 있다. 온난화 방치 시나리오가 실현된다면 경제적 손실만 따져도 재앙적 수준이 될 것이다. 이러한 우려로 국제연합UN이 주관한 파리 협약(2015)은 2050년의 지구 평균 온도 상승을 산업화 이전 대비 2도 이하로 제한하는 목표를 제시했다. 이에 따라 전 세계 대다수 국가가 목표를 이루기 위한 로드맵인 국가별 온실가스 감축 목표NDCs, Nationally Determined Contributions를 발표했다. 한국 정부도 2050년까지 탄소중립(온실가스 순배출량 제로)을 달성하겠다는 국가 비전하에 2030년까지 2018년 대비 온실가스 배출량을 40% 감축하겠다는 목표를 제시했다.

2050년까지 탄소중립을 달성하려면 모든 전기를 태양광, 풍력, 수력 등의 재생에너지와 원자력 등의 무탄소 발전으로 생산해야 한다. 수송 수단 역시 무탄소 방식으로 생산한 전기와 수소에 의해서 추진되어야 한다. 그리고 건물이 사용하는 전기와 열도 대부분 태양광이나 히트 펌프에 의해서 공급해야 한다. 이에 더해 온실가스 배출량이 큰 제철, 시멘트, 화학 등의 산업에서는 생산 방법을 온실가스 배출을 최소화하는 방식으로 전환해야 한다. 그리고 이러한 방법에도 불구하고 방출되는 온실가스는 탄소 포집 장치CCS로 흡입해야 한다.

한국 경제는 다른 선진국과 비교해 기후변화 위협에 크게 노출되어 있다. 다른 선진국과 달리 제조업의 비중이 높은 데다 온실가스를 대량으로 배출하는 소수의 중화학공업에 대한 의존도가 높기 때문이다. 경제협력개발기구OECD의 발표에 따르면 한국은 2020년 기준으로 1차금속(철강), 비철금속광물(시멘트), 화학, 석유정제, 전자의 온실가스 배출량 상위 5개 제조업의 배출량이 국가 총배출량의 30%에 이른다. 이는 중국과 비슷한 수준이지만 다른 선진국보다 높다. 2050년에 탄소중립을 달성하려면 이들 온실가스 집약적 제조업에서 수소환원 제철과 바이오 나프타와 같은 새로운 공법과 원료를 사용하여 온실가스 배출량을 획기적으로 감축해야 한다. 또 사용하는 에너지 대부분을 재생에너지와 원자력으로 생산해야 한다.

만약 한국이 제조업 청정화에 실패한다면 어떤 미래를 맞이하게될까? 환경 불량국이라는 비난만 감수한다면 제조업을 지킬 수 있을까? 미래의 국제 환경이 이를 허락하지 않을 가능성이 크다. 이러한 압력은 먼 미래가 아니라 가까운 현실에서 발생하고 있다. 게다가 다국적 비영리기구인 클라이밋 그룹Climate Group이 주도하여 출범한 RE100Renewable Electricity 100% 캠페인은 동참에 강제성이 없다. 그러나 수출 기업이 글로벌 시장에서 살아남으려면 이행해야 할 필수요건이 되고 있다. RE100은 단순한 환경 캠페인의 영향력을 넘어 글로벌 공급망의 핵심 기준이기 때문이다. 실제로 2022년을 기준으로 RE100은 400여 개의 글로벌 기업이 참여하고 있다. 이들은 2050년까지 사용 전력의 100%를 재생에너지로 충당하겠다는 선언을 했다. 게다가 현재 평균 50%를 초과하는 이행률을 보이며 그중 글로벌 대기업인 애플, 구글, 마이크로소프트 등은 이미 100%를 달성하며 적극적인 행보를 보인다.

그렇다면 과연 한국은 어떨까? RE100에 참여한 30여 개의 한국 기업은 2022년 기준 이행률이 12%에 불과하다. 한국에서는 일반 전기의 가격이 재생에너지 가격보다 낮은 데다 2050년이 되려면 아직 시간이 많이 남았다고 생각하기 때문이다. 이처럼 이런저런 이유로 약속의 이행을 미루다가 만약 약속을 지키지 못하게 된다면 그 피해는 국가와 기업의 평판이 추락하는 것에서 그치지 않는다. 애플, ASML, BMW를 포함한 적극적 기업들은 자사뿐만 아니라 모든 협력업체에 RE100을 충족할 것(scope3*)을 요구한다. 이를 수용하지 않으면 이들의 공급망에서 배제되는 등의 직접적인 불이익을 당할 가능성이 크다.

RE100 외에도 탄소중립을 위한 노력이 지구촌 곳곳에서 다양한 방식으로 실현되고 있다. 글로벌 기업은 홈페이지에 지속가능 경

---

* scope3: 기업이 자사와 모든 협력업체의 제품 생산 과정과 유통·사용·폐기 과정에서 나오는 온실가스 배출량을 모두 합산하여 공시하는 제도

영 현황과 목표를 제시하고 모건스탠리캐피털인터내셔널MSCI이나 스탠더드앤드푸어스S&P와 같은 국제 금융기업의 평가를 받아야 한다. 평가가 낮으면 평판이 나빠질 뿐만 아니라 글로벌 공급망 참여에 문제가 생긴다. 이에 더해 탄소중립에 동참하는 대형 펀드들이 평가가 낮은 기업에 대한 투자를 철회할 수 있다. 실제로 이러한 결과들이 작용해 최근 한국의 대표적 대기업의 외국인 투자 비중이 급락하기도 했다.

그뿐만이 아니다. 외국의 정부도 탄소 감축에 소극적인 국가에 경제 보복을 할 준비를 시작했다. 대표적인 예로 2026년에 시행 예정인 유럽연합EU의 탄소국경조정제도CBAM가 있다. 이는 유럽연합EU에 수입되는 제품 중에서 철강, 시멘트, 전기, 수소, 비료, 알루미늄의 6개 품목에서 유럽연합EU 내의 기업보다 낮은 탄소 가격*을 부담하고 있다면 이를 상쇄하는 비용을 세금으로 부과하는 제도다. 한국개발연구원의 연구는 강화된 형태의 탄소국경조정제도CBAM이 실시된다면 유럽연합EU에 대한 철강·알루미늄 수출이 약 6.8% 감소할 것으로 추정한다. 게다가 장기적으로 볼 때 다른 선진국들도 탄소국경조정제도CBAM과 유사한 정책을 펼칠 가능성이 크다. 자국 소재 기업은 높은 탄소 가격을 부담하고 있는데 외국 소재 기업은 그렇지 않다면 자국 경제에 큰 피해가 예상되는 것은 당연하다. 이런 경우 자국의 탄소 배출 산업이 외국으로 빠져나가거나 탄소를 다량 배출하는 외국 기업이 국내 시장을 점령하는 상황이 벌어지기 때문이다. 더군다나 그 결과로 탄소 감축에 적극적인 국가의 산업은 망하고 세계 탄소배출량은 감소하지 않는 역설

---

\* 탄소 가격: 탄소세나 탄소 배출권 구매 비용

적인 상황이 발생할 위험도 크다.

이렇듯 온실가스로 인한 지구온난화 현상이 세계 경제에 직격탄을 날리는 상황에서도 한국 정부는 온실가스 감축에 그다지 의욕적이지 않다. 문재인 정부는 2018년 대비 2030년 산업 부문 탄소 배출량의 감축률을 14.5%로 잡았다. 그런데 윤석열 정부는 이를 11.4%로 낮췄다. 그 결과 각국의 감축 목표 이행을 모니터하는 기후 행동 추적CAT, Climate Action Tracker은 한국 정부의 기후 정책을 최하위 등급인 '매우 불충분함'으로 평가했다. 석탄과 액화천연가스LNG 발전 비중이 너무 높고 재생에너지 비중과 온실가스 감축 목표가 너무 낮다는 이유에서다.

한국의 전력 생산에서 재생에너지가 차지하는 비중은 경제협력개발기구OECD 최하위를 차지하고 있다. 심지어 앞순위 국가들과 아주 큰 차이가 난다. 갈 길이 멀다고 판단한 문재인 정부는 2021년 계획에서 2030년 재생에너지 비중 목표를 30.2%로 잡았다. 그런데 2025년에는 이 비중이 21.7%로 축소되었다. 땅이 부족하고 재생에너지 효율성이 다른 국가보다 낮다는 이유에서다. 대신 정부는 원자력 비중의 목표를 증가했다. 원자력 비중을 높여 재생에너지의 부족함을 보완하겠다는 의도이다. 하지만 사실 원자력 발전에도 걸림돌은 많다. 우선 원자력은 RE100이 요구하는 재생에너지에 포함되지 않는다. 그리고 상대적으로 안전성이 높은 소형모듈원자로SMR가 상용화되려면 오랜 시간이 걸린다. 더군다나 유럽연합EU은 원자력을 청정에너지로 분류하기 위한 조건으로 높은 비용이 발생하는 고준위방폐장 설치를 요구하고 있다. 한국이 높은 비용을 감수하면서 고준위방폐장을 설치한다고 해도 설치 지역의 강한 반발을 무마해야 한다는 과제가 남아 있다.

'산 넘어 산'이라는 말처럼 기후 위기를 극복할 탄소중립의 길은 멀고도 험하다. 그리고 그 과정에서 많은 고통을 감내해야 한다. 온실가스 감축은 전기료, 건축비, 물가 상승을 가져오고 기업 이윤을 압박한다. 게다가 지구온난화와 관련한 즉각적인 효과도 없다. 수십 년 뒤의 재난을 막기 위해 현재 세대가 희생해야 하는 상황이기에 온실가스 감축을 주장하는 정치가는 선거에서 참패하기가 십상이다. 더구나 한국만 노력한다고 해서 지구온난화를 막을 수도 없다. 미국, 유럽, 중국은 물론 개발도상국도 동참해야 한다. 온실가스 감축에 적극적인 유럽에 미국의 바이든 정부가 합류하면서 세계가 필요한 방향으로 움직이기 시작했다. 그러나 지구온난화를 부정하는 트럼프 2기 정부의 출범으로 미국이 다시 이탈하고 국제 공조가 붕괴할 위험에 처해 있다. 뜻있는 유권자와 국제사회의 압력이 있어야 탄소중립에 적극적인 정치 환경이 만들어지는데 상황이 다소 완만해지니 한국의 걸음도 덩달아 느려졌다. 과연 이 험난한 여정에 한국이 적극적으로 동참해야 하는지 의문이 든 것이다.

지구온난화와 관련하여 두 가지 시나리오를 생각할 수 있다. 하나는 기후변화 대응에 반대하는 강경 우파 정부가 미국과 유럽에서 계속 집권하면서 지구가 기후변화 대응의 임계점을 지나고 인류가 재앙적 위기에 직면하는 것이다. 다른 하나는 민간 주도의 기후변화 대응 노력이 확대되고 극심한 기후의 빈도와 강도가 증가하면서 기후 위기에 대한 긴장감이 고조되어 더 많은 국가가 탄소중립에 참여하게 되는 것이다. 짐작건대 후자의 시나리오가 실현될 가능성이 더 크다. 또 그렇게 되어야 한다. 그런데 한국이 이렇다 할 사전 준비 없이 후자의 시나리오를 맞게 된다면 제조업의 급속한 위축을 감수하거나 벼락치기 탄소 감축을 위해 거대한 비용

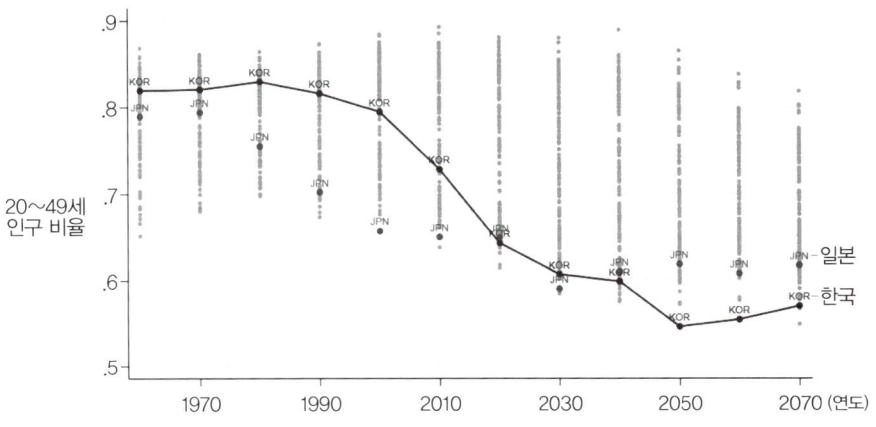

**20~65세 인구에서 20~49세 인구가 차지하는 비중**

20~49세
인구 비율

일본

한국

1970    1990    2010    2030    2050    2070 (연도)

(출처: 국제연합UN, 세계인구전망, 2022)

을 단기간에 쏟아부어야 한다. 또한 국제단체와 주요 교역국으로
부터 환경 불량국이라는 비난을 받고 보복당할 가능성도 크다. 이
는 경제적 타격은 물론이고 국격마저 훼손되는 일이다.

## 노동인력의 고령화가 생산성 침체로 이어진다

◆ ◆ ◆

저출산과 고령화의 문제는 단지 근로자 수를 감소시키고 근로
자 대비 은퇴자의 수를 증가시키는 데 그치지 않는다. 저출산과 고
령화는 근로 인력 내부에서 청장년층의 비중을 감소시키고 고령자
의 비중을 증가시킨다. 이러한 인력의 고령화는 노동생산성과 총
요소생산성*에 큰 타격을 줄 수 있다. 근로자의 생산성은 나이에

---

* 총요소생산성: 투입된 복합 생산요소 대비 생산량의 크기로 과학기술의 발전
  과 자원배분의 효율성 등에 의해 증가한다.

**제조업의 삼중 위협**

| 대중국 무역(상위 5개 산업) | 온실가스 배출량 | 장년(30~49) 비중 |
|---|---|---|
| 전자(25.7) | 1차금속(5.8) | 운송장비(10.8) |
| 화학(8.3) | 비금속광물(2.6) | 화학 (8.3) |
| 1차금속(5.8) | 화학(8.3) | 비금속광물(2.6) |
| 일반기계(9.0) | 석유정제(3.3) | 전자(25.7) |
| 섬유(3.3) | 전자(25.7) | 일반기계(9.0) |

괄호 안의 숫자는 2020년 제조업 부가가치에서 차지하는 비중(경제협력개발기구OECD와 KLEMS 데이터베이스를 이용한 저자 계산)

따라 변한다. 경험이 축적됨에 따라 생산성도 커지지만, 특정 연령을 지나면 육체적 능력이 떨어지고 일부 정신적 능력마저 쇠퇴하기 시작한다. 또한 근로자가 지속적 학습을 통해 지식을 업데이트하지 않으면 고령 근로자의 지식은 과거 학창시절에 배운 수준에 머문다. 기술이 급변하는 환경에서 이 또한 생산성 감소를 유발한다. 직종마다 다르지만 여러 연구가 근로자의 생산성이 50세 전후에 정점에 도달했다가 그 이후 감소하는 것으로 추정한다. 이러한 연구 결과를 바탕으로 할 때 청장년 근로자의 절대 수가 감소하거나 전체 근로자에서 차지하는 비중이 감소하면 경제 전체의 생산성이 감소할 수 있다. 실제로 세계적 전문가들의 여러 연구에서 청장년 근로자의 숫자나 비중이 감소하면 노동생산성과 총요소생산성이 감소하는 경향이 있음이 확인되었다.[3, 4, 5, 6]

그림 「20~65세 인구에서 20~49세 인구가 차지하는 비중」은 인구 100만 이상의 세계 120여 개 국가(회색 점)에서 20~65세의 인구 중 20~49세의 청장년 인구가 차지하는 비중의 추이와 예측치를 보여준다. 80%를 넘던 한국의 청장년 비중은 2010년경부터 급락하여 2050년에는 세계 최저수준인 54%에 도달한다. 일본은 청장년 비중의 급락이 한국보다 20년 앞서 1990년경에 시작하여 2030

년 최저치에 도달한다. 1990년 무렵부터 시작했던 일본의 장기 생산성 침체가 인력 고령화의 결과일 가능성을 시사하는 대목이다. 최근 계속되고 있는 한국의 생산성 증가율 침체도 급격하게 진행되고 있는 인력 고령화의 결과일 가능성이 있다. 그렇다면 장기적으로 생산성 증가율에 의해 결정되는 1인당 국내총생산GDP 증가율 역시 인력 고령화 심화와 함께 동반 하락할 가능성을 염려해야 할 것이다.

표「제조업의 삼중 위협」은 한국 제조업이 직면한 위협에 대한 논의를 요약하고 있다. 첫 번째 열은 한국 제조업에서 중국과의 무역이 높은 상위 5개 제조업이다. 두 번째 열은 온실가스 배출량이 높은 상위 5개 제조업이다. 세 번째 열은 장년 근로자 의존도가 높아 인력고령화로 생산성 하락이 발생할 가능성이 높은 상위 5개 제조업을 보여주고 있다. 그리고 괄호 안의 숫자는 제조업 총부가가치에서 차지하는 비중을 보여준다. 세 분야의 상위 5개 산업이 거의 일치하며 이들의 부가가치 비중 합계가 50%에 이른다. 이처럼 한국 제조업은 삼중의 위협을 받고 있다. 중국의 기술 추격과 미중 갈등의 고조, 탄소 배출 규제 강화, 인력 고령화가 동시에 발생할 때 이들 제조업은 심각한 위기에 직면하게 된다.

## 저생산성 서비스 산업이 팽창하며 전체 생산성이 낮아졌다

◆ ◆ ◆

경제가 성장하고 1인당 소득이 증가하면 생산에서 제조업이 차지하는 비중은 감소하고 서비스 산업이 차지하는 비중은 증가한다. 선진국 중 제조업의 최대 강국인 독일과 일본에서도 제조업 비중이 1990년대 이후 급락했고 한국도 최근 들어 제조업 비중이 감소하기 시작했다. 이 추세는 인구 고령화가 진행되면서 더욱 심화할 것이다. 지금까지 한국 산업의 생산성 향상은 제조업에서 집중적으로 발생했다. 반면 서비스 산업의 생산성 향상은 완만했다. 그런데 생산성이 높은 제조업의 비중이 감소하고 생산성이 낮은 서비스 산업의 비중이 높아지면 경제 전체의 평균 생산성이 감소한다. 이는 미래 한국의 경제성장률을 하락시킬 또 다른 위협 요인이다. 자영업 형태가 대부분인 소매, 음식, 숙박, 개인서비스는 한국에서 노동생산성이 가장 낮은 산업이다. 또한 인구 고령화가 진행됨에 따라 생산성 향상이 느린 보건·사회복지 산업의 비중이 급증할 것이다. 의료와 돌봄 서비스에 대한 지출이 65세 이후 폭증하기때문이다. 이들 서비스 산업에서의 느린 생산성 향상은 한국 미래경제 성장의 발목을 잡을 것이다.

제조업에서는 세계 무역의 균열이 확산하고 있지만 서비스 산업에서의 무역은 세계 생산보다 빠른 속도로 증가하고 있다. 비즈니스 서비스와 정보통신 서비스 무역이 급증하고 있기 때문이다. 이러한 세계적 추세와는 달리 한국의 비즈니스 서비스 수출과 정보통신 서비스 수출의 비중은 제자리걸음을 하고 있다. 이는 법률, 회계, 컨설팅, 엔지니어링 등 고급 서비스 산업에서 국제적 역량이 부족하고 소프트웨어와 데이터 서비스 산업에서 혁신 능력이 없기때문이다. 미래의 주인공인 인공지능은 이 두 산업에서 생산과 무역을 급격히 증가시킬 것이다. 그러나 현재 한국의 인공지능 기술개발 수준은 기대에 미치지 못한다.

창조적 혁신으로 새로운 기술과 산업을 발굴해야 한다
◆ ◆ ◆
오랫동안 한국 경제 상황을 비관적으로 표현할 때 자주 사용했던 단어는 '샌드위치 경제'다. 선진국을 추격할 수준의 원천기술 역량은 없는 상황에서 신흥국이 한국의 기술 수준을 바짝 쫓아오고 있는 상황을 샌드위치에 빗댄 표현이다. 다행스럽게도 한국은 그동안 샌드위치 상황을 잘 헤쳐나왔다. 과학기술, 인내, 순발력을 조합해 원천기술을 가진 선진국이 효율적으로 생산할 수 없는 상품에 집중했다. 그리고 외국의 풍부한 노동과 한국의 중·고급 기술을 결합하는 새로운 글로벌 공급망을 신속하게 구축함으로써 산업을 고도화하고 국제경쟁력을 확보했다. 그러나 지금은 중국이 한국의 영역을 빠르게 점령하고 있다. 중국은 철강, 화학, 전자 산업에서 한국의 기술집약적 중간재를 빠른 속도로 대체해 나가고 있다. 게다가 중국은 인공지능, 바이오, 양자 컴퓨터 등 대부분의 첨단기술 분야에서 연구의 질과 양 그리고 학생 수에서 세계 최고 수준의 잠재력을 과시하고 있다.

이렇듯 중국은 한국이 따라잡아야 할 또 하나의 선진국이 되고 있다. 이러한 위기를 헤쳐 나가려면 한국의 지속적 성장을 가능하게 해주는 새로운 기술과 새로운 산업을 발굴해야 한다. 이를 위해 필요한 것이 바로 창조적 혁신이다. 그리고 무역의 균열, 기후변화, 인력 고령화, 저생산성 서비스 산업의 팽창이라는 위협을 극복하기 위해 절대 필요한 것도 창조적 혁신이다. 안타깝게도 한국의 미래 혁신을 짊어질 청년층 인구는 점점 감소하고 있다. 그렇게 감소하는 인재의 수를 보완하려면 최상급 인재를 양성해야 한다. 그런데 현재 한국의 교육체제는 입시의 늪에 빠져 개혁이 아득한 상황이다.

# 피할 수 없는 현실이 된
# 인구 위기를 직시하자

 

 

세계 각국의 전문가들은 한국을 지구에서 가장 먼저 사라질 나라로 지목했다. 영국 옥스퍼드 인구고령화연구소Institute for Population Ageing의 데이비드 콜먼David Coleman 교수는 지난 2006년 유엔 인구포럼에서 "한국의 저출산 현상이 이대로 계속된다면 지구상에서 사라지는 최초의 국가가 될 것"이라는 충격적인 발언을 했다. 이는 불편하지만 피할 수 없는 현실이다. 인구대체율보다 낮은 출산율이 계속된다면 '집단자살collective suicide'로 인한 국가소멸을 피할 수 없기 때문이다. 유럽중앙은행 총재이자 국제통화기금IMF 총재를 역임한 크리스틴 라가르드Christine Lagarde는 2017년에 이화여대 학생들과의 대화에서 "한국은 집단자살 사회로 가고 있다."라고 진단한 바 있다.

이렇듯 저출산 현상의 심화는 한국이 국가로서 존립할 수 있을지에 대한 강한 회의감을 들게 한다. 게다가 저출산과 맞물린 고령화 현상이 가져오는 인구구조 불균형은 한국 경제의 먼 미래가 아닌 임박한 위기 요인이 될 수 있다. 이러한 피할 수 없는 인구 위기가 한국의 국가소멸로 이어지지 않고 한국이 지속적인 발전을 할 방안에 대한 모색은 한국의 생존과 성장 문제가 얽혀있는 미래 발전 전략의 가장 본질적인 핵심이다.

## 한국 합계출산율은 저출산을 넘어 극단적인 수준이다

◆ ◆ ◆

1950년에 한국의 합계출산율은 6.06으로 당시 전 세계 평균 합계출산율인 4.85보다 훨씬 높았다. 하지만 한국의 합계출산율은 점점 감소하여 2023년을 기준으로 0.72가 되었다. 이는 전 세계 평균 합계출산율 2.25의 3분의 1도 안 되는 수준이었다. 소득이 증가하면 출산율이 떨어지는 현상은 이미 일반화되었다. 노벨경제학상 수상자이며 시카고학파를 이룬 게리 베커Gary Becker의 '자녀 수요에 대한 질과 양의 상충관계'에 관한 이론적 연구로 설명되었고 실증적으로도 이 현상은 일정 기준의 소득 수준을 넘은 모든 나라에서 관찰되고 있다. 실제로 제2차 세계대전 이후 세계는 경제 성장을 통해 국민의 소득이 증가하는 국가가 늘어났다. 그리고 2021년을 기점으로 선진국뿐 아니라 많은 개도국을 포함한 전 세계 절반 이상의 국가가 합계출산율 2.1 미만인 저출산국이며, 이 추세는 강화되고 있다.

그렇다면 과연 한국의 급격한 출산율 저하도 지난 60년 동안 1인당 실질 국내총생산GDP이 연평균 6%로 고도로 성장했기 때문일까? 1960~2023년에 경제협력개발기구OECD 국가의 1인당 실질 국내총생산GDP(2015년 미 달러 가치)와 합계출산율의 관계를 보여주는 다음의 그림 「소득과 합계출산율 관계: 경제협력개발기구 추세와 한국의 대비」에 의하면 그 답은 '그렇지 않다'라는 것을 알 수 있다.* 이 그림에 의하면 한국의 1인당 실질 국내총생산GDP과 합계출산율 관계의 궤적(검은 실선)은 경제협력개발기구OECD 전체의 추세선보다 아래에 놓여 있다. 즉 한국은 같은 소득 수준의 경제협력개발기구OECD 국가의 합계출산율의 평균적 추세보다 낮다. 게다가 소득 증가에 따른 출산율 저하의 속도가 경제협력개발기구OECD 평균보다 훨씬 더 빠르다. 한국은 '소득이 증가하면 출산율이 떨어지는 현상'으로만 해석하기엔 합계출산율의 수준과 감소 속도가 무척 예외적이다.

좀 더 구체적으로 살펴보면, 최근 한국의 합계출산율은 2023년에 0.72로 최저점을 찍고 2024년에 0.75로의 미미한 반등이 있었다. 그러나 반등 이후에도 여전히 경제협력개발기구OECD 최하위에 머물고 있다. 한국을 제외하고 가장 낮은 합계출산율을 보이는 나라가 일본(1.20)과 스페인(1.12)인데 모두 합계출산율이 1을 넘은 수준이다. 또 2024년을 기준으로 도시 수준에서 가장 낮은 마카오의 합계출산율이 0.69인데 한국의 최대 인구가 집중된 서울의 합계출산율은 0.55이다. 즉 현재 한국의 합계출산율 수준은 다른 나라에서 우려하는 단순한 초저출산의 수준을 넘어선 극단적인 수준이다. 게다가 한국은 합계출산율의 하락 속도에서도 두 가지 예외적인 양상을 보인다.

첫째, 한국의 출산율 저하 속도는 경제협력개발기구OECD 추세

---

* 이 그림에서 1인당 실질 국내총생산GDP 변수와 합계출산율 변수 모두 자연로그 값으로 측정해 두 변수 간 관계는 변수 단위에 의존하지 않는 변화 탄력성을 나타낸다. 합계출산율의 '경제협력개발기구OECD 추세선'은 1인당 실질 국내총생산GDP의 4차 다항식에 의해 추정된 값이다.

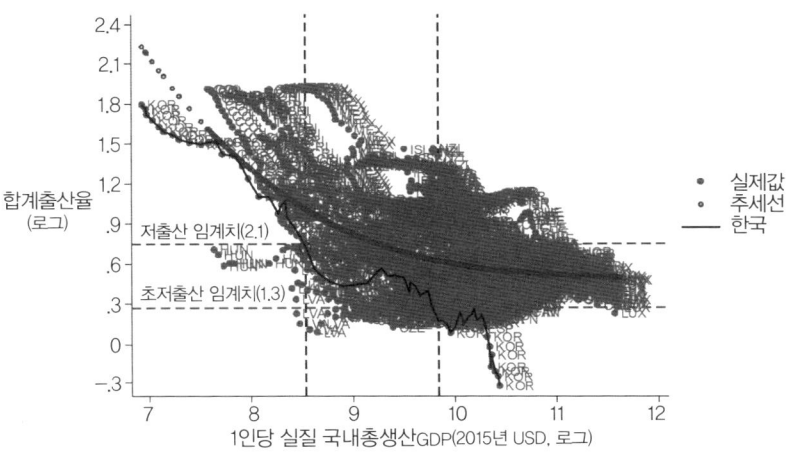

**소득과 합계출산율 관계: 경제협력개발기구 추세와 한국의 대비**

합계출산율
(로그)

저출산 임계치(2.1)

초저출산 임계치(1.3)

- ● 실제값
- ○ 추세선
- —— 한국

1인당 실질 국내총생산GDP(2015년 USD, 로그)

보다 빠르다. 한국이 저출산국으로 진입한 1983년 이후부터 1990
년까지 출산율 저하 속도가 추세선 저하 속도보다 훨씬 빠르다.
1990년에 이미 1.5대로 감소했다. 한때 저출산 문제의 아이콘이었
던 프랑스를 비롯한 선진경제 대부분은 합계출산율이 1.5~1.6 수
준에 이르면 심각성을 경고하며 출산 부양과 관련한 비상대책을
수립했다. 그런데 한국은 달랐다. 한국은 1980년대 초반 이후부터
저출산 현상이 빠르게 진행되고 있었으나 당시 이에 대한 정책당
국의 문제 제기는 없었다. 한국은 이 시기를 그냥 지나면서 2002
년에 초저출산국이 되었다. 그리고 2005년에 뒤늦게 저출산고령
사회위원회가 수립되었으나 한국의 합계출산율은 이미 1.08로 급
격히 하락한 이후였다. 즉 현재 한국의 저출산 위기는 인구구조 전
환의 구조적 위험에 대한 인식 부재가 큰 원인이다.

둘째, 한국의 저출산 추세는 경제협력개발기구OECD 패턴을 벗
어났다. 경제협력개발기구OECD 추세선의 패턴을 관찰해보면 소득
수준이 로그 단위 10(2015년 미 달러 가치 $22,000) 근방에 이르면 출

산율의 감소 속도가 현저히 느려지는 경향을 보인다. 한국도 소득 수준 로그 단위 10 근방에 도달한 2006년 이후 합계출산율 하락이 멈추고 반등의 기미가 보였다. 그러나 2012년 이후 다시 하락하기 시작한다. 그리고 2016년부터는 수직 강하하면서 2023년에는 0.72 수준에 이른다. 그림 「소득과 합계출산율 관계: 경제협력개발기구 추세와 한국의 대비」는 경제협력개발기구OECD 추세선을 벗어난 한국 합계출산율의 움직임을 가시적으로 보여준다. 특히 2016년 이후부터 한국의 합계출산율은 경제협력개발기구OECD 합계출산율 전체 데이터군에서 아예 벗어나 있다.

## 고령화의 늪에서 나오려는 다각적 대응이 시급하다

◆ ◆ ◆

한국은 현재 심각한 저출산 문제와 더불어 고령화의 늪에 빠져 있다. 그림 「소득과 고령화 지표 관계: 경제협력개발기구 추세와 한국의 대비」는 1960~2023년 기간 경제협력개발기구OECD 국가군의 1인당 실질 국내총생산GDP 대비 고령화 지표(65세 이상 인구 비중)의 변화를 보여준다. 그림 「소득과 고령화 지표 관계: 경제협력개발기구 추세와 한국의 대비」에서 알 수 있듯이 한국은 1인당 실질 국내총생산GDP이 3만 1,000달러(2015년에 미 달러 기준) 수준이었던 2018년에 고령 사회로 진입했다. 이때까지 한국의 소득 대비 고령화 지표는 경제협력개발기구OECD의 평균 추세보다 낮았다. 하지만 그 후 경제협력개발기구OECD 평균 추세 수준을 넘어섰으며, 그림 「소득과 고령화 지표 관계: 경제협력개발기구 추세와 한국의 대비」에는 나타나지 않지만 2024년 12월에 한국은 고령화 지표가 20%를 초과하여 초고령 사회가 되었다. 이러한 고령화 지

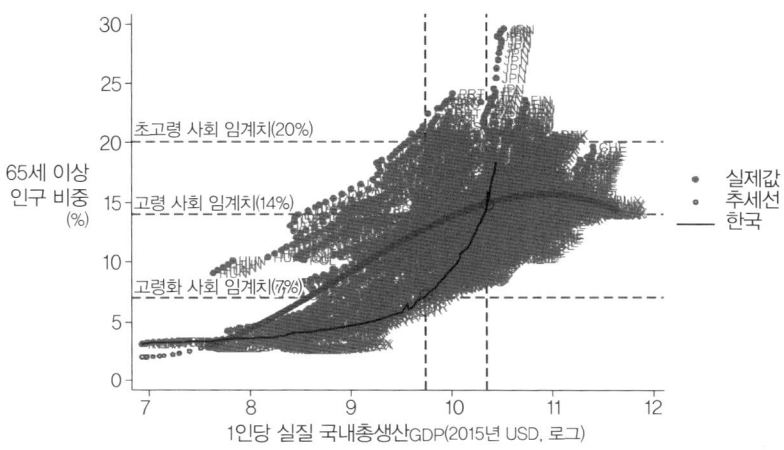

소득과 고령화 지표 관계: 경제협력개발기구 추세와 한국의 대비

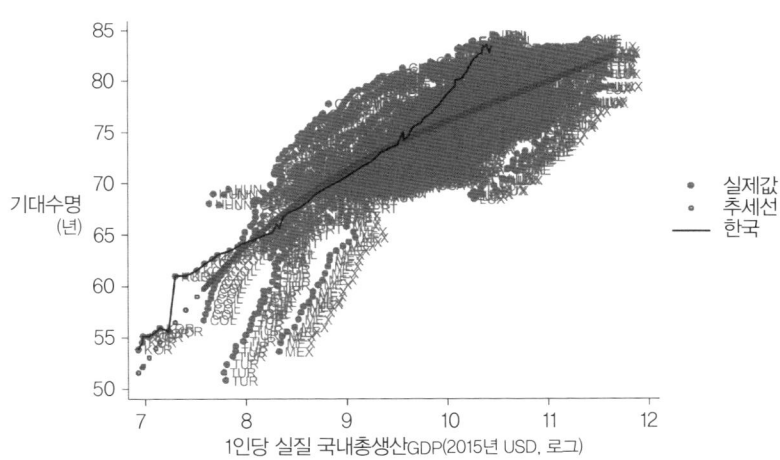

소득과 기대수명 관계: 경제협력개발기구 추세와 한국의 대비

표의 급격한 증가는 경제협력개발기구OECD의 소득 대비 고령화 지표의 변화 양상과는 무척 다른 모습이다. 그림 「소득과 고령화 지표 관계: 경제협력개발기구 추세와 한국의 대비」에서 보이듯이 경제협력개발기구OECD 국가들은 미 달러 가치 기준 1인당 실질 국내

총생산GDP 로그 단위 10 이상이 되면 고령화 속도가 느려지고 증가세가 멈추는 양상을 보인다. 그런데 한국은 경제협력개발기구OECD의 소득 대비 고령화 지표의 변화 양상과는 달리 소득 증가와 더불어 고령화가 계속해서 빠르게 상승한다.

한국은 왜 그토록 빠르게 고령화된 것일까? 고령화 지표의 증가에는 두 가지 요인이 작용한다. 첫째, 소득 증가와 더불어 기대수명이 늘면 고령화 지표는 증가한다. 둘째, 출산율이 감소할 경우 비노인 인구 그룹의 비중이 감소하면서 고령화 지표는 증가한다. 그림 「소득과 기대수명 관계: 경제협력개발기구 추세와 한국의 대비」는 동일한 경제협력개발기구OECD 샘플의 1인당 실질 국내총생산GDP 대비 기대수명의 변화를 보여준다. 경제협력개발기구OECD 전체는 소득 대비 기대수명 증가 속도가 감소한다. 반면 한국의 소득 대비 기대수명 증가 속도는 유지되거나 1인당 실질 국내총생산GDP 로그 단위 9.6(1만 5,000달러)이 되는 1997년을 기점으로 오히려 증가하는 양상을 보인다. 따라서 한국의 고령화 지표 증가 속도가 경제협력개발기구OECD 추세보다 빠른 데는 기대수명 효과가 작동했다. 그리고 그림 「소득과 합계출산율 관계: 경제협력개발기구 추세와 한국의 대비」에서 살펴보았듯이, 한국의 급격한 저출산 심화 역시 한국의 가파른 고령화 지수 상승에 큰 영향을 미쳤다. 그렇다면 기대수명 효과와 출산율 저하 중 어느 요인이 고령화 지표의 증가에 더 큰 영향을 미쳤을까? 한국보건사회연구원의 우해봉 연구위원은 「인구 고령화의 인구학적 요인 분석」에 관한 연구를 통해 한국의 고령화 지표 증가의 70%는 출산율 저하에 기인하며, 기대수명 효과는 30% 정도임을 밝혔다. 즉 한국 고령화의 주된 원인은 기대수명보다는 저출산 심화였다. 따라서 한국의 고령화 문제는 결국 저출산 문제로 귀결되며 궁극적으로 저출산 문제를 해결하지 못한다면 고령화 문제도 해결할 수 없음을 알 수 있다.

한국의 소득 대비 기대수명을 경제협력개발기구OECD 추세와 비교하는 그림 「소득과 기대수명 관계: 경제협력개발기구 추세와 한국의 대비」는 한국의 고령화 현상에 또 다른 차원의 문제가 존재함을 보여준다. 현재 한국의 기대수명은 소득 대비 경제협력개발기구OECD 추세보다 수준 자체가 매우 높음을 나타낸다. 소득 대비 기대수명 경제협력개발기구OECD 추세선에 의하면, 한국의 2023년 소득 수준에서 추정되는 경제협력개발기구OECD 평균 기대수명은 77.8세이다. 그런데 2023년 한국의 실제 기대수명은 83.4세다. 한국의 기대수명이 평균보다 높다는 것은 반가운 일이다. 그러나 이를 기대수명 대비 소득 수준의 관점에서 해석하면 반가움보다 염려가 앞선다. 한국의 연금 및 노인 수당 혜택과 은퇴 나이가 경제협력개발기구OECD의 평균적 수준이라고 가정하더라도 경제협력개발기구OECD와 비교할 때 한국의 소득 수준은 높은 기대수명의 노인 인구를 감당하기에는 무척 낮다는 의미이기 때문이다.

실제로 한국의 현행 연금과 노인 수당 혜택은 경제협력개발기구OECD 평균에 미치지 못한다. 또한 경제협력개발기구OECD 다수 국가가 고령화와 더불어 은퇴 나이를 높이는 데 비해 한국의 은퇴 나이는 예전과 변함이 없다. 즉 여러모로 한국의 고령 인구가 기본적 삶을 영위하기 위해 해결해야 하는 경제적 압박은 경제협력개발기구OECD 평균 고령 인구보다 훨씬 크다. 따라서 이에 대한 정책적 대응은 다각적이어야 하며 매우 시급하다. 그리고 이 대응은 단순한 노인 복지 보조금의 증가 차원이 아닌 연금 구조와 은퇴 연령 조정을 포함한 노동시장 개혁 등 경제 구조 자체를 탈바꿈하는 차원에서 접근해야 한다.

## 초저출산으로 인구소멸 국가가 될 수 있다

◆ ◆ ◆

현재 한국은 초저출산과 초고령화 사회이며 그 변화 과정이 경제협력개발기구OECD 국가군과 비교할 때 소득 증가 효과만으로 설명되지 않는다. 이러한 변화로 가까운 미래에 한국에서는 다음과 같은 인구 풍경이 펼쳐질 것이다. 국제연합UN의 세계인구추계 자료에 따르면, 한국의 합계출산율이 2023년의 합계출산율 0.72를 최저점으로 2100년까지 서서히 반등할 것이라고 한다.

하지만 이러한 낙관적인 시나리오에서도 2100년 한국의 추정 합계출산율은 1.3이다. 즉 향후 75년 후에도 한국은 여전히 초저출산국의 경계에 있을 것으로 추정한다. 그 사이 인구증가율은 −0.1%에서 −1.4%로 더욱 하락하며 2024년 5,170만 명인 한국의 인구는 2100년에는 2,200만 명, 즉 한국전쟁 직후인 1955년의 인구 수준이 된다. 1960년대에 100만 명대였던 신생아 수는 2023년에 이미 4분의 1 수준인 24만 명이 되었다. 그리고 2100년에는 12만 명이 된다. 경제활동 연령 그룹인 25~64세 인구 100명 대비 65세 이상 인구 비중으로 정의되는 노인부양비율은 2023년 16.5에서 2100년 80.3으로 급격히 증가한다. 경제활동 연령 인구의 고용률이 60% 정도임을 고려하면 실제 경제활동 인구 한 명이 본인 외 부양해야 할 노인 인구가 한 명 이상이라는 것을 의미한다. 게다가 기대수명이 93.1세가 되니, 현재 은퇴 연령이 유지된다면 이와 같은 노인 부양 기간은 약 30년 정도가 된다.

이러한 예측은 2025년을 살아가는 기성세대에게 그다지 내 일처럼 와닿지 않는, 매우 낯선 풍경이다. 그런데 2100년은 그리 먼 미래가 아니다. 현재 Z세대의 자녀나 알파 세대의 손주들이 이런 인구 풍경을 가진 세상에서 살게 된다. 또한 현재 기성세대와 그 자녀 세대는 향후 30여 년의 기간을 이런 사회로 이행하는 혼돈의 시대를 살아야 한다. 그러니 이는 결코 먼 미래에 일어날 남의 일이 아니다. 심지어 이런 사회조차 국제연합UN의 추계대로 향후 두 세대 동안 합계출산율이 0.72에서 1.3으로 2배가량 증가해야 가능한 시나리오다. 만약 국제연합UN의 추계와 달리 현재 출산율이 0.7대로 유지된다면 한 세대가 지나면서 인구는 3분의 1씩 기하급수적으로 감소할 것이다. 그럼 두 세대가 지난 2100년 근방의 대한민국의 인구는 약 600만 명 미만 수준이 될 것이다. 이는 2025년 서울 인구 969만 명의 3분의 2에 해당하는 수준이다. 결국 2100년에 만나게 될 한국의 풍경은 아마도 대한민국 영토의 99.4%를 비워두고 서울 일부에만 사람이 사는 싱가포르 같은 도시국가일 것이다.

그렇다면 이러한 인구구조의 변화는 위기인가? 일각에서는 이를 위기가 아닌 기회로 보기도 한다. 실제로 인구 위기와 관련한 논의를 할 때 여러 예측에서 나온 수치들에 근거한 미래 풍경을 구체적으로 상상하는 경우는 드물다. 심지어 먼 미래의 일이라며 별다른 위기의식을 느끼지 못할 때도 많다. 그뿐만이 아니다. 혹자는 미래의 인구 풍경이 그렇다고 해도 인구가 줄면 인구과밀과 환경 문제도 완화되고, 1인당 가용자원과 소득이 증가하는 등의 긍정적인 면도 있다고 주장한다. 이는 한국이 국제경제와 국제정치에서 영향력을 잃더라도 일정 수준의 인구와 생산력을 가진 강소 도시국가로 전환하는 것도 나쁘지 않다는 생각에서다. 이들은 현재의 저출산 문제를 굳이 시급한 위기로 보기보다는 인구를 '적정수준'으로 재조정하는 기회로 볼 수도 있다는 견해다.

만약 미래의 한국 경제 상황에 맞는 적정 인구 수준을 정확히 예측할 수 있고 그 적정 인구 수준에 대한 사회적 합의가 가능하다면 이는 하나의 대안적 사고일 수 있다. 하지만 이 관점은 실현 가능성이나 가치판단 여부를 떠나 두 가지 결정적인 맹점이 있다. 첫째, 꾸준히 감소하던 인구가 '적정수준'에 도달하면 출산율이 인구대체율 수준으로 순식간에 복귀해야 한다. 그래야 '적정수준' 인구 규모를 지속할 수 있다. 예를 들어 한국의 적정 인구가 2,200만 명이라면 낮은 출산율(0.7~1.3)을 유지하다가 인구가 2,200만 명이 되는 2100년에 합계출산율이 2.1로 상승하는 기적이 벌어져야 한다. 하지만 합계출산율 0.7~1.3에 익숙한 결혼과 출산의 선택은 사회적으로 합의한 적정 인구 규모가 달성된다고 갑자기 바뀌지 않는다. 즉 인구증가율 −1.4%의 인구감소는 거기서 멈추지 않는다. 어느 수준의 인구 크기가 '적정수준'인지와는 무관하게 그 수준으로의 감소가 합계출산율 2.1 미만인 상태에서 이루어진다면, 적정수준에 도달한 인구가 꾸준히 유지되는 것은 불가능하다. 더구나 한국과 같이 극단적인 초저출산의 경우에는 더욱 그러하다. 한국은 현재의 초저출산 상황을 인구의 적정수준 달성의 기회로 보고 이에 대한 적극적 대응을 하지 않는다면 결국 인구소멸에 의한 '집단자살collective suicide'의 결과를 맞게 될 위험이 매우 농후하다.

둘째, 저출산에 의해 인구가 감소하니 1인당 소득과 가용자원이 증가한다는 인식에도 맹점이 있다. 이것이 실현되려면 저출산 경제에서 인구가 줄어드는 속도보다 총생산이 더 느리게 감소하거나 혹은 성장해야 한다. 물론 이는 인구감소율을 능가하는 1인당 물적 또는 인적자본의 축적이나 기술 진보가 이루어진다면 불가능한 일은 아니다. 실제로 인구구조 전환 문제에 대한 많은 정책 대응이 이 가능성에 기대를 걸고 있다. 그런데 이러한 관점의 정책 대응에는 '인구가 꾸준히 감소해 0으로 수렴할지라도 생존자의 1인당 소득이 성장하면 된다.'라는 암묵적 가정이 깔려 있다. 즉 인구대체율보다 낮은 출산율의 지속과 그로 인한 '집단자살collective suicide'을 피할 수 없다면 이 추세를 되돌리는 것에 애쓰기보다는 그 이행 과정에서 생존자의 후생 증대를 도모하자는 것이다.

그렇다면 생존자의 생활은 윤택하고 풍요로우나 대다수 국민은 소멸하는 미래로 향하는 것이 과연 옳은 것인가? 이에 대한 가치 판단은 중요한 문제다. 이는 현세대 인류의 생명과 미래세대 인류의 생명 간에 어떤 가치를 부여할 것인가라는 인류 생존 자체의 가치에 관한 판단 문제이다. 그런데 이 가치판단의 문제를 차치하더라도 이것이 과연 가능한 일일까? 그 답을 얻으려면 인구구조 전환이 경제 성장과 사회경제 구조에 갖는 함의를 살펴보아야 한다.

# 축소경제 시대
## 불균형 강화의 고리를 끊어야 한다

　경제 성장에 따른 출산율 저하와 고령화는 늘 존재했던 현상이다. 그러나 현재의 인구구조 변화는 과거의 인구구조 이행Demographic Transition 개념과는 구분되는 인구구조 대전환Demographic Fundamental Transformation으로 인식해야 한다. 인구구조 이행기에 대한 논의는 소득 증가에 따라 출산율이 감소하지만 인구증가율 자체는 양의 값인 경제에 대한 것이다. 그래서 출산율 저하를 인구과밀 및 '인구폭탄Population Bomb' 현상에 대한 대책으로 긍정적으로 생각했다. 하지만 출산율 감소가 인구 대체출산율 미만으로까지 떨어지는 상황이 되고 고령화가 겹치는 인구구조의 변화는 단순히 인구구조가 고출산에서 저출산으로 이행하는 문제가 아니다. 이는 경제 자체를 축소경제로 만들고 경제와 사회 각처에서 불균형을 만들어내는 근본적 인구 대전환의 문제가 된다.

　지난 40여 년 동안 한국의 출산율은 대체출산율이라는 역치 미만으로 떨어진 상태가 계속되었을 뿐 아니라 감소 추세는 오히려 강화되었다. 물론 이는 한국만의 문제는 아니다. 2021년을 기준으로 전 세계 반 이상의 국가에서 벌어지는 현상이고 저출산국의 비중은 계속 확대되고 있다. 이런 저출산 확대 추세가 계속 이어진다면 인류 소멸은 당연한 결과다. 특히 앞서 말한 것처럼, 초저출산의 극단에 있는 한국의 소멸이 가장 먼저 발생할 것이다. 믿기 힘들고 믿기 싫겠지만 실증 데이터의 진단과 전망은 분명하게 '한국의 소멸'을 향하고 있다. 훗날 출생률에 반전이 일어나길 기대하고 그 가능성을 증가시켜야겠으나, 한국이 향후 100년 이상 상당히 오랜 기간 축소경제의 길을 걸을 것은 분명하다. 따라서 이에 대한 신속하고 근본적인 경제 체제 변혁은 불가피하다.

## 축소경제 시대에 성장의 열쇠를 찾아야 한다

◆ ◆ ◆

현재 세대의 인구증가율이 마이너스이고 다음 세대의 인구증가율 역시 마이너스로 기대되는, 즉 세대 간 절대 인구감소가 이어지는 경제를 '축소경제Shrinkonomy'라고 정의하자. 2025년 기준 한국은 저출산국이 된 지 43년이 지났다. 한국의 전체 인구 규모의 절대 수준은 2020년을 기점으로 이미 감소하기 시작했다. 한국의 합계 출산율은 현재 0.7대 수준이며 이미 '인구감소 시대Age of Depopulation'에 접어들었다. 반등한다고 해도 유엔의 2100년 추정치가 1.3임을 고려할 때 향후 최소 100년 이상 한국 경제는 축소경제일 것이다. 축소경제에서 예상되는 경제 문제는 크게 두 범주로 구분할 수 있다. 첫째는 인구 규모 감소 자체와 관련한 문제이다. 둘째는 인구 구성의 불균형과 관련한 문제이다. 모두 한국 경제의 지속가능발전과 사회통합에 심각한 도전과제를 제시한다.

먼저 인구 규모 감소와 관련한 문제 중 가장 가시적인 것은 생산가능인구, 즉 잠재적 노동력의 감소다. 한국 경제의 생산가능인구 비중은 이미 2012년(74.2%)을 정점으로 계속 감소해왔으며 통계청은 2072년까지 46% 수준으로 감소할 것으로 추정한다. 노동력이 계속해서 감소하는 상황에서 총생산 규모를 성장시키는 것은 매우 어렵다. 이에 따라 한국 경제가 세계 경제에서 차지하는 비중과 영향력은 감소할 것이다. 특히 출산율이 높고 이민이 열려 있는 경제에 대해 상대적 비중 감소가 심각할 것이다.

　축소경제에서 더욱 중요한 문제는 노동력 감소 자체가 아니다. 인구 규모가 계속 감소해도 1인당 소득의 증대가 가능한가, 즉 경제 성장의 가능성이 더욱 중요한 문제이다. 그런데 이에 대한 답은 쉽지 않다. 총생산함수 관점에서 1인당 국내총생산GDP은 노동자 1인당 물적 자본 및 인적자본, 총요소생산성, 고용률(고용/인구) 등 다양한 요인들에 의해 결정된다. 그래서 인구가 꾸준하게 감소하는 축소경제에서 1인당 국내총생산GDP이 성장할 것이냐를 판단하는 것은 복잡한 문제이다. 이는 물적 자본 투자, 인적자본 투자, 총요소생산성이 인구증가율에 어떻게 반응할 것이냐와 밀접하게 연결돼 있다.

　노벨경제학상 수상자인 로버트 솔로Robert Solow의 신고전파 경제 성장 이론에서 인구성장률은 외생적 변수exogenous variables일 뿐 아니라 늘 양의 값을 갖게 설정되어 있다. 그리고 투자율이나 생산성 성장률은 인구성장률과 무관하게 주어지는 것으로, 단순하게 모형화되어 있어 축소경제에서 1인당 소득의 증가에 관한 예측에 큰 도움을 주지 못한다. 게다가 정책효과의 자의성도 너무 크다. 신고전파 경제 성장 이론의 틀에서는 투자율 및 생산성 성장률을 자의적으로 선정하여 축소경제에서도 1인당 소득을 임의로 증가 혹은 감소하게 만들 수 있기 때문이다.

반면 또 다른 노벨경제학상 수상자인 폴 로머Paul Romer가 제안한 내생적 경제 성장 이론에서는 생산성 성장률이 인구성장률에 직접적인 영향을 받는다. 그래서 축소경제에서 경제 성장에 관한 더 유용한 틀이 될 수 있다. 그러나 이 이론에서도 인구성장률은 양의 값이어야 한다. 또한 출산율 자체를 내생적으로 설명하는 경제 성장 모형에는 인구증가율과 투자율 및 생산성 성장률 간의 관계가 설명되어 있지 않다.

이처럼 기존의 경제 성장 모형들은 축소경제 환경에서는 1인당 소득의 변화를 온전히 설명할 수가 없다. '경제 성장'은 총소득이 아닌 '1인당 소득'의 증가 현상으로, 산업혁명 이후에 나타난 현상이다. 산업혁명 이후 최근까지 인구증가율이 지속적으로 마이너스인 경우, 즉 축소경제는 없었다. 이러한 관점에서 볼 때 최근에 인구증가율이 양인 경제에서 음인 경제로 바뀐 인구구조 변화는 출산율 하락 방향에만 초점을 맞춘 인구구조 이행과는 근원적으로 다른 현상이다. 이는 인구구조 대전환이라 명명할 수 있다. 인구구조 대전환을 설명하는 경제 성장 이론과 이에 관한 실증분석은 차세대 경제학이 될 것이다.

이와 같은 차세대 경제 성장 이론은 이제 초기 생성 단계이기에 완벽하지는 않다. 그러나 기존의 경제학 이론과 통찰 등을 근거해 마이너스 인구성장률이 투자율과 생산성 성장률에 미칠 영향의 방향은 추측할 수 있다. 기존 내생적 성장모형에는 인구 규모에 따른 경제 효과가 포함되어 있다. 아이디어 생산과 혁신에 의한 성장만이 장기 성장을 견인한다. 이때 아이디어 생산은 총 인적자본의 크기에 의존한다. 그리고 총 인적자본의 크기가 내생적 혁신의 생성에 들어가는 고정 비용을 감당하지 못하게 되면 장기 성장률은 0이 된다. 반면 그 이상의 수준이면 총 인적자본의 크기에 비례해 성장률이 증가한다. 이때 중요한 점이 총 인적자본의 크기는 노동자 1인당 인적자본과 총노동자 수에 의해 결정된다는 것이다. 그리고 총 노동자 수는 인구 크기에 의해 영향을 받으므로 인구 규모가 장기 성장률을 결정하는 효과가 있는 것이다. 즉 내생적 성장이론은 축소경제에서 대체출산율 이하로 출산율이 하락하고 이 추세가 계속될 때는 장기 성장률이 감소할 것으로 예측한다. 이것이 축소경제의 가장 위험한 가능성이다.

물론 이런 가능성은 노동자 1인당 인적자본의 지속적 성장에 의해 극복할 수 있다. 인구감소율보다 노동자 1인당 인적자본 성장률이 빠르면 총 인적자본은 증가하고 장기적 생산성 성장을 가져온다. 그렇다면 관건은 인구감소가 노동자 1인당 인적자본 성장에 어떤 영향을 줄 것인가다. 현실 경제에서 중요한 인적자본 투자인 교육 투자는 부모에서 자식으로, 즉 세대 간에 이루어진다. 그런데 기존 경제 성장 이론에는 세대가 명시적으로 구분된 인적자본 투자 이론이 설정되어 있지 않다. 이러한 이유로 기존 경제 성장 모형은 '인구감소가 노동자 1인당 인적자본 성장에 어떤 영향을 줄 것인가?'에 대한 답을 주지 못한다. 따라서 인구가 감소하는 상황에서 세대 간 인적자본 투자 행태를 이해하기 위해서는 축소경제에서 세대 간 불균형 문제를 이해하는 것이 중요하다.

또한 부모와 자식 간 세대 구분뿐 아니라 기대수명의 변화 역시 부모의 자식에 대한 인적자본 투자 결정에 큰 영향을 미친다. 현재 추세와 같이 기대수명이 늘고 자녀 세대가 부모 세대 봉양이 어려운 시대에는 부모 세대의 자식 세대에 대한 인적자본 투자는 늘기 어렵다. 따라서 축소경제에서 인적자본 축적을 늘릴 방법은 세대 간 인적자본 투자 채널이 아닌 각 세대 내의 인적자본 투자 확대이다. 이를 위해서는 학교 교육의 경우 부모에 의존하는 사교육이 아닌 인적자본 투자를 원하는 모든 개인에게 양질의 기회를 동등하게 제공하는 공교육의 역할이 더 중요해진다. 또한 직장의 직무 경험work experience을 통한 인적자본 형성도 중요하다. 특히 학교 교육을 통해 축적한 인적자본과 직무 경험 인적자본 간의 지속적인 연계가 유효한 인적자본 형성에 중요하다. 이 중요성은 빠르게 진행되는 기술진보 사회에서 연령에 상관없이 더욱 두드러진다. 이러한 연속적인 인적자본 형성을 위해서는 학교 교육과 직무 교육 간의 사회적 경계를 허무는 교육 제도 혁신이 반드시 이루어져야 한다. 즉 학교와 직장 두 곳 모두에서의 인적자본 형성에 대한 개념, 접근, 그리고 제도 개혁만이 축소경제 시대에 성장의 근간인 인적자본이 축소되지 않는 길이다.

## 세대 간 인구 불균형의 부작용이 심각하다

◆ ◆ ◆

축소경제에서는 부모 세대 인구 크기보다 자녀 세대 인구 크기가 작다. 이와 같은 인구구조에서 현재의 연금제도 유지는 논리적으로 불가능하다. 현재 한국사회에는 이러한 인식이 철저하지 못해 연금개혁에 대한 논의가 지지부진하다. 축소경제에서는 보험료율, 소득대체율, 연금 수급 연령 등의 연금 모수들을 어떻게 조합하더라도 지속적인 세금 인상을 통한 외적 재정 투입 없이는, 즉 자체 재정 내에서 소위 말하는 '모수개혁*'은 불가능한 대안이다.

연금제도는 19세기 말부터 20세기 초에 도입되기 시작해 점차 확산해 나갔다. 이 시대에는 자녀 세대 인구 크기가 부모 세대보다 컸다. 그리고 이러한 세대 간 인구 비중은 연금제도 설계의 기본 가정이었다. 연금의 진정한 수익률은 연기금의 투자 수익률이 아니라 세대 간 인구성장률이라는 사실을 잊어서는 안 된다. 연기금의 투자 수익은 개인이 투자를 통해서도 달성할 수 있다. 그런데 개별적으로 저축이나 투자를 하지 않고 연금에 가입하는 이유는 연금이 일반적 투자와는 달리 세대 간 자원 배분을 통해서만 달성할 수 있는 추가 수익률인 인구성장률이 있기 때문이다. 따라서 자녀 세대 인구가 부모 세대보다 적은 축소경제에서는 기본적으로 연금 수익률이 마이너스인 셈이다. 더구나 대체출산율 미만의 초저출산 현상이 이어지고 고령화까지 빠르게 진행되는 상황에서는 현 연금제도의 틀을 유지하는 한 어떤 보험료율과 소득대체율에서도 연기금은 궁극적으로 고갈될 수밖에 없다. 단지 고갈 시점만을 뒤로 미룰 뿐이고 고갈 시점이 뒤로 미뤄질수록 고갈된 후 투입해야 할 재정 규모, 즉 세금 인상액은 커진다.

자녀 세대의 노동생산성이 부모 세대 노동생산성보다 비약적으로 높은 성장경제에서는 연금제도의 유지가 가능하기도 하다. 그렇다면 얼마나 비약적인 성장이 이루어져야 할까? 2024년 신생아 수는 24만 명이다. 이들 24만 명이 노동시장에 진입하는 25~30세

---

* 모수개혁: 연금시스템의 기본구조를 변경하지 않고 보험료율과 소득대체율 등 연금제도의 세부 매개변수를 조정하는 개혁 방식

가 되는 시점, 즉 2049~2054년<sup>*</sup> 한국의 추정 노인 인구는 1,794만~1,765만 명이다. 현재의 연금제도가 유지되는 상황에서 이제 막 노동시장에 진입한 20만여 명의 청년이 1,700만여 명의 노인 인구를 마주한다면 어떨 것 같은가? 상상만으로도 숨이 턱 막힐 것이다.

물론 25~30세 청년 인구만이 노인 인구를 부양하는 것은 아니기에 더욱 정확한 상황을 가늠하려면 전체 경제활동가능인구(25~64세) 100명 대비 노인 인구수, 즉 노인부양비율을 살펴보아야 한다. 국민연금 제도가 수립된 1988년에 노인부양비율은 4.6이었다. 당시 국민연금의 모수는 이 노인부양비율을 기준으로 설계되었고 상당히 여유 있는 혜택이 돌아갔다. 하지만 노인부양비율은 2024년에 이미 17이 되었다. 그리고 2049~2054년에 노인부양비율 추정치는 54~61 수준이다. 단순한 산술적 계산으로, 경제활동가능 인구 100명이 노인 5명을 부양하는 경제가 50명 이상을 부양하는 경제가 되려면 노동생산성이 1인당 10배 이상 증가해야 한다. 이뿐 아니라 저출산과 고령화가 심화하면 필요 노동생산성 증가율은 가속적으로 늘어야 한다. 최근 뜨겁게 논의되는 인공지능의 기술진보가 당장 한 세대 만에 경제활동가능인구의 노동생산성을 10배 이상 증가시킬 수 있을까? 더구나 인구 절대 규모가 지속적으로 줄어드는 축소경제에서 이런 생산성 향상이 과연 가능한 것일까?

이렇듯 축소경제에서 연금제도를 유지하려면 현세대의 노동생

---

<sup>*</sup> 2025년 6월에 이루어진 연금 모수개혁안 이전 국민연금 고갈 예상 시점은 2056년이었으며 개혁 후에도 고갈 예상 시점은 2064년이다. 이 시기는 국민연금 고갈이 임박한 시점이다.

산성이 과거 세대 노동생산성보다 비현실적인 속도로 증가해야 한다. 게다가 더욱 본질적인 문제는 축소경제에서 인구는 점점 더 감소하기에 현재의 청년 세대는 본인이 적립한 연금을 다음 세대로부터 회수할 것을 확신할 수 없다는 데 있다. 이런 상황에서 연금과 같은 세대 간 '사회계약'은 깨질 수밖에 없다. 이는 앞서 논의한 노동생산성의 비약적인 증가가 가능하더라도 발생할 현상이다. 현재 연금 모수개혁 방식은 일시적인 눈가림에 불과하며 시한폭탄이 터지는 시기를 늦출 뿐이다. 지난 1년 동안 치열한 공방을 통해 연금개혁안으로 채택한 '보험료율 9%에서 13% 인상'과 '소득대체율 40%에서 43% 인상'은 국민연금 고갈 시기를 2056년에서 2064년으로 8년 늦추는 효과가 있을 뿐이다. 기금 소진 후 연금제도를 유지하기 위해 예상되는 보험료율은 약 32%이다. 이는 현재 25세 청년이 연금의 혜택을 받기 시작하는 2064년에 그들의 자녀 세대는 소득의 69%를 정부에 내야 한다는 의미이다. 이마저도 건강보험료율이 현행 7%로 유지되고 개인소득세율 역시 평균 30% 수준으로 유지된다는 가정에서다. 가계 소득의 69%를 정부에서 가져가는 경제에서 어떤 노동과 투자 인센티브가 있으며 노동생산성 10배 성장이 가능할 수 있을까? 불가능한 모수 개혁에 집착하는 연금개혁 정책은 결국 언제 터질지 모르는 폭탄을 안고 기적을 바라는 것과 다를 바 없다.

여기서 끝이 아니다. 인구 불균형이 가져올 또 다른 문제는 세대 간 자원 이전 가능성에 관한 비관적 기대가 인적자본 투자에 부정적 영향을 미칠 수 있다는 것이다. 연금제도가 제대로 작동할지가 불확실한 상황에서 청년세대는 스스로 노후 준비를 해야 하는 압박을 받게 된다. 그리고 그로 인해 결혼이나 출산을 회피하고 자녀를 낳더라도 교육비를 축소하는 경향이 생길 수 있다. 즉 축소경제에서는 세대 간 인적자본 축적이 둔화할 가능성이 크다. 특히 고령화 심화로 고령 인구 규모가 커지면 공공부문의 지출 역시 교육 부문에서 노인 복지와 의료보건 부문으로 이동하게 된다. 따라서 특별한 인적자본 투자 촉진에 대한 전략 없이는 예전과 같은 공공 교육 투자 확대를 기대하기 어렵다. 이미 우리는 아이들의 놀이터가 노인복지관으로 바뀌는 풍경을 보고 있다.

인적자본은 기술혁신의 근간이다. 따라서 인적자본의 성장 둔화는 기술혁신에 의한 생산성 성장 둔화로 이어질 수 있다. 축소경제에서 세대 간 인구 불균형은 인적자본 축적 둔화와 생산성 성장 감소로 연결될 가능성이 크다. 이러한 저성장 기조는 앞서 논의한 세대 간 자원 배분 고리를 더욱 약화할 수 있다. 즉 축소경제에서는 세대 간 인구 불균형이 세대를 거듭할수록 더욱 강화되는 악순환에 빠지게 된다. 그리고 이러한 현상은 세대 갈등을 고조시킬 가능성도 크다. 결국 인구구조 대전환 시대의 축소경제에서는 세대 간 인구 불균형이 강화되는 고리를 끊는 전략적 정책이 핵심이다.

## 지방소멸은 청년 여성 인구이동의 문제다

◆ ◆ ◆

최근 한국 경제에서 체감되는 또 하나의 위기는 지방소멸 현상이다. 벚꽃 피는 순서대로 대학이 문을 닫는다는 말은 지방소멸의 한 단면을 보여준다. 현재 대부분의 지방소멸 논의는 수도권 경제 집중의 관점에서 조명되어 있다. 이러한 관찰이 틀린 것은 아니지만 지방소멸의 본질은 수도권 경제 집중이 아니다. 수도권 경제 집중에 대한 문제의식은 한국 경제의 고도성장이 한창이던 1970년

## 시군구 지방소멸위험지수 2010년 2023년 분포

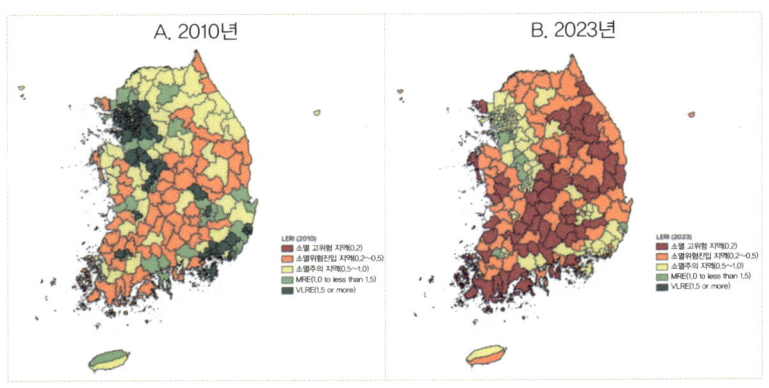

대에 이미 '백지계획'으로 명명되었던 행정수도 이전 계획에서부터 시작되었다.[7] 하지만 당시에는 지방소멸이라는 현상은 없었다. 행정수도 이전 계획은 1979년에 무산된 후 2003년 출범한 국가균형발전위원회에 의해 다시 시도됐다. 이때도 지방소멸이라는 용어를 쓰지는 않았다.

지방소멸의 본질은 '축소경제' 현상에 있다. 축소경제에서는 사람들이 경제력이 집중된 곳으로 모여든다. 따라서 모든 인구가 수도권으로 진입하면 지방소멸 현상이 자연스레 멈추는 게 아니다. 수도권 내에서도 수도권 외곽에서 수도권 중심부로 인구소멸 현상은 계속 일어난다. 서울 내에서도 강북에서 강남으로 계속 진행될 현상이다. 경제력, 고용 기회, 주거 편의시설과 교통 인프라 등의 지역 간 격차로 지방에서 먼저 나타나고 있을 뿐이다. 즉 현재 한국에서 나타나는 지방소멸은 축소경제에서 나타나는 인구소멸의 지역 간 불균형 현상이다.

특정 지역의 인구소멸 위기를 진단하는 '지방소멸위험지수'는 해당 지역에 거주하는 노인 인구 대비 20~39세 여성 인구 비율이다. 이 지수가 1보다 작다는 것은 인구 대체를 가능하게 하는 가임 여성 인구가 노인 인구보다 적다는 의미이다. 따라서 이 지수가 낮을수록 해당 지역의 인구소멸 위험은 크다. 그림 「시군구 지방소멸위험지수 2010년 2023년 분포」는 시군구 단위 지역경제의 지방소멸위험지수 2010년 분포와 2023년 분포를 비교한다. 이 지수가 0.5~1인 지역을 소멸주의 지역(노란색 AL 지역), 0.2~0.5인 지역을 소멸위험진입 지역(주황색 EERS 지역), 0.2 미만인 지역을 소멸 고위험 지역(빨간색 ERA 지역)으로 분류한다. 2010년에는 다수의 소멸위험진입 지역이 관찰되고 소멸 고위험 지역은 관찰되지 않는다. 그런데 불과 13년 후인 2023년에는 소멸위험진입 지역이 소멸 고위험 지역으로 전환되었다. 또 2010년에 정상 혹은 소멸 저위험 지역들이 2023년에는 소멸위험진입 지역이 됐다. 2023년 소멸위험 지역으로 구분되는 소멸위험진입 지역과 소멸 고위험 지역 시군구는 전체 시군구의 52%이며 그림 「시군구 지방소멸위험지수 2010년 2023년 분포」에서 보이듯이 면적상으로는 국토 대부분을 차지한다.

한국의 지방소멸 문제는 인구이동, 특히 청년 인구이동의 문제이다. 그리고 인구이동은 수도권을 비롯한 대도시에 경제력이 집중된 것에 기인한다. 이에 지방소멸 문제에 대한 근본적 대응책은 소멸위험 지역에 대한 보조금 정책이 아니라 지역경제 활성화이다. 하지만 앞서 언급했듯이 수도권으로 집중하는 인구이동 자체는 한국 경제가 고도성장 가도를 달린 지난 60년 동안 늘 존재했던 문제로, 축소경제 문제와는 다른 차원의 것이다. 그렇다면 축소경제 관점에서 인구이동은 어떤 중요한 함의를 가질까? 현재 지방소멸과 관련한 여러 정책 논의는 지방에서 아이가 사라지고 노인만 남는다는 데 초점을 둔다. 하지만 그것은 결과일 뿐이고 축소경제 관점에서 정작 중요한 것은 아이나 노인 인구의 변화가 아니라 청년 인구, 더 정확히는 '청년 여성' 인구가 지방에서 사라진다는 것이다.

지방소멸 대응 논의를 할 때 또 한 가지 중요한 사실은 실제로 지방의 출산율이 수도권보다 높다는 것이다. 서울대학교 정혁 교수가 연구한 「한국의 지방소멸 실증분석과 대응 정책의 함의: 지역개발과 인구변동 관점」에 의하면 청년 여성 비중이 높을수록 출산율이 낮았다. 지방보다 노동시장의 경쟁압력, 기회비용, 거주 비용 등이 모두 높은 수도권에서 결혼 부부의 출산율뿐 아니라 결혼율, 초혼 나이, 첫 아이 출산 나이 등 인구구조 변수들이 합계출산율을 낮추는 방향으로 작용한다. 즉 청년 여성의 수도권 집중은 전체의 출산율을 낮춰 축소경제를 강화한다는 함의가 있는 것이다. 지방에서 학교와 아이가 사라지고 노인만 남는 현상적 결과에 초점을 맞추는 지방소멸 논의는 이러한 지방소멸 문제의 본질을 가릴 수 있다. 따라서 한국의 지방소멸 문제는 축소경제 상황에서 '청년 여성'의 인구이동 그리고 그로 인한 지역 간 인구 불균형 관점에서 재조명되어야 한다.

## 취약 고용과 삶의 질 저하 대책이 필요하다

◆ ◆ ◆

현재 한국에서 진행되는 고령화의 70%가 출산율 저하, 즉 축소경제와 관련이 있다. 하지만 기대수명 증가로 인한 고령화는 또 다른 차원의 문제이기에 별도의 대응이 필요하다. 은퇴 나이가 공식적으로 정해진 경우에 기대수명 증가로 인한 고령화는 노동시장에 두 가지 변화를 가져온다. 60~65세에 해당하는 은퇴자의 대부분이 노후 대비를 위해서 은퇴 이후 새로운 일자리를 찾아야 하는 상황을 맞는다. 하지만 현실은 은퇴자의 정규 노동시장 재진입이 매우 어렵다. 그래서 대다수 은퇴자는 비정규직 혹은 단기근로자가되거나 재취업을 기다리는 실업자가 된다.

청년 세대의 수가 줄어드는 축소경제에서는 노동력 부족 현상이심화하기에 은퇴자의 일자리는 부족하지 않을 것이다. 조사에 따르면, 경제 전체에서 60세 이상 인구 고용 비중은 2000년 10%에서 2023년 20% 수준으로 증가했고 2017년을 기점으로 15~29세 청년 인구 고용 비중을 넘어섰다. 문제는 이 새로운 일자리가 기존의일자리와는 완전히 다른 '취약 고용vulnerable employment[*]'이라는 것이다. 따라서 축소경제에서 고령화 심화는 고령 인구 개인의 고용과삶의 질을 떨어뜨릴 뿐 아니라 경제 전체 노동시장에서 취약 노동계층의 비중을 늘려 총요소생산성의 감소로 이어질 것이다. 이는단순히 노동인력이 나이가 많아서 생기는 문제와는 다른 차원이다.고령화에 수반되는 수많은 문제 중 취약 고용과 삶의 질 저하는 경제 전체의 근간에 영향을 미치는 중대한 문제이다. 더불어 총요소생산성의 감소는 축소경제를 재강화하는 요인이 될 것이다.

따라서 고령 인구 연령 그룹에 대한 실질적 재정의, 은퇴 연령의실효적 연장, 그리고 고령 인구의 경제활동 기여 기회 제공을 위한경제구조 개혁은 축소경제 대응에 필수적이다. 특히 단순한 여가활동 혹은 자아실현 지원 차원의 평생교육이 아닌, 50대 이후 연령

---

[*] 취약 고용: 비공식 부문이나 자영업 부문 고용 혹은 단기간 파트타임 고용을의미하며, 근로 임금과 조건이 열악하지만 정규 노동시장의 제도적 보호를 받지 못한다는 노동시장의 취약 계층을 개념화한 용어

그룹에 유용한 인적자본 재충전을 위한 평생교육 시행이 가능한 교육 제도 마련을 심각하게 고려해야 한다.

# 한국 경제가 직면한
## 산업 위기에 대응해야 한다

한국 경제가 직면한 도전과제 중 제조업과 서비스 산업의 위기에 어떻게 대응할 것인가는 중요하고도 시급한 문제이다. 이를 해결하려면 먼저 세계 경제를 흔들고 있는 글로벌 공급망 균열에 대응하는 방법부터 찾아야 한다. 현재 글로벌 공급망의 균열은 두 개의 축에서 형성되고 있다. 하나는 미국과 중국 사이에서, 또 다른 하나는 미국과 다른 국가 사이에서 균열이 일어나고 있다. 무역 의존도가 높은 한국 경제가 글로벌 공급망 균열의 피해를 피할 길은 없다. 따라서 대응의 핵심은 피해를 최소화하는 것이다. 이와 동시에 내수 기반의 성장을 유도하는 거시경제 정책을 준비함으로써 경제 성장의 새로운 돌파구를 만들어야 한다. 그리고 무역장벽이 변하지 않은 제3국과의 교역을 확장하면서 새로운 규칙에 기반을 둔 무역 질서의 설립에서 한국의 역할을 확대해 나가야 한다.

그뿐만 아니다. 글로벌 시장에서 거스를 수 없는 대세이자 필수 과제가 된 탄소중립 역시 적극적인 도전으로 기회를 찾아야 한다.

이와 더불어 노동인력 고령화와 인공지능의 문제를 해결하고 서비스 생산성의 향상을 위해 적극적인 변화와 노력이 필요하다. 이미 눈앞에 드러난 변화에 어쩔 수 없이 끌려가기보다는 적극적인 대응과 준비로 한국이 원하는 혁신적 품격사회를 창조해나가야 한다.

## 미국과 중국 사이 균열의 피해를 최소화해야 한다

◆ ◆ ◆

두 축의 균열 중 미국과 중국 사이의 균열은 세계 무역을 끊임없이 위협할 것이다. 미중 전략 갈등이 계속될 것이기 때문이다. 이에 대해 '안보는 미국, 경제는 중국'이라는 안미경중安美經中의 시대는 가고 안보와 경제에서 모두 미국에 밀착하는 안미경미安美經美의 시대가 왔다는 주장도 있다. 그렇다면 한국도 미국에 바짝 밀착하여 협력하면 되는 것일까? 여러 연구는 세계가 친미, 친중, 중립 블록으로 삼분되고 친미 블록과 친중 블록 사이의 무역 비용이 급증하는 경우에 세계와 한국 경제가 입을 피해를 컴퓨터 시뮬레이션을 통하여 추정한다.

대표적으로 두 개의 시나리오를 생각할 수 있다. 시나리오 1은 친미 블록에 미국이 홀로 또는 미국과 북미 국가만 참여하는 경우이다. 시나리오 2는 친미 블록에 북미, 유럽연합EU, 일본, 한국 등 소위 민주주의 가치동맹이 참여하는 경우다. 여러 연구에 의하면 시나리오 1에서처럼 미국과 중국만이 서로 고율의 관세를 주고받을 때 한국은 피해가 크지 않다. 그러나 시나리오 2에서처럼 두 나라의 관세 전쟁에 한국이 미국 측에 참여할 경우 큰 피해를 본다.[8, 9, 10] 주된 이유는 시나리오 2에서 발생하는 한국과 중국 간의 무역 소멸이 한국에 큰 타격을 주기 때문이다.

높은 관세로 중국이 미국과 유럽 시장에서 배제되면 중국의 기술 추격에 쫓기고 있는 한국 기업이 빈자리를 꿰차며 챙길 수 있는 이익에만 초점을 맞추는 전문가가 많다. 그러나 거대 경제인 중국은 한국 기업에 큰 수출 시장을 제공하고 동시에 다른 국가보다 더 많은 종류의 상품을 더 낮은 가격으로 한국 시장에 공급하는 일반적 무역의 이익을 제공할 능력을 갖고 있다. 이들 연구는 중국과의 무역 축소로 후자의 이익이 상실될 때 한국은 중국이 배제된 선진국 시장을 확보하는 이익보다 더 큰 손해를 볼 것이라고 추정하는 것이다.

중국 경제는 이제 끝났다는 의견도 있다. 그러나 대다수 경제학자는 부동산 불황과 미중 무역 전쟁에도 불구하고 가까운 미래에 중국 국내총생산GDP이 미국을 추월할 것이라고 예상한다. 실제로 무역이 집중되는 제조업의 생산량은 중국이 이미 미국을 크게 추월했다. 미국의 기술 봉쇄로 중국의 경제 발전이 차단될 것이라는 견해도 있으나 중국 기업 화웨이Huawei와 딥시크DeepSeek처럼 미국의 기술 봉쇄에 보란 듯이 구멍을 뚫는 기업도 있다. 더구나 핵심 광물 생산에서 압도적 위치를 가지고 수출을 통제함으로써 수입국에 막대한 피해를 줄 힘이 있다. 그리고 무엇보다 중국은 앞으로도 한국의 중대한 무역 파트너일 가능성이 크다. 따라서 경제적인 측면에서만 보자면 한국이 중국과의 무역 단절에 먼저 나서서 적극적으로 동참할 필요는 없다.

물론 이 진단에는 반드시 고려할 사항이 있다. 한국이 미국의 원천기술과 안보에 크게 의존하다 보니 중국 견제에 동참할 수밖에 없는 상황이 여러 루트에서 발생할 수 있다는 점이다. 미국과 중국이 대만 해협에서 충돌하는 것과 같은 전쟁 상황에 도달하게 되면 시나리오 2가 실현될 가능성이 크다. 또한 미국이 관세 인하와 같은 대가를 제공하며 한국에 대중국 무역과 투자의 축소를 요구할 수 있다. 만약 한국이 이를 수용하면 중국이 보복하는 상황의 시나리오도 각오해야 한다.

한편 글로벌 공급망에서 차지하는 중국의 위상으로 볼 때 중국과 한국의 공급망 분절은 전면적으로 발생하기보다는 민간과 군사 용도를 동시에 갖는 이중 목적 산업에서 발생할 가능성이 크다. 이미 미국의 요구로 한국은 고사양 반도체를 중국 기업에 수출할 수 없고 중국 기업 화웨이의 5G 통신 설비도 수입이 통제되었다. 큰 문제는 이중 목적 산업의 정의를 미국이 일방적으로 확대할 가능성이 크다는 것이다. 따라서 이중 목적 산업이 될 가능성이 큰 산업에서는 공급망의 선제적 분리가 필요하다. 즉 미국 시장에 공급하는 상품의 공급망에서 중국을 배제하고 중국 시장에 공급하는 상품의 공급망에서 미국을 배제하는 전략이 필요하다. 이는 한국 기업에 높은 조정 비용을 요구하지만 동시에 새로운 기회를 제공한다. 중국이 배제된 미국 시장 확보와 두 개의 표준에 의한 새로운 공급망의 구축에서 한국 기업이 특유의 순발력을 발휘할 수 있다.

더불어 한국이 미국의 중국 견제에 동참할 경우 중국의 보복 가능성을 최소화하려 노력해야 한다. 중국 견제에 단독 참여하기보다 복수 국가와 연합하여 참여하는 것이 바람직하다. 이는 중국 보복의 위험을 줄이고 미국의 일방주의를 완화하는 시도가 될 수 있다. 또한 기술과 원료개발 동맹에 참여함으로써 수익성이 낮아진 한국 기업이 공급망 분리에 필요한 투자 비용을 축소할 수 있다.

한편 미국과 중국 사이에 형성되는 높은 무역장벽은 수출 플랫폼으로서의 중국의 매력을 감소시킨다. 따라서 이중 목적 산업에서 중국에 대한 직접투자는 중국 내수시장을 위한 용도로 축소되어야 한다. 이미 한국은 중국에의 직접투자가 빠르게 감소하고 있고 미국에의 직접투자는 증가하고 있다. 그리고 직접투자에 연결된 중간재와 자본재의 수출도 같은 추세이다. 그런데 이러한 맞춤형 전략에 따른 생산 시설의 분리와 고임금 국가로의 이전은 고정비용과 생산비용의 증가를 가져올 수밖에 없다. 이를 최소화하기 위해서 신속한 공정 자동화가 필요하다. 한국 제조업은 이미 새로운 공급망의 구축과 산업 로봇 채택에서 세계 최고의 수준을 보인 바 있다.

## 내수 촉진과 제3국과의 무역 확장을 동시에 준비해야 한다

◆ ◆ ◆

현재 세계는 트럼프 2기의 관세 전쟁으로 미국과 다른 국가 간에 또 다른 균열이 발생하고 있다. 국제통화기금IMF 세계경제전망 (2025. 04)은 관세 전쟁으로 2025년 세계 경제성장률은 0.5%포인트, 한국 경제성장률은 1%포인트 정도 하락할 것으로 추정하고 있다.* 여기에 불확실성이 더 커지고 금융시장 상황이 계속해서 나빠지면 피해가 증가하고 미국이 관세의 상당 부분을 철회하면 피해가 감소할 것이다. 세계 금융시장의 동요로 트럼프 정부가 관세 인하를 위한 교역국과의 협상을 진행하고 있다. 협상이 트럼프의 대선 공약대로 중국에 대한 60%의 관세와 10~20%의 보편 관세 근처에서 실현된다면 한국 경제의 피해는 그리 크지 않을 것이다.[11]

---

* 이 추정치는 미국이 4월 9일 이후 일부 관세를 유예하고 중국과의 관세 전쟁이 더욱 악화하기 이전 상황에 대한 추정치임

이보다 염려스러운 것은 철강, 자동차·자동차부품, 그리고 반도체로 확산할 수 있는 고율의 품목 관세다. 이는 피해가 클 뿐만 아니라 협상의 여지도 적다.

　트럼프 정부는 관세 인하의 조건으로 한국에 대가를 요구하고 있다. 문제는 제안하는 양보의 패키지와 양보의 레드 라인$_{red\ line}$*을 어떻게 설정하는 것인가다. 정부는 무역, 산업, 금융, 투자, 국방을 망라하는 패키지를 제시하기 위해 종합적 컨트롤타워를 구성하고 피해를 최소화하는 양보의 조합을 찾아내야 한다. 또한 양보의 수준을 결정하는 데 트럼프 정책의 지속성에 대하여 냉정한 평가를 할 필요가 있다. 세계 무역의 15%를 차지하는 미국이 세계 무역의 85%를 차지하는 다른 국가와 전면적인 관세 전쟁을 벌인다면 가장 큰 피해를 보는 것은 결국 미국이다. 미국 국채 가격과 달러가 하락하고 미국의 물가 상승과 경기침체 확률이 증가하고 있는 것은 이에 대한 시장의 염려가 반영됐기 때문이다. 또한 트럼프 정부가 내세우는 관세의 긍정적 효과는 대부분 경제학의 기본 원리와 충돌하며 실현되지 않을 가능성이 크다. 이에 더해 트럼프의 무역정책은 미국의 국내법과 충돌할 여지가 많다. 게다가 이런 부정적인 결과들로 지지도가 하락하면 트럼프 정부의 입지가 약해지고 의회와 사법부에서 정책 합법성에 대한 도전이 발생할 수 있다. 따라서 한국 정부는 관세 협상에서, 한국 기업은 투자 결정에서 트럼프 무역 전쟁의 지속성에 대해서 냉정하고 신중한 판단을 내려야 한다.

　세계 무역에 균열이 발생하고 교란 위험이 증가한다면 성장 정책을 무역에서 내수로 전환해야 하지 않을까? 일면 타당한 주장이

---

*　레드 라인: 불화·협상 시 한쪽 당사자가 양보하지 않으려는 쟁점이나 요구

다. 갈수록 높고 강력해지는 무역장벽으로 인해 앞으로 한국 경제에서 수출 증가가 경제 성장을 선도하는 일을 기대하기 어렵다. 따라서 내수 기반의 성장을 유도하는 거시경제 정책을 준비해야 한다. 그렇다고 해서 무역 감소를 자진해서 서두르는 것은 어리석은 일이다. 주식 투자에서처럼 위험이 증가한 대상에 대해서는 투자를 줄이고 반대의 대상엔 오히려 투자를 늘릴 필요가 있다. 현재 투자를 줄일 우선 대상은 중국이고 향후 상황에 따라 미국이 될 수 있다. 대신 새로운 무역장벽의 피해를 최소화하기 위해 무역장벽이 변하지 않은 제3국과의 교역을 확장해야 한다. 이를 위해 기존의 동남아시아국가연합ASEAN과의 자유무역협정을 업그레이드하고 신남방정책을 지속해야 한다. 또한 남미, 아프리카 등과 새로운 자유무역협정을 통해 글로벌 사우스Global South*와의 경제협력을 확대해야 한다. 그리고 환태평양경제동반자협정CPTPP과 다자간 임시 상소중재약정MPIA에 가입하여 환태평양 국가와 유럽과의 연대를 강화할 필요가 있다. 이는 강대국의 일방주의를 견제하면서 새로운 규칙에 기반을 둔 무역 질서의 설립에서 한국이 중견국가로서 그 역할을 확대하는 길이기도 하다.

## 탄소중립을 위해 배출권 거래제도를 재정비해야 한다

◆ ◆ ◆

탄소중립으로 가는 길에는 수많은 어려움과 고통이 따른다. 그럼에도 피할 수 없는 길이라면 어려움과 고통을 딛고 그 안에서 기회를 만들어야 한다. 탄소중립은 이전 기술과 산업을 파괴하지만

---

* 글로벌 사우스: 비서구권, 개발도상국 또는 제3세계 국가들을 통칭하는 용어

동시에 새로운 기술과 산업에 대한 수요를 발생시킨다. 따라서 한국은 탄소중립이라는 글로벌 가치와 기준에 따르는 새로운 기술과 산업에서 기회를 만들어가야 한다.

물론 한국의 과학기술 역량은 아직 근원적 기술을 개발하기에 부족하다. 그러나 파괴와 교체의 시기에 열리는 기회의 공간을 신속하게 포착할 능력은 충분하다. 게다가 이는 가까운 미래에 한국의 제조업이 다시 한번 도약하는 길이다. 또한 새로운 산업을 위한 투자의 증가는 약화된 내수시장에 다시 활기를 불어넣을 수 있고, 이는 무역의 부진을 상쇄하는 방법이기도 하다. 이에 정부는 신산업 육성을 위한 투자 정책과 함께 친환경 산업의 국내 시장을 확대하는 정책을 마련해야 한다. 주요 친환경 산업에서 한국의 제조업이 우위를 점하지 못하면 세계시장의 확보는커녕 내수시장마저 외국의 친환경 산업에 장악당하게 된다.

탄소중립에 속도를 올리고 동시에 친환경 산업의 국내 시장을 확대하는 좋은 방법은 탄소 가격을 꾸준히 올리는 것이다. 탄소 가격을 올리기 위해서는 탄소 배출량에 세금을 부과하거나 배출권거래제도를 이용할 수 있다. 국가는 매년 대상 사업체에 정해진 기준 내에서 온실가스의 배출을 허용하는 온실가스 배출권을 할당한다. 일부는 무료로 배분하고 나머지는 사업체가 경매시장에서 국가 혹은 다른 사업체로부터 구매해야 한다. 즉 무료로 배분받은 배출권의 양을 초과하는 온실가스를 배출하려면 경매를 통해 배출권을 추가로 구매해야 한다. 이 제도는 국가가 온실가스 감축 목표를 관리하는 데 무척 유용하다. 그리고 효율적인 탄소 가격을 시장이 알아서 찾아주는 장점도 있다.

이미 한국에는 총탄소배출량의 70% 이상을 커버하는 배출거래

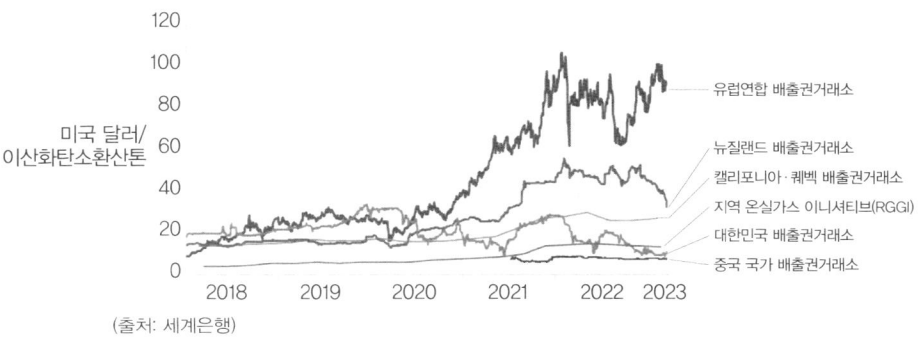

**온실가스 배출권 가격**

미국 달러/
이산화탄소환산톤

유럽연합 배출권거래소
뉴질랜드 배출권거래소
캘리포니아·퀘벡 배출권거래소
지역 온실가스 이니셔티브(RGGI)
대한민국 배출권거래소
중국 국가 배출권거래소

2018  2019  2020  2021  2022  2023

(출처: 세계은행)

제도가 존재한다. 그런데 그 실효성은 실망스러운 수준이다. 허용되는 총배출량이 관대한 데다 대부분의 배출권이 무료로 배분되기 때문이다. 이런 이유로 현재 한국에서는 배출권거래제도가 기업의 탄소 감축 노력에 미치는 영향력은 미미한 수준이다. 그림 「온실가스 배출권 가격」은 배출권거래제도를 시행하는 국가들의 배출권 가격 동향을 보여준다. 한국의 배출권 가격은 유럽연합EU 가격의 10분의 1에 불과하다. 심지어 2022년 이후로는 매년 하락하고 있다.

 탄소중립으로 가기 위해서는 실효성이 바닥난 배출권거래제도를 재정비하고 긴장감을 더욱 자극해야 한다. 무료로 배분하는 배출권의 비중을 축소하고 허용하는 총배출량을 국가 감축 목표에 맞는 속도로 감소해야 한다. 배출권 가격이 오르고 전기 가격이 상승해야 주택의 지붕과 아파트의 발코니에 태양광 패널이 설치되고 온실가스 배출을 최소화하는 새로운 공법과 탄소포집 장치에 대한 기업의 투자가 증가하게 된다. 또 자동차 온실가스 배출에 대한 규제가 강화되어야 전기차와 배터리 산업이 빠르게 성장한다.

 물론 고통을 감내하는 시기에는 그에 상응하는 비용이 발생한다. 물가 상승으로 국민이 힘들어하고 기업의 생산비가 증가할 것이다. 이러한 서민의 고통을 완화하기 위해 에너지 지출 비중이 높은 저소득층에 대한 보조금이 필요하다. 또한 다른 국가의 산업정책에 대응하기 위해 친환경 산업에 보조금이나 세액공제를 제공할 필요도 있다. 그런데 이러한 비용을 국가가 온전히 책임질 수도 없고 그래서도 안 된다. 미국처럼 보조금만으로 친환경 산업을 육성하는 것은 한국의 재정 현실에 맞지 않기 때문이다. 따라서 배출권의 무료 배분을 줄이고 가격을 인상하는 등의 온실가스 배출에 대한 규제를 강화함으로써 일거양득의 효과를 노려야 한다. 배출권의 가격이 부담스러운 기업은 최선을 다해 온실가스 배출량을 줄일 것이다. 더불어 친환경 기술에 투자를 늘리며 자발적으로 탄소중립을 향해 나아갈 것이다. 또한 정부는 배출권 판매에서 생긴 재정수입을 저소득층과 친환경 산업에 대한 보조금의 재원으로 쓰면 된다.

## 고령화와 인공지능 시대를 모두 준비해야 한다

◆ ◆ ◆

고령화와 인공지능에 대하여 두 개의 화두가 존재한다. 첫 번째 화두는 고령화가 심화하면 청장년 인력이 부족해진다는 것이다. 실제로 고령화가 최고조에 이른 일본에서는 구인난으로 청년들이 쉽게 일자리를 구하고 호텔은 종업원 부족으로 손님을 받지 못한다. 두 번째 화두는 인공지능이 인간을 대체함에 따라 인력이 남아돌고 대량 실업이 발생한다는 것이다. 완전히 반대인 극과 극의 예측 중에 우리가 맞게 될 미래는 과연 어떤 모습일까? 둘 중 하나의 미래를 선택해야 한다면 과연 어떤 미래가 더 나을까?

인공지능이 인간을 대체하는 미래가 과연 어떤 모습일지 정확한 예측은 어렵다. 단순한 추론을 넘어서서 연구개발, 기술혁신, 조직적 업무수행까지 가능한 범용 인공지능이 탄생한다면 공상과학 영화에서 보던 기계의 시대가 올 수 있다. 그러나 다행히도 수십 년 안에 이런 세상이 실현될 가능성은 그리 크지 않다. 노벨 경제학상 수상자인 대런 아세모글루Daron Acemoglu와 인공지능의 대가인 에릭 브린욜프손Erik Brynjolfsson은 인공지능 과학자들이 인간을 완전히 대체하는 방법에만 몰두하고 인간의 능력을 보강하는 기술 개발을 소홀히 하는 개발의 추세는 인류에 불행한 결과를 가져올 것으로 경고한다. 그러나 대런 아세모글루가 본인의 연구에서 밝혔듯이 산업 로봇, IT, 초기 인공지능 등 과거의 자동화 혁명은 기계가 인력을 대체하는 방향으로 발전해 왔다. 미래에도 그럴 가능성이 크다. 우선 의사결정에 필요한 정확한 자료를 빠르게 찾아 판별하고 전문 분야에서 필요한 방대한 작업을 빠르게 시행하고 추론과 창조가 어느 정도 가능한 인공지능이 상용화되면서 다양한 분야의 인력을 대체할 것이다. 또한 인공지능은 로봇과 결합하여 많은 종류의 육체노동 수요도 감소시킨다. 이렇듯 인공지능이 인간의 업무를 보완하거나 대체하면 분명 경제 전체의 생산성은 커질 것이다. 그러나 인공지능이 인간을 대신하는 만큼 인력의 고용과 임금을 감소시키고 소득불평등을 악화시킬 가능성이 크다.

한편 앞의 두 가지 시나리오가 동시에 발생한다면 어떻게 될까? 청장년층 인력이 감소하면 이들 연령대의 인력이 부족해지고 그 결과 임금 상승 현상이 일어난다. 동시에 경제 전체의 생산성이 하락하면서 경제성장률도 하락한다. 이는 앞에서 살펴본, 한국 경제의 중대 위협 요인이다. 그런데 이러한 현상과 인공지능이 인력을 대체하는 현상이 동시에 일어나면 각각의 부작용이 상당 부분 상쇄될 수 있다. 이는 인력 고령화로 인한 생산성 증가율과 1인당 소득 증가율의 하락을 상당 부분 방지할 것이다. 동시에 인공지능으로 인한 임금 하락과 소득불평등의 심화도 어느 정도 해소될 것이다.

앞서 얘기했듯이 한국의 소매·음식·개인서비스는 한국의 제조업과 비교할 때 노동생산성이 무척 낮은 산업이다. 다른 국가의 동일 서비스 산업과 비교할 때도 마찬가지다. 게다가 이들 서비스 산업은 소득이 평균 임금 근로자보다 낮은 영세한 자영업자가 주축을 이루는 산업이다. 이 산업은 오랫동안 제조업에서 일자리를 잃은 근로자들을 흡수하는 역할을 했다. 그러나 코로나19와 유통 산업 온라인 플랫폼의 활성화로 자영업자들이 점점 갈 곳을 잃고 있다. 2025년 통계청의 발표에 따르면, 창업 후 5년을 버티지 못하고 폐업하는 자영업자가 약 73%에 달한다. 소비패턴의 변화와 인건비 상승, 산업구조 변화, 경기침체 등 여러 복합적인 이유가 있으나 무엇보다 자영업의 과잉공급을 빼놓을 수 없다. 한국은 전체 취업자 중 23% 정도가 자영업자이다. 이는 미국(6.1%), 일본(9%), 독일(10%) 등의 선진국과 비교할 때 2배에 달하는 수준이다. 이러한 과잉공급에 따른 경영난은 과잉경쟁을 부르는 악순환을 일으켰다. 그 결과 이들 산업은 한국 경제의 생산성을 더욱 침체시키고, 심각한 사회보장의 문제까지 발생시키고 있다.

자영업의 대표 분야인 소매·음식·개인서비스 산업은 장기적으로 대기업의 온라인 플랫폼에 연계되거나 흡수될 수밖에 없다. 이러한 변화를 외면하거나 거부해서는 안 된다. 고통이 따르더라도 현실을 직시하고 그에 걸맞은 변신을 국가가 나서서 준비해야 한다. 유통과 보관에서의 규모의 경제와 정보 처리에서 인공지능의 힘이 결합하면 자영업자의 피해보다 더 큰 이익을 사회에 제공할 수 있다. 앞으로 자율주행차, 드론, 도심항공모빌리티, 로봇, 공중물류센터 등의 미래 기술이 도입되면 이러한 가능성은 더욱 커질 것이다. 기존 소규모 자영업자에게 이러한 변화는 엄청난 충격이자 위협이 될 수 있다. 그러나 이러한 변신이 이루어져야 서비스 산업의 생산성이 커지고 한국 경제의 지속 성장이 가능해진다. 정부는 기술 변화 피해자의 고통을 완화하기 위해 보조금을 지급할 수 있다. 그러나 보조금은 자영업의 지속이 아니라 악순환의 고리를 끊는, 탈출에 대한 보조금이 되어야 한다. 또한 성장과 분배의 문제는 사회보장 제도를 통하여 분리해야 한다.

인구 고령화로 폭발적인 증가가 예측되는 보건·사회복지 산업의 문제는 더욱 심각하다. 이 산업의 크기는 앞으로 부가가치 비중에서 제조업을 능가할 수 있다. 여기서도 폭증하는 인력 수요와 의료·돌봄 서비스 비용을 억제하기 위해서 인공지능에 기대야 한다. 인공지능은 온라인 의료 서비스와 착용 가능 디지털 기기와 결합하여 생산성을 획기적으로 끌어올릴 수 있다. 인공지능은 행정 비용과 의사 진료 시간을 감소시키고 진단의 상당 부분을 가정이나 약사에 위임할 수 있게 해준다. 한국에서 의사 수요의 폭증을 막는 것은 보건 산업만의 문제가 아니다. 세계 최저의 출산율로 우수 인재의 절대수 역시 급속하게 감소할 것이다. 이런 상황에서 우수 인재의 대부분이 의사가 되는 상황을 막는 것은 한국의 미래 산업을 양성할 과학 인재를 확보하는 길이기도 하다.

## 산업정책의 큰 틀과 원칙부터 수립해야 한다

◆ ◆ ◆

한국의 정치가들은 보수와 진보를 막론하고 전략 산업 육성, 위기 산업 구제, 기후 대응, 인공지능 확산을 위한 정부 보조금 증가를 제안하고 있다. 한국의 미래를 위해 당연히 필요한 정책들이지만 다급하다고 하여 임기응변식으로 추진되어서는 안 된다. 이러한 산업정책들은 반드시 큰 틀에서 원칙을 가지고 시행되어야 한다.

첫째, 큰 예산이 소요되는 보조금이나 세액공제는 재원 확보 방법을 동시에 제시해야 한다. 그래야 한정된 재원 사용의 우선순위와 산업 간 배분에 합리성이 형성되고 재정 적자 폭증을 방지할 수 있다.

둘째, 산업정책 간의 충돌이나 어긋남이 발생하지 않도록 조화와 일관성 등을 고려해야 한다. 예를 들면 석유화학을 구제하고 반도체와 인공지능 산업을 육성하는 일은 기후 대응 정책과 충돌할 수 있다. 이러한 부분들을 충분히 고려하여 시행착오를 줄이고 완성도 있는 정책을 준비해야 한다.

셋째, 각 산업에 대한 지원액을 법률로 규정하는 것보다 민관 협력 펀드를 통한 지원을 증가해 재원의 배분과 투자 대상 결정에 시장이 적극적으로 참여하도록 해야 한다.

넷째, 제조업과 서비스 산업을 포괄하는 큰 틀의 산업정책을 준비해야 한다. 현재 다급히 제기되는 산업정책이 대부분 제조업을 중심으로 하고 있다. 위기가 제조업 중심으로 형성되기 때문이다. 그러나 증가하는 제조업의 무역장벽을 우회하고 내수 증가와 신산업에서의 수출을 선도하려면 서비스 산업을 포함한 산업구조 전환 정책이 논의되어야 한다.

# 한국 경제가 직면한
# 인구 위기에 대응해야 한다

현재 한국 경제는 다각적 차원의 문제가 얽혀 있는 복합위기를 맞고 있기에 모든 영역에 대한 대응을 한 번에 할 수는 없다. 그러나 어디서부터든 엉킨 실타래를 푸는 실체적 변화를 시작해야 한다. 막막하고 암담하다고 하여 대응을 머뭇대다간 영원히 수렁에서 빠져나올 수 없는 상황을 맞게 될 수도 있다. 특히 인구 위기는 대응이 시급한 위기임에도 그 시작이 매우 어렵다. 우선 저출산 문제는 기존에 축적된 사회 경제적 요인에 기인한 개인적 선택의 결과이기에 그 추세를 되돌리기가 어렵다. 설령 현재의 출산 결정에 유효한 영향을 미치는 정책이 있다고 해도 그 결과가 경제적 효과로 나타나기까지는 20~30년 이상의 시간이 걸리기에 장기적 호흡과 인내가 필요하다.

이런 면에서 인구 위기는 기후 위기와 매우 닮아있다. 기후 위기 대응 정책은 원천적인 탄소 감축mitigation 방안과 그 과정에서 기후와 관련한 문제를 최소화하는 적응adaptation 방안으로 구분된다. 인구 위기 대응 정책 역시 원천적인 출산율 제고와 같은 축소경제의 원인 감축 방안과 축소경제에서 발생하는 문제를 최소화하는 적응 방안으로 나누어 접근해야 한다. 그리고 기후 위기 대응에서 감축 보다는 적응이 더 실효성이 크고 시급한 것처럼 인구 위기 역시 적응 정책 대응이 더 시급하다. 가장 시급한 인구 위기 적응 정책은 연금 구조개혁과 노동 거버넌스 리밸런싱이다. 그리고 실효성이 기대되는 감축 대응책으로는 이민 개방 및 국제경제 활동 허브 역할 활성화 등의 한국 '국제화의 새로운 시대 전환'을 들 수 있다. 더불어 가장 어렵지만 본질적으로 합계출산율 자체를 촉진하는 감축 방안으로 더 나은 '가족 형성 환경' 지원 관점의 종합적 대응 방안이 필요하다.

## 축소경제 시대 대비 연금 구조개혁이 필요하다

◆ ◆ ◆

축소경제 시대에 대비한 가장 시급한 과제는 연금제도의 틀을 바꾸는 것이다. 현행 연금제도가 도입된 1988년에 한국은 합계출산율 1.55로 이미 저출산국이었다. 그럼에도 무리하게 보험료율 3%, 소득대체율 70%라는 비상식적인 모수로 연금제도를 시작했다. 도입 초기에는 연기금이 상당 기간 쌓이기만 했기에 근본적 문제를 덮고 넘어갔다. 그리고 그 후 모수 조정만 하는 두 차례의 개혁이 있었으나 모두 미봉책이었을 뿐이다. 그나마 다행인 것은 모수개혁이 지속 불가능하다는 인식이 확산하면서 연금의 구조개혁 필요성에 대한 논의가 시작되었다는 것이다. 하지만 현재 시중의 논의는 '축소경제 맥락에서' 연금의 본질과 지속가능성에 관한 정확한 인식이 부족해 혼란을 겪고 있다.

한국개발연구원이 제시한 '코호트별 확정기여형 모형CCDC'은 구조개혁안의 한 예이다. 이는 세대별로 각 세대 내에서 기대수익 1을 유지하며 연금을 운용해 연금 수급의 세대 간 연결을 끊음으로써 인구구조 변화의 영향을 원천적으로 차단하는 방안이다. 연금 재정 수급 관점에서 매우 실효적인 아이디어다. 하지만 연금에는 두 가지 기능이 있다. 하나는 사회보험 기능이고 또 다른 하나는 세대 간 재원 배분의 연결이다. 축소경제에서 이 두 가지 기능을 동시에 만족시킬 방법은 없다. 한국개발연구원의 코호트별 확정기여형 모형은 전자를 택하고 후자를 버리자는 아이디어다. 하지만 연금의 본질은 세대 간 연결이기에 원천적으로 차단하기 어렵다. 그러면 연금이라기보다는 하나의 사회보험 또는 코호트 내의 사망보험이며 '연금' 개혁안으로 보기 어렵기 때문이다.

현재 한국에서 시행 중인 '부과방식pay-as-you-go 연금'의 본질은 중첩 세대 경제환경에서 세대 간 재원 배분을 연결하는 것이다. 즉 부모 세대가 재원이 없는 자녀 세대에게 보육과 교육 투자 등 지출을 하고 그 자녀 세대가 장성하여 소득이 생길 때 부모 세대의 노후에 재원을 이전하는 방식이다. 연금제도가 도입되기 전에는 이러한 세대 간 재원 보전은 개별 가정 단위에서 이루어졌기에 인구구조 변화에 의존하지 않았다.

연금제도는 이러한 세대 간 재원 배분의 이익을 사회 전체로 모아 '생애주기 소비 평활화life-cycle consumption smoothing' 효과에 사회보험 효과를 더한 것이다. 이 방식이 사회구성원이 모두 합의하는 사회계약으로써 성립하려면 자녀 세대가 노인이 되었을 때 자신의 자녀 세대가 본인을 부양할 수 있다는 기대가 있어야 한다. 그런데 축소경제에서는 이 기대가 성립하지 않는다. 이러한 상황에서 현재 청년 세대에 현행 부과방식 연금제도를 유지할 것을 요청할 경우 연금 재정의 지속가능성이 문제가 된다. 그리고 무엇보다 이는 세대 간 갈등의 원천이 된다.

한편 한국의 합계출산율이 0.7이라는 것이 모든 부부의 평균 자녀 수가 0.7임을 의미하지 않는다. 실제로 자녀를 출산하는 가정의 평균 자녀 수는 2.3명이다. 한국의 합계출산율이 0.7대인 주요 원인은 무자녀 가정 유형이 절반에 육박하는 데 있다. 한국은 2020년에 이미 미혼 여성 비중이 3분의 1을 넘었고 기혼 무자녀 여성 비중이 14%를 넘었다. 즉 한국의 합계출산율이 0.7대인 이유는 무자녀 가정의 비율이 매우 높기 때문이지 유자녀 가정의 자녀 수가 인구대체율에 못 미치기 때문은 아니다.

이렇듯 전체 인구가 유자녀 가정 인구 그룹과 무자녀 가정 인구 그룹 두 유형으로 나뉜 상황에서 현행 연금제도를 모든 사회구성원에게 '일률적으로' 시행하는 것은 연금 혜택의 형평성 문제도 발생시킨다. 유자녀 부모는 보육과 교육에 들어가는 비용은 물론이고 시간과 건강의 기회비용 및 정신적 에너지를 들여 자녀를 키운다. 그런데 그렇게 키운 내 자녀가 매달 꼬박꼬박 수십 년 동안 낸 연금이 내게 충분히 돌아오지 않고, 그 모든 비용을 지불하지 않은 미혼 혹은 기혼 무자녀 수령자에게 지급된다면 매우 상실감이 클 것이다. 심지어 이런 상황을 혼인과 출산 전에 예상한다면 혼인과 출산을 회피하는 무임승차 결정을 하는 사람도 생길 것이다. 이는 출산율을 더욱 떨어뜨리며 심각한 악순환을 일으킬 수 있다. 따라서 재정 지속가능성 관점이나 연금 혜택의 형평성 관점에서 현행 일률적 부과방식의 연금 제도는 축소경제에서는 유지가 어렵다.

연금의 세대 간 자원배분 연결 효과를 유지하려면 연금 적용 범위를 세대 간 연결이 가능한 그룹, 즉 인구대체율 이상의 자녀를 출산한 가구들로 한정할 필요가 있다. 앞서 언급한 바와 같이 기혼 유자녀 가정의 평균 자녀 수는 2.3명으로 인구대체율을 초과하므로 재정 지속가능성도 보장되며 형평성 문제도 줄어든다. 무자녀 가정 인구 그룹을 대상으로는 미국의 401K와 같은 개인 저축 연금제도를 활성화해 별도의 연기금을 조성하여 그 가입자 그룹 내에서 사회보험의 기능을 갖추고 생애주기 소비 평활화를 하면 된다. 물론 유자녀 가정 인구 그룹이 개인 저축 연금제도 가입을 추가로 원할 때는 그 길을 열어두면 된다. 이와 같은 '이원적 연금제도'로 전환하는 구조개혁이 연금의 재정 지속성과 형평성 문제를 해결할 수 있다.

현행 연금제도에서 모수개혁이 불가능한 상황이라면, 연금제도 완전 폐지보다는 이같이 이원적 연금제도를 시행하는 것이 더 낫다. 이는 구조개혁에 따른 이행기 재정 부담도 줄일 수 있다. 게다가 이러한 이원적 연금제도를 도입한다면 다양한 연금 참여 옵션을 갖기 위해 결혼과 출산이 제고되는 효과까지 가져올 수 있다. 즉 '이원적 연금제도' 도입은 인구 위기 '적응' 대책일 뿐 아니라 축소경제 강화 경향을 줄이는 인구 위기 '감축' 정책으로 선순환 구조를 형성할 가능성도 크다.

## '노동 개혁'을 넘어 '노동 거버넌스 리밸런싱'이 요구된다

◆ ◆ ◆

저출산과 고령화에 따른 세대 간 인구 불균형은 연금 지속가능성뿐 아니라 노동시장에도 이중의 충격을 준다. 축소경제를 가늠할 궁극적 척도는 신생아 수다. 신생아 수는 1960년대에 비해

2024년에 이미 4분의 1토막 났다. 게다가 2012년부터 생산가능인구가 꾸준히 감소해 노동공급 문제도 매우 심각한 상황이다. 급속한 고령화로 인한 노동생산성 감소와 일자리 질 악화도 예상된다. 따라서 축소경제에 진입한 한국은 노동 문제와 관련된 균형을 재조정하여 노동력 공급, 노동생산성, 그리고 노동자 삶의 질 제고 문제를 재검토해야 한다. 경제활동가능인구가 줄어드는 축소경제에서는 대내외 충격을 흡수할 완충력이 점차 약화되고 문제 해결을 뒤 세대로 미루기가 더욱 어려워진다. 그 결과 대내외 충격이 노동시장의 경직성과 비효율성으로 인해 성장과 분배에 미치는 악영향이 세대를 거치며 증폭하게 된다.

연금 지속가능성 문제와 노동력 부족 문제를 동시에 해결하는 가장 효과적인 단기 대응 방안은 정년 연장이다. 정년 연장은 연금 구조개혁 시 구제도에서 신제도로 이행하는 기간에 발생할 국가재정 부담의 충격을 줄이는 매우 효과적인 방법이다. 게다가 정년 연장은 기대수명 증가로 인해 더욱 심각해진 노후 소득 대책이 된다. 취업 기간이 늘어난 만큼 연금을 받지 않고 오히려 연금을 납부하게 되므로 연장되는 정년 연수의 2배에 해당하는 연기금 지출 부담을 줄이는 효과가 있다. 따라서 정년 연장은 연금 구조개혁의 여지를 크게 해준다. 다수 경제협력개발기구OECD 선진경제에서는 이미 노인의 정의를 수정하고 정년 연장도 시행하고 있다. 구체적으로 미국과 영국은 1986년과 2011년에 정년제 자체를 이미 폐지했다.

근로자의 정년을 법으로 규정한 경제협력개발기구OECD 국가는 한국과 일본 정도이다. 일본은 2021년 관련법 개정을 통해 기업은 70세 고령자까지 '취업'할 수 있는 조치를 마련해야 한다고 정했다. 다수 경제협력개발기구OECD 국가에서 실질적 정년 연령으로 받아들이고 있는 연금수령 개시 연령을 프랑스에서는 64세, 독일에서는 67세로 올렸다. 한국과 소득 수준이 비슷한 대만 역시 2024년에 65세 정년제를 폐지했다. 한국은 경제협력개발기구 OECD 최저 출산율을 보이고 기대수명도 평균보다 압도적으로 높음에도 정년 연장 논의는 더디기만 하다. 한국의 인구 위기 심각성을 아직도 많은 사람이 체감하지 못하고 있는 이유가 크다. 또한, 정년 연장에 따른 청년 일자리 침해에 관한 걱정도 중요한 이유일 것이다.

청년 실업 역시 심각한 사회 문제이므로 간과할 수 없는 부분이다. 그런데 정말 이 걱정이 실체가 있는 걱정인지 냉철하게 판단할 필요가 있다. 우선 경제 규모보다 노동공급 규모가 더 빠르게 줄고 있어 현재 노동시장은 줄어들고 있는 청년 인력만으로는 일손이 부족한 상황이다. 과연 이러한 노동시장의 상황을 뒤집을 정도로 정년 연장이 노동의 과잉공급을 일으키는지 의문이다. 또한 고령자가 진입할 수 있는 노동시장과 청년이 진입하려는 노동시장이 대체 관계인지도 의문이다. 현재 청년 실업 문제는 노동 수급의 미스매치와 저성장과 같은 별도의 구조적인 문제에 기인한 것이다. 그러므로 고령자의 노동시장 진입이 이 문제를 악화하지는 않을 것이다. 게다가 모든 청년은 결국 노인이 되기에 정년 연장의 문제는 청년 자신의 문제이기도 하다. 갈수록 연금 재정의 지속가능성 문제가 커지고 기대수명도 더 늘어나는 상황에서 청년 세대도 자신이 60~65세에 정년퇴직하여 소득 활동이 멈추거나 제한되는 것을 원하지 않을 것이다. 또 당장 정년 연장으로 청년 세대의 노년 세대에 대한 연금 지출 부담이 줄게 되는 장점도 크다.

물론 정년 연장은 인구 위기의 급한 불을 끄는 대책일 뿐 근원적인 해결법은 아니다. 축소경제에 적응하는 근본적인 대응 방안은 노동시장의 유연성과 고용 안정성 간의 '균형'을 재조정하고 실행할 수 있는 제도와 노동 거버넌스 자체의 개선이다. 기업 거버넌스 문제가 경제의 균형에 중요하듯이 노동 거버넌스 역시 경제의 균형에 중요하다. 이는 이제껏 논의해 온 노동 개혁을 넘어선 더욱 포괄적 차원의 노동 거버넌스 리밸런싱을 의미한다. 노동은 사람이 관련된 영역이어서 일반 상품과는 다른 차원의 자원이다. 따라서 노동의 자원배분 문제는 단순히 시장에 의해서만 결정되는 것이 아니라 시장, 정부, 기업, 노동자 등 각각의 이해 그룹이 저마다의 역할을 한다. 그래서 이해 그룹 간의 거버넌스가 매우 중요하다. 지금까지 진행된 노동 개혁이 이렇다 할 성과를 내지 못한 큰 이유는 이러한 노동 거버넌스라는 종합적 인식과 틀의 부재 때문이다. 즉 각각의 이해 그룹이 자신만의 시각으로 주장을 하니 균형을 찾는다는 개념이 성립하지 않는다. 이 경우 남는 것은 대립과 힘겨루기뿐이다.

좋은 경제정책은 선한 의도만으로는 부족하다. 일례로 한국은 노동자 권익 향상과 양질의 일자리 창출을 목적으로 비정규직법을 시행했다. 하지만 이 개혁은 오히려 비정규직을 양산하고 소득분배 악화를 가져왔다. 이러한 선한 사마리아인 정책의 모순은 시장의 수요공급자 간의 피드백을 통해 경제가 새로운 균형점으로 이동하는 것을 간과하기에 발생하는 현상이다. 이는 선한 정책 의지만으로는 이길 수 없는 힘이다. 한국 노동시장의 경직성 문제를 논할 때 대부분이 노동시장 규제와 관련된 제도만 얘기한다. 해고의 어려움, 52시간 근무제, 가파른 최저임금 인상, 비정규직법 등의 규제는 노동시장이 수요공급 원칙에 의해 작동하기 어렵게 하는 요인이다. 하지만 이러한 제도장치가 있는 이유는 여느 상품시장과는 달리 노동시장은 사람과 관련한 것이기 때문이다. 따라서 시장 원리만으로 노동시장 규제제도의 적부를 따지는 것은 본말이 전도된 사고방식이다.

그렇다면 노동자의 후생과 권익을 보호하기 위해 노동'시장'에 이러한 규제를 부과하는 것이 과연 효과적인가? 이는 실효성 관점에서 신중하게 짚어봐야 할 또 다른 질문이다. 비정규직법에 따른 각종 규제가 오히려 비정규직을 양산했고 이를 교정하기 위한 비정규직 전환 규제가 일자리 접근성을 제약했다. 이러한 왜곡은 규제의 보호 밖에 있는 노동자에게는 피해를 주었고 속도 조절에 실패한 최저임금 인상은 소상공인의 삶에 결정적인 해를 끼쳤다. 경직되고 일률적인 52시간 근무제는 유연하게 움직여야 할 첨단 산업의 혁신 경쟁력을 약화해 궁극적으로 지속적인 새로운 일자리 창출을 막는다. 시장 규제의 실효성에 관한 판단은 명목적 취지보다는 결과가 합목적인가가 중요하다.

비정규직 노동자와 정규직 노동자, 소상공인과 창업자, 그리고 청년 세대와 기성세대 모두가 각자의 권익이 보호되어야 할 '사람'이다. 그래서 이 '사람' 사이에 얽혀 있는 이해 상충관계의 균형을 어떻게 잡을 것인가가 관건이다. 시장은 이러한 이해 상충관계를 조정하는 하나의 자원배분 기제일 뿐이다. 다양한 집단 간 이해 상충관계를 조정하는 기제는 시장 외에도 정부와 공동체 규범이 있다. 한국 사회에서 노동 개혁이 어려운 근본적인 이유는 이러한 이해 상충관계 조정을 모두 시장과 기업에 맡기고 정부와 공동체 규범은 소극적 태도를 보이기 때문이다.

시장은 시장의 역할, 정부는 정부의 역할, 공동체 규범은 공동체 규범의 역할을 각자의 영역에서 제대로 해야 한다. 그래야 '노동'의 효율적 생산과 '노동자'의 인간다운 삶의 보장이 균형을 잡을 수 있다. 즉 노동시장은 시장 원리에 따라 돌아갈 수 있게 유연한 고용을 허용해 주어야 한다. 그리고 정부는 노동시장의 진입과 퇴출 이행기에 있는 노동자의 생활 보장과 재진입 역량 강화를 지원하는 역할을 적극적으로 감당해야 한다. 한국 기업에 지나치게 경직되거나 때로는 비합리적인 해고 기준이 적용되는 것은 '고용안정' 차원에서 실업 혹은 노동시장 진입·퇴출 이행기의 노동자를 보호해야 할 정부의 역할을 모두 시장에게 떠넘기는 것과 같다.

이 경우 회사는 생산성이 낮거나 직무가 미스매치되었거나 도덕적 해이를 보이는 직원이 회사에 끼치는 손실을 고용안정이라는 명목으로 떠안아야 한다. 이는 투자자뿐 아니라 같은 회사에서 열심히 일하는 다른 노동자에게 피해를 주는 일이다. 기업에 해고의 권한이 없어 시장이 이 부담을 떠안게 될 경우, 이로 인한 비효율의 부담은 기업이 감당해야 한다. 더욱 정확하게는 같은 직장의 성실한 노동자와 노동시장 진입 혹은 재진입을 시도하는 잠재 노동자가 이러한 비효율의 부담을 고스란히 감당하게 된다. 한국 경제의 청년 실업 문제의 본질은 여기에 있다. 규제의 부담으로 무거운 노동시장이 제 역할을 하지 못하기에 청년들의 노동시장 진입이 더뎌지는 것이다.

한국 경제에서 강화되어야 할 것은 사회안전망이지 고용안전망이 아니다. 철저하게 방지해야 할 것은 부당 해고이지 해고 자체가 아니다. 그리고 사회안전망 제공과 부당 해고 방지는 정부가 주도적으로 역할과 비용 부담을 해야 하는 영역이다. 한국 경제는 이러한 노동 거버넌스와 관련해 정부와 기업 간 역할의 리밸런싱을 통해 효과적으로 시장은 시장의 기능을 하고 정부는 정부의 기능을 수행할 수 있는 제도 개혁이 필요하다.

또한 한국 경제는 기업 내 고용주와 노동자 간 공유해야 할 공동체 규범의 리밸런싱도 필요하다. 현실에서 '기업'은 노사관계에서 사주 측을 대변하는 용어로 쓰는 경우가 많다. 하지만 실제 경제학에서 기업firm의 개념은 단순히 고용주나 생산 관계만을 의미하지 않는다. 기업은 시장에서 발생하는 거래비용을 줄이기 위해 시장과는 별도의 조직을 구성하는 '연합 공동체coalition'다. 한국 기업에는 이러한 인식이 부족해 '기업문화'라는 개념이 미약하고, 노사갈등 상황에서 기업문화가 이를 조정해주는 공동체 규범의 역할을 제대로 하지 못한다. 노동시장의 이중구조와 기업 간 수직적 분업이 문제가 되는 이유는 현상 자체보다 '기업'의 존재에 대한 공동체적 인식과 제도의 부재와 관련이 있다. 이 역시 노동 거버넌스 리밸런싱이 필요한 부분이다. 이러한 공동체 인식이 존재할 때 수직 분업화로 인한 기업 간 불공정 시장 거버넌스 문제도 해결의 실마리를 찾을 수 있다.

각 영역에서의 노동 거버넌스 리밸런싱이 일어나지 않을 때 나타날 노동시장 왜곡과 취약한 사회안전망이 초래할 부負의 효과가 축소경제에서는 치명적일 수 있다. 현재 노동시장의 균형이 재조정되지 않으면 지속적 혁신과 투자·고용 창출이 이루어지지 않고 저성장과 격차경제는 더욱 악화할 것이다. 이때 기업가와 노동자가 할 수 있는 한 가지 선택은 이민이다. 이러한 인구 유출은 출산율 문제와는 또 다른 차원에서 축소경제를 더욱 강화하는 악순환을 가져올 것이다. 노동 거버넌스 리밸런싱이 되지 않는 한 이 악순환의 고리를 끊어내는 것은 어렵다.

## 한국 경제 국제화로 세계 경제활동의 중심이 돼야 한다

◆ ◆ ◆

축소경제의 근본적 위험은 세대가 지나면서 국내 경제 규모가 체계적으로 줄어든다는 것이다. 특히 세대 간 노동력 규모 감소와 이로 인한 세수 감소는 피하기 어려우며 내수 자본 투자를 지속적으로 유지하기도 어려워진다. 이런 상황에서 축소경제 해결 방안 중 하나는 한국 경제의 국제화를 시대 전환 관점에서 새롭게 질적으로 향상하는 것이다. 노동시장의 국제 개방을 통해 해외 노동력을 한국 경제에 결합하는 방법이 가장 가시적인 효과를 기대할 수 있다. 여기서 말하는 노동시장의 국제 개방은 단순한 이민 활성화와는 다른 차원이다. 효과적인 이민 개방을 통해 양질의 해외 노동력을 확보할 뿐 아니라 전 세계의 문화와 아이디어의 활발한 국제 교류가 한국을 거쳐서 이루어지게 하는 IT 서비스 인프라 구축 등을 포함한 광의의 국제화 개념이다. 즉 전 세계 인구가 한국을 오가며 경제활동을 할 수 있도록 선진적 국제화 제도와 실물 인프라를 구축하자는 것이다.

국제연합UN의 인구전망에 의하면 2100년까지 대부분 선진경제의 합계출산율과 기대수명은 유사한 수준으로 수렴한다. 이러한 전망에도 불구하고, 2100년에 예측되는 각국의 인구증가율은 -1.21%에서 0.27%까지 큰 차이를 보인다. 그리고 그 차이를 결정하는 중요한 변수는 다음의 그림 「순이민유입률 대비 인구증가율 장기 전망」에서와 같이 순이민유입률이다. 1991~2021년 기간의 평균 순이민유입률과 2100년에 전망되는 인구증가율 사이의

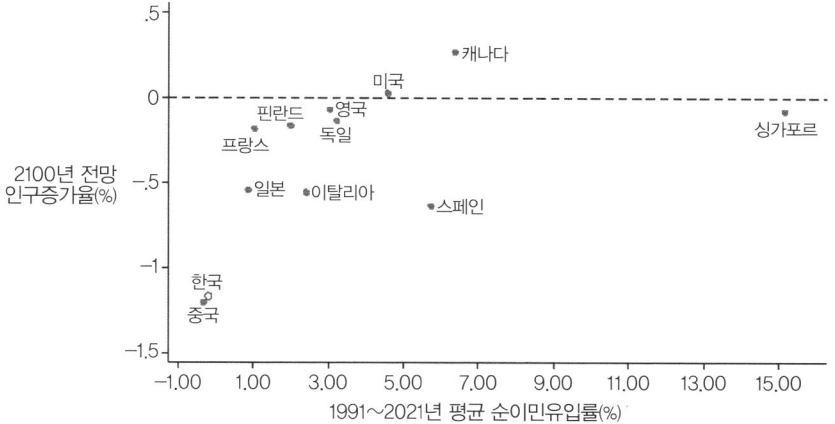

**순이민유입률 대비 인구증가율 장기 전망**

상관계수는 0.51이다. 2100년에 전망되는 인구증가율이 마이너스가 아닌 나라는 미국과 캐나다뿐이다. 2100년에 전망되는 캐나다 합계출산율은 1.57이고 기대수명은 92.5세이다. 이는 한국의 전망치(합계출산율 1.3, 기대수명 93.1세)와 유사하다. 하지만 캐나다의 인구증가율 전망치는 0.27%인 데 비해 한국의 인구증가율 전망치는 −1.17%이다. 이는 양국 간의 이민 개방성 차이에 크게 기인한다.

이민 개방은 쉬운 일이 아니다. 한국 경제에 보탬이 되면서 안정적으로 정착할 수 있는 양질의 이민 초청이 이루어져야 한다. 이를 위해서는 불법 이민을 막는 것은 물론이고 다각적인 법제도 정비와 관리 정책 수단이 필요하다. 1990년대에 초저출산 문제를 해결하기 위해 지나치게 관용적인 난민 수용 정책을 펼쳤던 독일이 결국 이민자로 인해 다양한 사회 문제를 겪는 경험을 간과해서는 안 된다.

또한 한국인의 다양한 문화에 대한 포용력을 향상하는 시민 교육도 필요하다. 그리고 한국에 유익한 잠재적 이민자가 많은 외국 지역에 대한 사전적 교육과 정책적 동화 전략도 펼쳐야 한다. 이를 위해 유럽연합 위원회European Commission의 원조 및 지식공유 전략을 벤치마킹하는 것도 도움이 된다. 유럽연합 위원회는 잠재적 유럽연합EU 회원국에 대해 적극적인 원조와 지식공유를 하면서 정책과 제도를 암묵적으로 미리 조율한다.

이민 개방 활성화를 고려할 때 현재 저출산은 전 세계적인 추세임을 기억해야 한다. 즉 한국뿐 아니라 많은 선진경제에서 양질의 노동력 확보를 위해 이민 초청 경쟁이 시작될 것이다. 따라서 한국이 유럽, 북미, 일본과 비교할 때 이민자에게 도움이 되는 특별한 강점을 갖추고 있어야 한다. 그렇지 않다면 이민 개방 활성화는 한국에 유효한 인구 위기 대응 방안이 될 수 없다. 한국이 타 선진경제보다 뛰어난 분야는 교육과 민간 연구개발R&D 투자다. 출산율이 인구대체율을 초과하는 개도국 그룹에 한국이 교육과 민간 연구개발R&D 투자 분야를 활용해 이민 초청을 한다면 한국으로 이주할 가능성이 커진다. 교육 분야의 경우 현재 많은 대학에서 이미 정부 예산 지원으로 개도국 장학금 프로그램을 시행하고 있다. 그런데 이를 현재처럼 단순히 시혜적 차원에서 무차별적으로 운영해서는 안 된다.

우선 한국과 상생 관계인 국가에 전략적으로 집중하고 개도국 장학금 프로그램도 재구성해야 한다. 장학생들이 충분한 한국어 능력과 전문 직능을 훈련해 졸업 후 한국 노동시장에 유효한 노동력으로 진입하고 정착할 수 있도록 커리큘럼 구성을 개선해야 한다. 또한 고급 인력으로 훈련된 해외 유학생이 한국의 강점인 연구개발R&D 직종에 진출할 수 있는 길을 열어주는 것도 고려해야 한다. 이러한 이민 개방 활성화 정책의 수립 시 명심할 점은 앞서 언급한 연금개혁과 노동 거버넌스 리밸런싱이 우선되어야 한다는 것이다. 연금개혁과 노동 거버넌스 리밸런싱이 이루어지지 않은 상태에서는 이민 개방의 활성화가 인구 위기 완화 방안이 될 수 없다. 한국의 미래가 희망적이지 않은 상황에서 해외 유학생과 이민자는 본인이 원하는 것을 얻은 후 본국으로 돌아갈 것이기 때문이다.

해외 이민 유입을 통한 노동력과 세수 확보는 한국 경제 국제화 시대 전환의 하나의 방안이다. 축소경제에서 근본적인 문제는 인구감소가 아닌 그로 인한 경제 축소이다. 따라서 내국인 인구가 감소하더라도 한국 경제 자체가 활력을 잃지 않게 하는 것이 중요하다. 이러한 관점에서 볼 때 한국을 통해 전 세계의 문화와 아이디어가 교류되는 장을 제공하는 경제로 '구조 전환structural transformation'을 하는 것이 더 근본적인 한국 경제의 국제화 시대 전환 방안이 될 수 있다. 이를 위해서는 서비스·제조업 융합 혁신이 필요하다. 즉 한국 경제가 효율적인 IT 서비스와 플랫폼 서버 인프라 구축을 통해 전 세계의 문화와 아이디어의 교류와 소통을 활성화시키는 역할을 하는 경제로 전환한다면 세계 경제활동이 한국을 거쳐 이루어지게 되어 큰 부가가치가 창출될 것이다.

이는 국제무역과 투자 확대를 통해 한국의 경제 성장을 견인했던 과거의 성장 전략과는 다른 차원이다. 한국이 세계 경제의 연결 통로가 되어 세계 인구가 오가는 경제로 전환하자는 것이다. 이러한 면에서 현재 진행 중인 다양한 '한류' 현상은 매우 좋은 기회이다. 국제 문화와 아이디어 소통과 교류 관점에서 기존의 한류 현상을 재해석하고 재탄생시킬 수 있다면 매우 현실적인 미래 성장 전략이 될 것이다. 또 IT 사용과 에너지 접근성의 우수함을 활용해 혁신적 아이디어 교류의 물리적 허브를 제공하는 방법도 있다. 이를 통해 전 세계의 소프트파워 관련 산업과 혁신 아이디어가 한국으로 모이게 하는 것이다.

한국은 이러한 전환을 위해 갖추어야 할 시대전환적 국제화 제도 인프라가 무엇인지 깊이 고민해야 한다. 한국이 축소경제 시대에서 당당히 살아남고 '선진국 함정'에서 빠져나갈 수 있는 유일한 방안일 수 있다.

## 지역경제 단위 재구성과 지역경제 활성화가 필요하다

◆ ◆ ◆

지역소멸은 축소경제에서 나타나는 지역 간 인구 불균형에 따른 자연스러운 현상이다. 그리고 경제 전체의 점진적 인구소멸의 중간 과정이다. 특히 가임 인구인 여성 청년의 수도권과 대도시로의 집중은 지방과 수도권 간 출산율 차이를 만들어 경제 전체의 출산율 하락을 가속하는 기능을 한다. 따라서 지역경제 활성화를 통해 지방에 소득과 일자리를 창출하는 지역개발은 한국의 합계출산율을 높이는 중요한 인구 위기 대응 방안이 된다.

문제는 현재의 지역경제 구도를 유지하면서 지역경제 격차를 극복하기는 매우 어렵다는 것이다. 기존 지역균형발전 정책은 시군구 행정단위를 바탕으로 이루어진다. 10조 원에 달하는 지방소멸대응기금의 지원 방식 역시 마찬가지다. 현재 지방소멸대응기금은 인구소멸로 다시 살리기 어려운 지역경제를 유지하는 보조금으로 쓰인다. 그런데 현재와 같은 방식은 축소경제에서는 작동할 수 없다. 인구가 끊임없이 감소하는 축소경제의 상황에서 성장경제였을 때 형성된 행정구역을 그대로 유지한다면 일부 행정구역의 소멸은 불가피하다. 따라서 지금처럼 인구소멸 지역을 주요대상으로 한 보조금 정책은 밑 빠진 독에 물 붓기가 된다. 축소경제에서 유효한 지역경제를 구성하기 위해서는 지역경제 단위의 경계를 확장해야 한다. 실제로 경제적으로 연결된 기존 시군구 행정 지역들을 연결하고, 확장한 새로운 지역경제 단위로 개편되는 행정구역 정비 작업이 선행해야 한다. 이렇게 확장된 유효 단위 지역경제를 바탕으로 정책을 수립해야 지역경제 활성화를 통한 지역균형발전의 가능성이 열린다.

이처럼 광역화된 지역경제 단위를 재구성할 때 대도시 통계 지구MSA, Metropolitan Statistical Area는 유용한 수단이 된다. 대도시 통계 지구MSA는 미국에서 지역개발과 부동산 가격 안정화를 위한 정책 결정을 할 때 행정단위와는 별도로 경계를 나눠 통계를 수집하는 단위이다. 이는 행정구역과는 관계없이 실제 사회경제적으로 연계된 지역을 식별한다. 그리고 그 지역 단위를 기준으로 경제를 모니터링하고 정책 지원을 함으로써 지역개발의 실효성을 높일 수 있다. 이미 한국은 축소경제로 전환했기에 이러한 지역경제 개편을 신속히 시행해야 한다. 실효적으로 연결된 지역경제 단위의 대표적인 예로 집과 직장을 오가는 '통근' 지역을 들 수 있다. 정혁의 연구에서처럼 통계청의 통근 자료를 바탕으로 229개의 시군구를 통근 네트워크로 연결하면 지역경제 단위 25개로 재구성될 수 있다. 이러한 25개 지역경제 단위를 기준으로 할 때 지역경제 활성화 가능성은 커진다. 또 실효적 연결을 통한 더욱 광역화된 경제권 형성은 더욱 효과적인 규모의 경제로 산업정책을 시행해 지역균형발전을 가속할 수 있다. 궁극적으로 이런 구도 아래의 지역균형발전은 축소경제의 악화를 막는 데 도움이 될 것이다.

## 가족 형성 비용을 낮추고 가족 공동체 가치를 높이자

◆ ◆ ◆

인구 위기의 근원적인 문제를 해결하려면 결혼과 출산, 즉 가족 형성과 관련된 자발적 선택에 영향을 미치는 정책을 준비해야 한다. 일반적으로 개인의 선택은 선호preferences와 예산 제약budget con-straint에 의해 결정된다. 하지만 결혼과 출산은 선호와 예산 외에도 가족 형성과 관련한 환경 요인들이 선택에 중요하게 작용한다. 이러한 환경 요인에는 집값, 자녀 교육비, 노동시장 경쟁, 남녀 간 가구 형성과 가사 분담의 협상력, 가족과 자녀에 대한 가치관 및 사회 지원 제도 등 매우 복잡한 요소들이 있다. 한국이 지난 20년 동안 추진해 온 출산 제고 정책은 주로 출산과 보육에 필요한 물질적 보조금에 초점이 맞춰져 있었다. 더구나 아이에 대한 직접 지원보다는 보육하는 부모에 대한 재정지원 정책이 중심이었다. 그 원칙적 취지와 방향성은 옳다. 하지만 정부 재정에서 가용한 보조금의 크기나 수혜 대상 선별 기준 등을 고려하면 실효성은 거의 없다는 것이 중론이다.

그나마 다행인 것은 최근에 출산 및 보육 비용 지원이 생물학적 부모 중심이 아닌 아이 중심으로 바뀌고 있다는 점이다. 2023년에 도입되고 2024년에 확대된 부모급여(아이 0세 월 100만 원, 1세 50만 원)와 2019년에 보편복지로 도입되고 2022년에 0~7세 아동에게 확대된 아동수당(월 10만 원)을 한 부모나 미혼모 혹은 부모가 아닌 보호자도 받을 수 있다. 이러한 변화는 분명 출산율을 끌어올리는 효과가 있다. 아이 중심의 보육 복지 제도는 결혼과 출산의 결정을 분리하는 데 큰 도움이 되고 '결혼 외 출생 비율'이 유난히 낮은 한국에서 출산율 제고 효과를 기대할 수 있다. 2020년 경제협력개발기구OECD 조사에 의하면 한국의 결혼 외 출생 비율은 2.5%로 평균인 42%에 비해 매우 낮다. 현재 한국의 합계출산율이 0.7대인 큰 이유 중 하나는 비혼율이 3분의 1을 넘을 뿐 아니라 이렇듯 결혼과 출산이 직결되어 있기 때문이다.

한편 통계청의 2024년 사회조사에서 결혼과 출산은 별개로 생각할 수 있다는 의견이 37.2%이다. 이 수치는 한국이 결혼 외 출생 비율이 낮다는 경제협력개발기구OECD 발표 결과와는 큰 차이가 있다. 경제협력개발기구OECD 국가들과 비교할 때 한국이 결혼 외 출생 비율이 낮은 것은 아이의 탄생과 보육에 대한 지원이 결혼으로 연결된 부모에 대해서만 이루어져 온 풍조와 무관하지 않다. 출산 후 아이를 키우느라 소득 활동이 쉽지 않은 데다 미혼모는 국가의 지원조차 받을 수 없으니 어느 미혼모가 선뜻 아이를 낳으려 하겠는가. 이러한 배경에서 볼 때 최근 도입된 부모급여와 아동수당 수령 방식은 출산율 제고에 효과가 있을 것이라 기대된다. 실증적 인과관계가 밝혀지기는 시기가 너무 이르지만 아동수당과 부모급여가 도입된 2022~2023년 기간에 결혼 외 출생 비율이 3.9%에서 4.7%로 증가한 후 2024년에도 5.8%로 지속적으로 느는 것은 흥미로운 사실이다.

물론 인구 위기 대응 방안으로 출산율 제고에만 초점을 맞추어서는 안 된다. 효과적인 방안을 찾으려면 가족 형성이라는 넓은 관점에서 접근하고 해결점을 모색해야 한다. 앞서 말한 부모급여나 아동수당과 같은 출산·보육의 보편복지는 정부 예산 제약으로 지원의 규모가 작고 기간도 짧아 가족 형성에 미치는 효과가 제한적일 수 있다. 게다가 한국에서 인구 대체가 가능한 4인 가족이 가장 크게 지출하는 돈은 보육비보다는 자녀 교육비와 집값이다. 특히 교육비 중에서도 사교육비 부담은 가장 큰 문제다. 결국 한국 경제의 해묵은 개혁 과제인 공교육 강화와 부동산 안정 문제의 해결을 통해 가족 형성에 따른 비용을 줄여주어야 한다. 더불어 가족 형성의 기회비용 관점에서 일과 가정이 병행되기 위해서는 시간 사용의 유연성이 제도적으로 보장되는 것도 중요하다.

그뿐만이 아니다. 기존의 출산 제고 정책들은 결혼과 출산·보육 비용 감소의 관점에서 접근한 결과들이다. 그러나 앞서 언급했듯이 가족 형성과 관련한 선택은 가족에 대한 가치관에 대한 인식에도 영향을 받는다. 가족은 인류사회의 가장 기초적인 공동체 단위다. 인류는 가족을 단위로 종족의 생존을 이어가기 때문이다. 현재 인구 위기는 가족이라는 공동체에 관한 가치가 흔들리는 것이 본질인 현상일 수 있다. 이런 관점에서 대한민국이 저출산과 고령화 심화로 인한 인구 위기에 대응하기 위해서는 결혼과 출산의 비용 저감 방안을 모색하는 것과 더불어 가족 공동체 가치 제고가 필수적이다. 즉 가족 공동체의 가치를 반추할 수 있는 사회적 논의와 세대 간 대화를 촉진해 새로운 사회적 합의를 이끄는 노력이 절실히 필요하다.

한국의 경제와 민주주의 발전 과정에 이러한 '사회적 대화'가 없어서 다른 선진경제보다 훨씬 더 극단적인 인구 위기에 처한 것일 수 있다. 세계 최고의 속도로 성장한 한국 경제이지만 그 과정에서 정말 중요한 것을 놓친 것은 아닌지, 너무 늦기 전에 깊이 되짚어 보아야 한다.

# 혁신 역량을 높이고
# 사회적 포용성을 키워야 한다

    대다수 경제학자의 공통된 명제 중 하나는 '국민의 1인당 소득의 증가는 장기적으로 총요소생산성 성장률에 의하여 결정된다.'라는 것이다. 그러나 한국은 산업 환경과 인구구조의 급격한 변화로 지속적인 생산성 향상이 어려운 상황에 빠졌다. 생산성의 꾸준한 증가를 위해서 다각적인 혁신이 필수이다. 그런데 한국 경제의 미래를 바람직한 방향으로 이끌기엔 혁신만으로는 충분하지 않다.

    거시적으로 혁신은 국민의 평균 소득을 증가시킨다. 하지만 혁신의 과정에서 방대한 소외 계층이 발생하면 공동체 내에서 좌절과 분노가 상승한다. 그리고 혁신에서 소외되는 계층은 전통적인 사회적 약자에 국한되지 않을 것이다. 산업 환경과 인구구조의 변화는 산업, 고용, 직업 구조의 대전환을 요구한다. 특히 인공지능이 요구하는 산업과 직종의 변화는 예측이 어렵고 전통적 가치에 의한 직업 서열을 존중하지 않는다. 그 결과 전통적인 사회적 약자와 지배 계층 모두가 큰 피해를 볼 수 있다. 게다가 상승하는 혼란, 좌절, 분노는 사회의 품격을 손상하는 데 그치지 않는다. 이는 정치 양극화로 이어져 개혁에 절대적으로 필요한 정치적 타협을 불가능하게 한다. 또한 민주주의의 존립도 위협한다. 따라서 혁신과 동시에 사회적 포용성을 증가시켜야 한다. 사회적 포용성 증가는 혁신의 인프라를 강화하는 선순환 구조를 발생시킨다.

## 혁신을 통해서 빵의 크기를 최대화해야 한다

◆ ◆ ◆

혁신과 포용성을 동시에 향상하는 해결책을 찾는 것은 매우 어려운 일이다. 하지만 둘 사이의 알력을 완화하는 경제정책의 기본 방향은 존재한다. 그런데 이를 실현하기 위해서는 정치 체제의 근본적인 변화가 필요하다. 어려운 과제이지만 장기적 시야에서 부단한 노력으로 추진해 나간다면 원하던 결과를 얻을 수 있다.

진보 성향의 정책 전문가 중 다수가 포용성을 높이기 위해 시장소득*과 가처분소득**의 불평등을 동시에 완화하는 전략을 추구한다. 그런데 시장소득 불평등의 억제는 결국 산업구조와 기술 변화를 지연시키는 정책과 연결되어 경제의 혁신 역량을 감소시킨다. 따라서 두 가지 불평등을 분리해서 해결해야 한다. 우선 혁신을 통하여 국민이 먹을 수 있는 빵의 크기를 최대화해야 한다. 그리고 빵의 불평등한 분배를 완화하는 일은 사회보장제도를 통하여 실현해야 한다. 많은 선진국은 이미 이러한 방법의 복지 정책을 추구하

---

\* 시장소득: 근로소득, 사업소득, 재산소득 등 가구가 직접 벌어들인 소득

\*\* 가처분소득: 시장소득에서 세금과 건강보험료 등의 각종 공제 항목을 제외하고 각종 보조금을 추가한, 실제 사용할 수 있는 돈

고 있다. 반면 한국에서는 시장소득에 비해 가처분소득의 불평등을 축소하는 재정의 역할이 미약하다.

빵의 크기를 최대화하는 혁신을 위해서는 세 가지가 필요하다. 첫째, 새로운 기술과 산업이 사회에 흡수되는 것을 방해하는 규제를 완화해야 한다. 이를 위해서는 기업의 진입 장벽과 퇴출 장벽을 제거해야 한다. 규제의 숫자를 줄이는 것은 큰 의미가 없다. 차량 공유 서비스, 온라인 의료, 유전자 검사 규제 등 신산업 진입 규제부터 완화해야 한다. 또 여러 산업이 연결된 신산업에서는 각 산업에 존재하던 규제들이 중복으로 작용해 융합적 혁신을 저해한다. 이들 규제를 일원화하는 것도 중요한 규제 완화다.

둘째, 혁신적 중소기업을 적극적으로 지원해야 한다. 대기업과 중소기업 간의 양극화가 심각한 한국에서 중소기업은 대기업보다 불리한 시장 진입 여건을 갖고 있다. 이러한 기업 양극화를 축소하고 산업의 역동성을 높이려면 혁신적 중소기업에 대한 지원이 필요하다. 물론 지원 방법은 미래 지향적이어야 한다. 우선 공적 지원을 성장성이 높은 신생 기업에 집중하고 비효율적 기업은 신속하게 퇴출하도록 하는 정책이 필요하다. 그리고 세제와 정책금융 지원의 크기가 기업의 규모에 따라 경직적으로 결정되는 제도를 축소해야 한다. 또 중소기업 지원의 기간도 단축할 필요가 있다. 그뿐만 아니다. 정해진 규칙에 따른 지원보다는 민관 합작 펀드를 통한 지원을 활성화해야 한다. 그래야 기업의 성장 가능성에 관한 판단과 재원의 분배에서 시장의 인센티브가 작용할 수 있다.

셋째, 실패한 기업의 신속한 퇴출이 이루어져야 한다. 이를 위해서 구조조정, 파산, 회생이 신속하게 진행되도록 파산, 회생, 상장 폐지 제도를 정비해야 한다.

한편 혁신 역량 제고를 위해서는 노동시장 유연성 확보도 중요하다. 노동시장 유연성과 고용 보호를 양립하는 것은 어렵지만 꼭 필요한 과제다. 특히 미래에 발생할 산업과 직업 구조의 대변환은 노동의 산업 간, 기업 간, 부서 간 이동성의 증가를 요구한다. 이러한 변화에 대응하기 위해 한국도 노동시장의 유연성을 확보할 필요가 있다. 이를 위해 필요한 것은 세 가지로 요약된다.

먼저 정규직 해고 요건의 완화다. 기업이 도산 위협에 직면했을 때만 해고가 가능한 제도에서는 지는 산업(기업)에서 뜨는 산업(기업)으로의 노동 이동이 원활할 수 없다. 또 기업이 인공지능 기술 발달로 소멸하는 직업군을 없애고 신규 직업군을 확장하면서 기업의 생존과 성공 가능성을 높이는 일도 불가능해진다.

그다음은 연공에 따라 임금이 결정되는 임금 체제를 직무와 성과에 따라 임금이 결정되는 체제로 변화시켜야 한다. 그래야 기업이 변화하는 기술 환경에 맞춰 직무와 작업을 재구성할 수 있다. 게다가 임금 체제 개혁은 고령화의 충격을 흡수하는 데도 필요하다. 증가하는 고령 근로자가 더 낮은 임금으로 더 오래 일할 수 있게 해주면서 새 지식으로 무장한 젊은 인력을 더 많이 고용할 수 있게 해준다.

마지막은 고령 근로자와 인공지능으로 실직하게 될 인력의 재취업을 위해 공적 교육 프로그램을 확대해야 한다. 그래야 고용 파괴가 아닌 고용 이동이 발생하고 인구감소로 인한 인력 부족을 완화할 수 있다.

## 소외된 집단을 위한 사회안전망 강화가 필요하다

◆ ◆ ◆

혁신 역량 제고와 함께 사회 포용성을 증대시켜야 한다. 그러기 위해 혁신에서 소외되는 집단을 떠받치는 사회안전망을 강화할 필요가 있다. 미래의 충격은 직종과 고용 형태를 가리지 않는다. 사회안전망은 비정규직, 특수 노동, 자영업자, 정년 은퇴 노동자를 모두 커버해야 한다. 사회안전망 강화는 이들을 모두 포괄하는 마이너스 소득세negative income tax의 형태가 바람직하다. 마이너스 소득세는 개인의 소득이 정해진 수준보다 떨어지면 일정 비율로 정부 보조금을 증가시켜 줄어든 소득을 보완해주는 제도다. 이 제도는 두 가지 면에서 많은 경제학자가 선호한다. 하나는 시장소득이 감소함에 따라 가처분소득도 자연스레 감소하게 함으로써 노력하지 않고 보조금에 기대려는 사람의 숫자를 줄여준다. 즉 사회안전망이 빵의 크기를 감소시키는 부작용을 완화한다. 또 다른 하나는 행정의 단순화다. 복잡한 복지 제도를 하나의 공식과 절차로 흡수할 수 있다.

한편 사회안전망을 강화하려면 필요한 재원을 어떻게 마련할 것인가도 함께 고민해야 한다. 재원 마련의 방안 없이 정부 지출 증가를 주장하면 재정 위기를 더 키울 수 있다. 게다가 재정에 대한 수요는 앞으로 폭증할 수밖에 없기에 재원을 확보할 방안은 무척 중요하다. 재정 수요 폭증의 가장 큰 원인은 인구 고령화다. 인구 고령화는 거대한 규모의 공적연금 적자와 의료 보험 및 사회서비스 재정 적자를 발생시킨다. 2023년에는 한국의 일반정부 부채가 국내총생산GDP에서 차지하는 비중은 50.7%로 매우 낮았다. 그러나 국책연구소와 경제협력개발기구OECD는 한국 정부가 아무런 대책 없이 현 상태를 이어간다면 2060년에는 국가부채 비중이 140%가 넘을 것으로 추정한다. 게다가 여기에 미래를 준비하기 위한 산업정책, 기후 대응, 재교육 비용도 추가해야 한다. 이런 상황에서는 사회안전망 강화를 위한 추가 지출의 여력을 기대하기가 힘들다.

텅 비어버린 곳간이 암담한 상황에서 정치권은 보수와 진보가 모두 감세 대열에 합류하고 있다. 양측의 합의로 종합부동산세가 감축되고 금융투자소득세가 폐지되었다. 더군다나 양측이 모두 상속세 감소를 공약으로 내걸고 있다. 덕분에 한국의 조세부담률이 점점 감소하고 있다. 국민의 조세 부담을 덜어주는 것도 중요하지만 정부의 곳간도 채워져야 한다. 그래야 필요한 곳에 적절하게 나눌 힘이 생긴다. 따라서 정부의 적자를 줄이기 위한 재정지출 구조조정은 물론이고 당장 감세를 멈추고 증세를 논의해야 한다. 물론 증세에는 분명한 기준이 있어야 한다. 무엇보다 조세 왜곡 효과를 최소화하는 것이 중요하다. 즉 혁신으로 증가한 빵의 크기가 세금 때문에 감소하는 것을 최소화해야 한다.

조세 왜곡 효과가 없는 세금 중 대표적인 것이 순수 토지에 대한 세금이다. 노동 소득에 세금을 부과하면 노동공급이 줄어들고 자본 소득에 세금을 부과하면 투자가 감소하여 국민소득이 감소한다. 그러나 세금이 부과되었다고 토지가 줄어들거나 해외로 이동하지 않는다. 외국의 많은 자유주의 경제학자, 국제기구, 유력 경제지가 토지세를 강화하자는 주장을 하는 이유도 바로 이러한 점 때문이다. 또한 토지세는 청년층과 미래세대가 부담하는 것이 아니라 토지를 집중적으로 보유하고 있는 고령층과 상속자들이 주로 부담한다. 그래서 미래의 근로자에게 부담을 이전하지 않으면서 공적연금 적자를 메우기에 적합한 세금이다. 토지 보유에 0.5%의 세금만 부과해도 노동 소득세를 없앨 수 있을 정도의 수입이 발생한다. 토지 보유자의 반발이 강력할 수 있으나 장기적 시각에서 바라보며 꾸준한 노력을 해나가야 한다.

왜곡 효과가 없는 또 하나의 세금은 탄소세다. 탄소세는 미래세대가 부담하는 탄소 배출의 비용과 탄소 배출자가 내는 비용을 일치시킴으로써 시장의 왜곡을 방지한다. 앞서 말한 배출권거래제도는 탄소세의 일종이다. 토지세와 탄소세로만 충당이 안 된다면 왜곡 효과를 최소화하는 또 다른 세금을 찾아 증세해나가야 한다. 예를 들면 부가가치세가 근로소득세나 법인소득세보다 왜곡 효과가 작기에 필요한 상황이 되면 부가가치세의 증세도 고려해야 한다.

경제적 보수는 자유주의적 산업 환경을 원하고 경제적 진보는 사회안전망 강화를 원한다. 두 세력이 타협하여 자유주의적 산업 환경과 사회안전망 강화를 동시에 추진할 수 있게 해주는 정치의 공간이 절실하게 필요한 시점이다. 모두를 만족시키는 정책은 없듯이 모두에게 도움이 되는 완벽한 정책도 없다. 따라서 다수를 위한 정책, 약자를 위한 정책, 미래세대까지 생각하는 바람직한 정책들을 만들어가되, 그 사이사이의 빈틈을 또 다른 제도나 시스템으로 보완해 나가는 것도 중요하다. 사회안전망 강화를 위한 증세도 마찬가지다. 혁신에 필요한 규제 완화에는 피해자가 생기기 마련이다. 이러한 피해자의 피해를 조금이나마 줄이고 반발을 완화하려면 사회안전망을 강화해야 하고, 이를 위한 증세는 필수요건이다. 복합적 위기가 만든 얽히고설킨 이해관계 속에서 더 나은 방안을 찾고 정책의 빈틈을 줄이려면 '상생과 공존'의 가치에 관한 사회적 공감이 절실하다.

규제 완화와 재정정책을 통한 혁신 역량 제고와 포용성 개선은 산업과 기업이 당면한 도전과제를 해결할 중요한 개혁 방향을 보여준다. 더불어 한국 경제가 당면한 또 다른 과제인 인구 위기와 축소경제의 문제에서도 혁신 역량 제고와 포용성 개선이 중요한 열쇠가 될 것이다. 그리고 축소경제와 저성장 격차경제가 결합한 상황의 도전과제들은 기존의 혁신과 포용성 개념 외에 상생과 공존의 가치도 무척 중요하다. 축소경제의 인구 불균형은 세대 갈등, 지역 갈등, 무너지는 가족 형성에 관한 가치관 등의 문제를 낳았다. 그리고 저성장 격차경제는 지대추구와 각자도생에 따른 사회 붕괴의 위기를 가져왔다. 이러한 현실을 제대로 직면하고, 새로운 세상의 문으로 들어가기 위해서는 상생과 공존의 가치에 대한 사회적 대화가 절실하다. 또 실제적인 노동 거버넌스 리밸런싱과 한국 경제의 새로운 국제화 시대 전환을 어떻게 이룰 수 있을지에 대한 공론 형성도 중요하다.

지금 한국이 처한 복합위기를 뚫고 가기 위해서는 세대 간 상생과 공존, 지역 간 상생과 공존, 계급 간 상생과 공존의 길을 모색하는 '성숙 경제'로 전환해야 한다. 그리고 이런 전환을 이끌 상생과 공존의 담론은 기술혁신과 사회혁신을 기반으로 해야 지속될 수 있다. 이것이 한국이 추구해야 할 품격 있는 혁신 경제이며 생존 전략이다.

**3장**

# 어떻게 정서적 내전을
# 극복할 것인가

장훈

중앙대학교 정치국제학과 명예교수

KFAS 50 프로젝트 초기 연구진으로 3장(정치)의 연구 개발, 분석, 설계와 프로젝트 전반의 논의에 관여하며 연구 기반을 견고히 다졌다. 그의 통찰과 기여는 정치적 논점을 정교하게 다듬고 프로젝트 전체 방향을 심화하는 데 토대가 되었다.

## 송지연

서울대학교 국제대학원 교수

고려대학교 정치외교학과를 졸업했고 동 대학원에서 석사학위를 받았다. 미국 하버드대학교에서 정치학 박사학위를 취득한 이후 동아시아 자본주의, 국제정 치경제, 불평등, 노동시장, 복지·이민정책 등의 연구를 수행해왔다. 최근에는 저 출산·고령화로 대표되는 인구문제, 기술변화와 노동시장, 글로벌 공급망 재편 등 의 주제를 중심으로 연구를 진행하고 있다. 현재 「Japanese Journal of Political Science(일본정치학저널)」 편집위원과 통일부 자체평가위원회 위원으로도 활 동하고 있다.

주요 저서로는 『Inequality in the Workplace: Labor Market Reform in Japan and Korea(직장 내 불평등: 일본과 한국의 노동시장 개혁)』『아베 시대 일본의 국가전략』『저출산·고령화의 외교안보와 정치경제』『대전환 시대의 국가론』 등 이 있다.

# 대한민국은 지금 어디에 서 있는가

1970년대 중반 남유럽에서 시작된 세계 민주화 흐름인 '제3의 민주화 물결Third Wave'에 동참한 국가는 많다. 하지만 민주화에 성공한 국가는 드물다. 민주화 시도 이후 상당수의 국가가 권위주의로 회귀하거나 민주주의가 무력화되면서 실패의 길을 걸었다. 그런데 한국은 달랐다. 한국은 제도와 정권교체 등 모든 면에서 민주주의 이행과 공고화를 성공적으로 달성했다. 전 세계는 이러한 한국의 모범적인 민주화 사례에 주목하고 칭찬을 아끼지 않았다.

## 한국 민주주의의 한계와 회복탄력성을 동시에 보다

◆ ◆ ◆

2024년 겨울 한국의 성공적인 민주화 역사에 찬물을 끼얹는 사건이 발생했다. 2024년 12월 3일에 발발한 윤석열 대통령의 갑작스러운 비상계엄 발표는 한국 민주주의의 한계를 극명하게 보여주었다. 비상계엄 발표 후 얼마 지나지 않아 국회의 비상계엄 해제 요구 결의안이 가결되었고 윤석열 대통령이 국회의 요구를 수용하면서 비상계엄은 6시간 만에 해제되었다. 반나절도 되지 않는 아주 짧은 시간이었지만 윤석열 대통령이 주도한 친위 쿠데타self-coup는 이후 한국 정치를 거대한 혼란의 소용돌이로 끌어들였다. 이는 12·3 비상계엄의 결과라기보다는 이미 한국 정치를 지배하고 있는 극단적인 정치적 대결과 갈등이 근원적인 이유였다.

국회의 비상계엄 해제 요구 결의안이 가결된 지 사흘 만인 12월 7일에 진행된 대통령 탄핵소추 표결안은 정족수 미달로 통과되지 못했다. 하지만 탄핵소추안 재발의에 의한 12월 14일 2차 표결에서는 일부 여당 의원들이 찬성하면서 역대 세 번째로 현직 대통령의 탄핵소추안이 국회를 통과했다. 12월 3일에 비상계엄이 발표되고 12월 14일에 2차 표결에 이르기까지 수십만 명의 시민들이 국회 앞에서 집회에 참여해 국회 탄핵소추안 가결을 요구했다. 이는 특정 정당을 지지하는 시민들이 주도한 집회가 아니었다. 민주주의 규범과 원칙을 훼손한 윤석열 대통령에 대한 반대 의사를 표명하기 위해서 일반 시민들이 자발적으로 참여한 평화적인 집회였다. 이를 통해 우리는 한국 민주주의의 회복탄력성democratic resilience을 다시 한번 확인할 수 있었다.

2025년 1월 15일 헌정사상 최초로 현직 대통령에 대한 체포영장이 집행되었다. 1월 19일 새벽에는 현직 대통령에 대한 구속영장이 발부되었다. 이에 극단적인 보수 지지자들이 서울서부지방법원에 난입하여 시설을 파괴하고 기물을 훼손하는 등 무차별적으로 폭력을 행사하며 난동을 벌였다. 사법부의 결정에 반대하여 시위대가 법원 시설을 불법적으로 점거하고 경찰, 기자, 민간인들에 대해서 무차별적인 폭력을 행사했다. 이는 한국 민주주의 역사에서 아주 예외적인 사건이었다.

2025년 4월 4일에 헌법재판소 판결로 윤석열 대통령이 파면되었다. 한국 민주주의는 박근혜 대통령에 이어서 탄핵으로 임기를 마치지 못한 현직 대통령을 또 한 번 경험하는 불행한 순간을 맞이하였다. 더군다나 윤석열 대통령의 파면이 선고되기까지 탄핵에 찬성하는 사람들과 반대하는 사람들이 100일 이상 집회와 시위를 진행하면서 정치적 갈등과 반목은 더욱 격화되었다.

## 1987년 민주화 이후 당면 과제들 해결이 시급하다
◆ ◆ ◆

1987년 민주화 이후 40년 정도의 시간이 흐른 지금 우리는 한국 민주주의를 다시 살피고 진단하며 나아가 미래를 예측하고 대비해야 한다. 그동안 한국 민주주의에는 어떤 일이 일어났는지, 전세계적으로 관찰되는 민주주의 퇴행과 붕괴가 한국에서도 나타나고 있는지, 그렇다면 왜 이러한 현상이 발생하고 있는지 등을 냉철하게 물어야 한다. 그리고 손상된 민주주의를 회복하고 더욱 발전된 민주주의로 나아가기 위해 무엇을 해야 하는지 답을 찾아야 한다. 만약 이러한 과제들을 미뤄두거나 외면한다면 한국은 민주화에 실패한 많은 국가의 전철을 그대로 밟을 위험이 무척 크다.

한국은 민주주의 이행 이후 평화적인 정권교체로 '선거민주주의'의 제도화에 성공했다. 일부 극소수의 정치인들과 극우 보수 시민단체에서 '부정선거'를 언급하기도 했으나 대다수 국민은 선거를 정치에서 유일한 '게임의 룰rule of the game in town'로 인식하게 되었다. 그럼에도 불구하고 성공의 이면에는 오랜 기간 해결하지 못한 무거운 문제들이 있었다. 선거민주주의는 성공적으로 안착하였으나 정치의 본질이라고 할 수 있는 대화와 협상은 실종되었다. 극단적인 지지자들이 정치인과 정당에 대한 영향력을 강화하면서 정치적 양극화는 가속화되고 있다. 민주화 이후에도 대통령에게 강력한 권한이 집중되는 '제왕적 대통령imperial presidency'의 문제점이 여전히 나타나고 있다. 심지어 역설적인 현상까지 나타난다. 집권 여당이 국회에서 다수 의석을 확보하지 못하는 분점 정부divided government 또는 여소야대 상황에서는 대통령의 정국 주도권이 상당히 약해지는 '무력화된 대통령impaired president'의 모습을 보이기도 한다. 이러한 두 가지 성격을 가진 대통령의 모습이 혼재하면서 한국 정치의 혼란이 가중되는 측면도 있다.

게다가 한국은 대통령 선거(5년 임기), 국회의원 선거(4년 임기), 지방 선거(4년 임기) 주기가 일치하지 않는데, 특히 대통령 선거와 국회의원 선거 주기의 불일치는 국가 운영에서 상당한 문제를 일으키고 있다. 대통령과 국회를 같은 정당이 장악하는 경우에는 입법부가 행정부에 대한 견제와 균형을 발휘하기는 쉽지 않다. 반면 대통령의 임기 중에 야당이 국회 다수석을 차지하면 대통령의 국정운영에는 상당한 어려움이 발생한다. 특히 이런 상황이 임기 후반에 나타난다면 대통령의 레임덕lame duck* 현상은 더욱 심화된다. 대통령 선거와 국회의원 선거 주기의 일치를 통해서 정책의 실행력을 강화할 수도 있고, 동시에 대통령의 국정운영과 정책에 대한 평가와 책임을 물을 수도 있다.

이러한 선거 주기 불일치의 문제와 함께 1987년 민주화 과정에

---

\* 레임덕: 임기 만료를 앞둔 현직 대통령에게 나타나는 권력누수 현상으로, 대통령의 권위나 명령이 제대로 시행되지 않아서 국정 수행에 차질이 생긴다.

서 도입된 '소선거구 단순다수제' 기반의 선거제도는 승자독식 문제를 심화했다. 1972년 유신체제 이후 이어져 온 중대선거구제는 집권 여당에 유리한 시스템으로 인식되었고 민주주의 이행 과정에서는 유신체제의 잔재로 평가받았다. 따라서 선거제도 개혁은 민주화 과정에서 당연히 논의되어야 하는 과제로 대두되었지만, 어떤 제도적 틀을 선택할지는 결정되지 않았다. 민주화 이후 처음으로 실시된 1988년 제13대 선거는 1개의 선거구에서 1명의 국회의원을 선출하는 '소선거구 단순다수제' 방식으로 진행되었다. 비례대표의석 배분 방식 등 일부 작은 수정을 제외하고는 현재까지 같은 방식으로 운영되고 있다. 결국 현행 선거제도에서는 소수 정당은 의석을 확보하기 어렵고 양당 구조로 귀결될 가능성이 크다. 또한 양당의 선거경쟁에서도 작은 득표율 차이에도 불구하고 의석수는 큰 차이를 보이는 경우가 발생한다.

이와 같은 승자독식의 정치구조에 최근 심각해지는 이념적, 정서적 양극화 현상이 더해지면서 한국 정치의 문제는 더욱 복잡해지고 있다. 선거제도는 정치인과 정당에 가장 중요한 게임의 규칙을 제공한다. 그런데 현재의 선거제도를 계속 유지한다면 한국 정치에서 나타나는 승자독식의 문제가 해결되기는 쉽지 않다. 물론 새로운 선거제도가 도입된다고 해서 한국 정치에서 나타나는 모든 문제가 시원하게 해소되는 것은 아니다. 제왕적 대통령, 소선거구 단순다수제로 대표되는 선거제도와 연동되어 나타나는 문제이지만 한국 정당의 낮은 제도화 수준이 한국 정치의 문제를 더욱 심화시키고 있다. 민주화 이후 40년 가까이 시간이 지났음에도 불구하고 한국 정당정치는 정당의 운영, 정당의 지역적 기반, 다양한 사회적 요구를 반영하는 정치적 채널로서 정당의 역할 등에서 여전히 낮은 제도화 수준을 보인다. 이러한 문제를 해결하려면 정당 조직과 운영의 문제를 넘어 대통령과 여당 관계 설정, 선거제도 개혁 등을 통해 근원적인 해결점을 모색해야 한다. 물론 제도적 변화가 정치 행위자들의 선택을 일시에 바꿀 수는 없을 것이다. 그러나 새로운 게임의 규칙은 이들의 행태, 전략, 규범 등을 변화시킬 가능성이 높기에 반드시 실행되어야 할 개혁 중 하나이다.

이번 장에서는 한국 민주주의 성공의 역설을 살펴보고 정치의 당면 과제와 개혁 방향에 대해서 살펴보고자 한다. 그러기 위해 한국 정치가 지난 50년 동안 달성한 성취를 평가하고 민주화 성공의 역설 측면에서 1987년 민주화 이후 한국 민주주의가 당면한 정치적 과제를 살펴본다. 또 당면 과제를 해결하는 방안은 무엇인지 제안하고 한국 정치의 성과와 도전과제를 정리하고 미래의 전망까지 살펴본다.

# 민주화와 산업화 성공의 뒷면을 성찰할 시간이다

한국 정치가 지난 50년 동안 달성한 가장 큰 성과는 민주화와 산업화를 동시에 이루었다는 점이다. 1970년대 중반 이후 민주화의 물결에 동참한 많은 신생 민주주의 국가 중 대부분이 민주주의가 퇴행하거나 권위주의로 되돌아가는 결과를 맞았다. 이렇듯 민주주의의 성공적인 안착이 힘든 현실에서 한국은 안정적인 민주주의 체제를 지속하는 모범사례로 주목받았다. 게다가 산업화를 통한 경제적 성장까지 이뤄냈으니 전 세계의 이목이 한국에 집중되었다.

2024년 12월 3일 윤석열 대통령의 비상계엄 발표로 한국의 민주주의는 큰 위기를 맞게 되었다. 그런데 놀랍게도 이러한 국가적 위기를 바로 잡고 더욱 탄탄히 민주주의의 뿌리를 다진 것은 다름 아닌 국민이었다. 국민은 자발적이고 평화적인 집회를 통해 민주주의에 대한 확고한 신념과 지지를 보여주었다. 이는 한국 민주주의의 강력한 회복탄력성을 분명하게 보여주는 현상이었다.

## 한국은 민주화와 산업화 두 마리 토끼를 다 잡았다

◆ ◆ ◆

세계 역사상 많은 국가가 민주화를 시도했다. 그러나 민주화에 성공한 사례는 흔치 않다. 그만큼 민주화를 실현하는 과정에 많은 역경과 난관이 있기 때문이다. 민주주의 연구에서 민주화는 크게 두 단계로 나누어 살펴볼 수 있다. 첫 번째 단계는 민주주의 이행으로 권위주의 체제에서 민주주의 체제로의 전환을 의미한다. 두 번째 단계는 민주주의 공고화로 이행 이후 민주주의가 정치체제로써 안정적으로 유지되는 것을 의미한다. 실제로 민주화를 시도하는 대다수 국가가 두 번째 단계인 '민주주의 공고화'에서 실패를 맞게 된다. 태국과 미얀마 등의 사례처럼 민주주의 이행을 경험한 국가 중에서도 다시 권위주의로 돌아간 경우도 많다.

민주주의 공고화에 대한 명확한 개념적 정의가 있는 것은 아니지만 정치학자인 새뮤얼 헌팅턴Samuel Huntington은 두 번의 연속된 정권교체가 평화적으로 진행된다면 해당 정치체제의 민주주의는 공고화되었다고 평가한다. 이러한 기준에서 살펴본다면, 한국은 1987년 민주주의 이행을 지나왔고 두 번의 연속된 평화적 정권교체를 달성했다는 점에서 안정적인 공고화 단계로 들어섰다고 볼 수 있다.

민주주의를 정의하는 최소한의 요소인 '선거민주주의'의 측면에서 한국은 안정적이라고 볼 수 있다. 하지만 정치적 권리와 시민의 자유를 보장하는 자유민주주의는 상대적으로 낮은 수준이며 시기에 따른 변동도 존재한다. 민주주의 다양성 프로젝트(V-Dem) 자료를 기반으로 작성한 그림 「한국 민주주의 지표」에서 보여주듯이 1987년 이후 한국의 선거민주주의는 0.5 이상으로 안정적인 모습

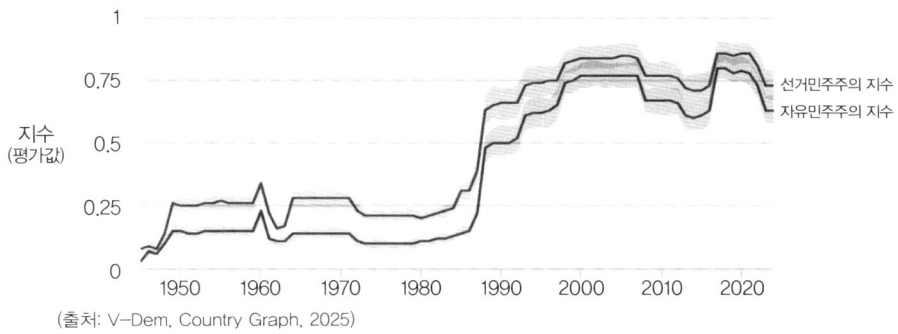

**한국 민주주의 지표**

지수
(평가값)

선거민주주의 지수
자유민주주의 지수

(출처: V-Dem, Country Graph, 2025)

을 보여주고 있다. 그러나 자유민주주의 지표에서는 김대중 정부,
노무현 정부 시기에 정점을 기록한 이후 이명박 정부, 박근혜 정부
시기에는 다소 퇴행하였고 문재인 정부 시기에는 다시 회복하는
모습을 보였다.

흥미롭게도 강력한 권위주의 정부 시기에도 한국 국민은 높은
수준의 정치참여를 보였다. 그리고 국가 권력의 억압에 저항하는
적극적이고 활발한 시민사회를 형성하였다. 특히 민주화가 진행되
면서 참여하는 시민의 계층도 다양하게 확대되었다. 권위주의 정
부 시기에는 학생 운동권과 재야 세력이 민주화운동의 구심점으로
활동하였다면 민주주의 이행기에는 넥타이 부대로 대표되는 다수
의 일반 국민이 민주화운동에 합류하였다. 또 민주화 이후에는 정
부와 국가에 대한 모니터링과 견제에 시민사회와 활동가들이 중요
한 역할을 하였다. 권위주의 정부 시기 민주화운동을 주도했던 시
민사회는 점차 환경과 복지 등 다양한 정치, 사회적 목소리를 대표
하는 주요 세력으로 성장하였다.

대런 아세모글루Daron Acemoglu와 제임스 A. 로빈슨James A. Robinson의
'좁은 회랑Narrow Corridor' 개념을 적용하자면, 한국 정치는 국가와 사

회의 건강한 긴장 관계를 통해서 안정적인 민주주의로 발전하였다. 국가의 힘이 지나치게 강한 경우에는 전제적인 리바이어던des-potic Leviathan으로 귀결되고 국가의 권위와 능력이 확고하지 못하면 리바이어던 부재absent Leviathan로 인한 무질서와 혼란이 발생한다. 좁은 회랑을 성공적으로 통과한 국가들은 국가와 사회 사이에서 적절한 균형점을 찾은 통제된 리바이어던shackled Leviathan이 된다. '좁은 회랑'은 그 의미에서도 알 수 있듯이 인류의 역사 발전에서 소수의 국가에서만 찾을 수 있다. 그리고 한국은 여기에 포함되는 아주 예외적인 성공사례이다. 권위주의 정부 시기에는 국가의 힘이 상대적으로 강력하였다면, 민주화 이행 과정에서 사회의 힘이 성장하며 한국은 국가와 사회의 적절한 힘의 균형을 달성할 수 있었다.

'좁은 회랑'의 개념에서 살펴볼 때 한국은 국가와 사회의 건강한 긴장 관계를 이루는 데 성공했다. 또한 한국은 '근대화 이론'을 통해서 살펴볼 때도 산업화와 민주화를 단기간 내 압축적으로 달성한 사례이다. 근대화 이론에 따르면 산업화와 경제 발전은 도시화와 근대화를 이끈다. 그리고 이러한 과정에서 경제적 풍요와 번영이 확산하며 국민의 교육 수준도 향상된다. 더불어 정치적 권리와 시민적 자유를 지지하는 중산층이 증가하면서 점차 민주주의로 이행한다. 한국 역시 1960년대 초반에 산업화에 따른 경제 발전으로 국민의 생활 수준이 향상되고 중산층이 증가하면서 민주화에 대한 강력한 동력이 나타났다.

군사쿠데타로 정권을 잡은 박정희 정부는 정치적 정당성을 확보하기 위해서 산업화와 경제 발전을 최우선 순위에 두었다. 박정희 정부는 일본의 고도성장을 이끈 발전주의 국가 모델을 참고하여 한국의 장기적인 발전 전략을 수립했다. 그리고 강력한 권위주의 체제를 통해 국가의 전략과 정책에 반대하는 세력을 제한하고 높은 수준의 국가 자율성을 유지했다. 강력한 권위주의 체제하에서의 국가 자율성은 민주주의 체제에서의 국가 자율성과는 성격이 다르고 강도 역시 차이가 있다. 그러나 박정희 정부가 권위주의 체제에서 가장 중요하게 생각한 목표가 국가의 산업화와 경제 발전이며 그 결과 또한 무척 성공적이었다는 것은 중요하게 평가될 필요가 있다.

## '1987년 체제'는 오늘날 한국의 민주주의가 됐다

◆ ◆ ◆

박정희 정부는 1961년 5월 16일에 군사쿠데타로 집권하였음에도 불구하고 1963년 제5대 대통령 선거를 대통령 직선제로 진행했다. 권위주의 군사정부임에도 민주적 절차로 선출된 대통령이 통치하는 체제라는 정당성을 확보하기 위해서다. 이러한 노력은 한국에서 선거가 가지는 중요한 정치적 함의를 보여준다. 제5대 대통령 선거에서 박정희 후보는 46.6%의 지지를 얻어 윤보선 후보를 1.5% 차이로 힘겹게 이겼다. 박정희 대통령이 재선에 도전한 1967년 제6대 대통령 선거에서도 윤보선 후보와 재대결이 이루어졌다. 하지만 이전 선거와 비교할 때 51.5%와 40.9%라는 상당한 격차를 보이며 재선에 성공하였다. 1971년 4월에 박정희 대통령은 김대중 후보와 대결하여 3선 도전에 성공하였으나 선거 부정 및 관권 선거로 공정성에 대한 논란이 있었다. 경제 성장과 산업화가 가져온 성과에도 불구하고 정부에 대한 국민의 지지가 높지 않았다는 점은 권위주의 정부가 체제를 안정적으로 유지하는 데 큰 위협이 되었다.

정권의 안정성이 위협받는 상황이 발생하자 박정희 정부는 대대적인 선거제도 수정에 들어갔다. 제7대 대선 직후인 1971년 5월에 치러진 제8대 국회의원 선거에서는 야당이 개헌 저지선을 넘는 의석을 확보하는 성과를 거두었다. 정권 유지에 큰 위협을 느낀 박정희 대통령은 이듬해인 1972년 10월에 계엄, 국회해산, 헌법 정지 등을 포함하는 대통령 특별선언을 발표하며 3선 제한을 철폐하는 조치를 선언했다. 또 그해 12월에 헌법을 개정하여 유신체제에 들어갔다. 이러한 강압적이고 독단적인 장치들을 통해 박정희 대통령은 대통령 직선제를 폐지하고 통일주체국민회의를 통한 간접선거로 대통령을 선출했다. 그리고 대통령이 제출한 명단에서 통일주체국민회의가 추인하는 방식으로 1973년 제9대 국회에서 국회의원 중 3분의 1을 선출해 유신정우회 또는 유정회로 불리는 교섭단체를 구성했다. 또한 중대선거구제를 선택하여 1개의 선거구에서 2인을 선출하는 방식으로 국회에서 집권 여당인 공화당의 우위를 확보하려 했다. 이처럼 유신체제는 입법부의 기능과 역할을 크게 제한하고 대통령의 종신집권 가능성을 열었다. 1961년 군사쿠데타 이후 권위주의 정부가 계속 집권했지만 1972년 유신체제를 기점으로 이전의 연성 권위주의와 구별되는 강성 권위주의의 시기로 접어들었다.

1979년 10월 박정희 대통령의 피살로 박정희 정부는 막을 내렸다. 하지만 1979년 12월 12일에 발생한 또 다른 군사쿠데타로 한국은 1980년대 중반까지 여전히 강력한 권위주의 정부의 통치가 이어졌다. 전두환 권위주의 정부 시기에도 꾸준하게 이어진 민주화운동, '제3의 민주화 물결'로 대표되는 전지구적인 흐름, 미국을 비롯한 서구 민주주의 국가들의 국제적 압력 등으로 한국은 1987

년에 마침내 민주주의 이행에 성공했다. '6·29 선언'으로 대표되는 정치적 자유화와 민주화 약속은 '1987년 체제'로 대표되는 현재 한국 민주주의 모습을 제도화했다.

## 개혁을 위한 개혁은 미완의 개혁이 되고 말았다

◆ ◆ ◆

1987년에 이루어진 한국의 민주화는 권위주의 정부의 종식이라는 점에서는 커다란 정치적 성과였다. 민주주의의 개념에 대한 정의는 다양하지만 가장 기본이 되는 최소한의 요건은 '선거민주주의'이다. 한국은 1987년 6월에 민주화를 통해 자유롭고 공정하며 정기적인 선거를 통해서 국민의 대표자를 선출하는 선거민주주의를 정립했다. 민주화 과정에서 합의된 가장 중요한 정치개혁은 '5년 단임 대통령 직선제'였다. 민주화 세력은 1987년 6월에 '6·29 선언'을 통해서 대통령 직선제를 약속받았고 이후 여당과 야당의 헌법 개정 논의과정에서 5년 단임제에 합의했다. 단임제는 대통령의 장기집권을 방지하고 권력 교체의 가능성을 열어두는 방안으로 합의되었다. 물론 '5년 단임 대통령 직선제'의 성과만으로 개혁이 성공적이었다고 할 수는 없다. 유신체제와 제5공화국을 거치면서 강화된 대통령 권한에 대한 축소는 1987년 민주화 이후에도 거의 이루어지지 않았다.[1] 민주화의 과정에서 대통령에게 과도하게 집중된 권력 구조의 개편에 대한 논의가 충분하게 진행되지 않았던 탓이다.

한편 국회의원 선거 제도의 개혁도 민주화 과정에서 논의되었다. 소선거구제로 치러진 1971년 제8대 국회의원 선거에서 야당인 신민당은 개헌 저지선을 넘는 의석을 확보했다. 하지만 1972년 유신체제의 성립과 함께 박정희 정부는 1선거구에서 2인의 국회의원을 선출하는 중선거구제를 채택했다. 그런데 이는 소선거구제의 승자독식 문제를 해결하고 비례성을 확보하기 위한 노력이 아니었다. 국회를 안정적으로 통제하는 방안 중 하나로 여당인 민주공화당의 다수석 확보에 유리한 중선거구제를 도입한 것이다. 이러한 이유로 중선거구제는 과거 권위주의 정부와 유신체제의 유산으로 인식되어왔고 1988년 제13대 총선은 새로운 선거제도로 치러져야 한다는 기대가 컸다. 이에 야당은 그동안 여당에 유리하게 작동했던 중선거구제를 대신하는 안으로 소선거구 단순다수제를 제안했다. 게다가 민주화 이후 첫 대통령 선거에서 당선된 노태우 대통령 역시 소선거구 단순다수제를 지지했다. 물론 유력 정치인들과 정당들의 정치적 계산이 들어간 제안이기도 했으나 이전 권위주의 정부와의 차별성을 고려한 차선의 결정이었다.[2]

이러한 과정들을 지나며 한국은 1988년 4월에 실시된 제13대 국회의원 선거에서 1개 선거구에서 1인을 선출하는 소선거구 단순다수제를 도입했다. 전국구라고 불리는 비례대표 의석이 일부 포함되었으나 대다수 의석은 지역구 중심의 소선거구를 통해서 결정되었기에 승자독식 원칙이 지배적인 선거제도라고 할 수 있다. 소선거구 단순다수제는 과반 득표 여부와는 무관하게 가장 많은 표를 받은 후보가 당선되는 제도이기에 아주 작은 득표율 차이가 가져오는 의석수의 차이가 상당하다. 게다가 1등인 후보를 선택하지 않은 표들은 의미 없이 버려지는 이른바 '사표死票'가 된다. 이런 이유로 선거의 결과도 다당제보다는 양당제로 수렴되는 경우가 대부분이다.

민주화 이행기에 가장 중요한 정치제도 개혁은 '5년 단임 대통령 직선제'와 '소선거구 단순다수제'로 대표되는 선거제도의 개혁이다. 하지만 두 선거제도는 모두 승자독식 방식으로 운영되는 시스템이다. 따라서 민주화 이후 더욱 다양해지는 의견들을 제대로 반영하기에는 한계가 있었다. 이러한 문제들을 해결하는 방안으로 내각제 도입, 중대선거구제 도입, 비례대표 확대 등의 방식을 논의하고 있었지만 현재까지 이렇다 할 성과는 나오지 않고 있다. 과도하게 집중된 대통령 권한을 분산하기 위해서 내각제 도입이 제안되었으나 현실적으로 추진이 어려운 상황이다. 한국 국민에게 민주주의는 직접 선거를 통해서 대통령을 선출하는 것으로 강하게 인식되어 있기 때문이다. 게다가 정치인과 정당에 대한 국민의 신뢰가 낮아 내각제 추진을 위한 동력을 확보하는 것도 쉽지 않다.

결국 1987년 민주화 시기에 논의되었던 정치제도의 개혁은 새로운 변화와 그에 따른 국민의 요구를 충분히 반영하지 못하고 단순히 유신체제 이전의 제도적 틀로 돌아가는 것에 방점을 두었다. 이런 이유로 권력 구조의 개편, 대표성, 비례성 등의 주요 요소에 대한 충분한 숙의를 거치지 못한 채 미완의 개혁이 이루어졌다.

## 한국의 민주주의에 철학적 사상과 방향이 필요하다

◆ ◆ ◆

1987년 6월 한국은 독재정권에 항거하는 범국민적인 민주항쟁을 거치며 민주주의 이행에 성공했다. 그런데 이후 민주주의를 굳건히 하는 과정에서 다양한 문제와 제도적 취약점이 노출되었다. 그중에는 점차 개선된 것도 있고 여전히 출구를 찾지 못한 문제들도 있다. 남겨진 과제 중 대표적인 것이 대통령의 지나친 권한이다. 민주화 논의과정에서 5년 단임 대통령 직선제라는 최소한의 조건에는 타협이 이루어졌다. 그러나 권위주의 정부, 특히 강력한

대통령의 권한을 분산하고 제한하는 것에 대한 구체적인 논의는
진행하지 않았다. 그 이유에 대한 여러 주장이 있으나 대표적인 것
은 두 가지로 정리된다. 하나는 다양한 이해관계를 가지고 있는 정
치 행위자들이 민주화 과정에서 신속한 합의를 얻으려 가장 최소
한의 제도적 개혁에만 동의했다는 주장이다. 또 다른 하나는 대통
령을 희망하는 유력 정치인들이 강력한 대통령제를 유지하기를 희
망했다는 주장이다.

　민주화 이후에도 권위주의 정부의 유산인 위로부터의 통치가 여
전했다. 특히 강력한 대통령의 권한이 유지되는 '제왕적 대통령'은
87년 체제의 대표적인 특징으로 현재까지 이어지고 있다. 5년 단
임 대통령 직선제는 권위주의 정부의 해체와 함께 장기집권을 예
방한다는 장점이 있었다. 반면 정책 추진의 연속성이 확보되기 어
렵고 승자독식 원칙을 기반으로 유지된다는 점에서 소수 의견이
충분히 반영될 수 없다는 문제도 있다. 권위주의 정부 시기에 형성
된 대통령에 대한 과도한 권력 집중은 제도적인 문제이기도 하지
만 실제 정치 행위 자체의 문제이기도 하다.

　물론 이는 한국에만 나타나는 문제는 아니다. 그러나 한국의 강
력한 대통령제는 5년 단임 대통령 직선제와 맞물리며 파행적인 행
태를 드러내기도 한다. 단임제 대통령의 경우 임기 후반으로 갈수
록 정책 추진이 어렵다. 게다가 차기 대통령 선거가 시작되면 심각
한 레임덕 상황에 빠지는 경우가 많다. 또한 집권당이 국회에서 다
수 의석을 확보하지 못하는 경우 발생하는 '여소야대' 혹은 '분점
정부divided government' 상황은 정국 운영을 더욱 복잡하게 만든다. 실
제로 민주화 이후 대통령 직선제로 정권을 잡은 노태우 정부는 이
듬해인 1988년에 실시된 제13대 국회의원 선거에서 여소야대 결

과를 맞게 되었다. 당시 집권 여당인 민주정의당이 국회 다수 의석을 확보하지 못하고 야권이 다수 의석을 차지하게 된 것이다. 여당이 국회를 장악하지 못하는 상황에서 노태우 대통령은 정국을 주도하기 위해 '3당 합당'을 추진했다. 그 결과 1990년 1월에 민주정의당과 두 야당이 합당한 거대 여당인 민주자유당(민자당)이 탄생했다. 국민이 선택한 선거결과를 정치인과 정당들이 비밀 협상을 통해서 일방적으로 왜곡한 것이다. 그뿐만이 아니다. 이후에도 집권 여당은 국회 다수 의석을 확보하기 어려운 상황에서 야당 당선자를 빼가거나 무소속 당선자를 영입하여 국회에서 안정적인 의석을 확보하고자 하였다.

한편 여소야대의 상황을 그대로 받아들인, 분점 정부 상황에서는 입법이 정체되거나 교착상태에 빠지는 상황이 자주 발생하였다. 법적으로 허용받은 권한 이상의 강력한 권력을 휘두를 수 있는 제왕적 대통령이라고 하더라도 분점 정부의 한계는 극복이 어렵다. 특히 야당이 국회에서 다수 의석을 차지하고 여당과 야당의 정치적 대립이 격화되는 상황에서는 대통령과 정부가 추진하는 정책들이 순조롭게 진행되기 어렵다. 권력을 휘두르는 데 제약이 따르는 상황에서 제왕적 대통령은 '무력화된 대통령'이 된다.

민주화 이후 한국 정치의 갈등과 반목을 더욱 심화하는 또 다른 문제점으로 주요 선거들의 선거 주기 불일치를 꼽을 수 있다. 특히 5년 임기의 대통령과 4년 임기의 국회의원 선거 주기가 일치하지 않으면서 집권 여당과 국회 다수당이 다른, 분점 정부 상황이 자주 발생하고 있다. 그로 인해 정치적 협상과 타협보다는 갈등이 고조되는 현상이 나타나고 있다. 대통령 임기 중의 국회의원 선거가 정부에 대한 중간평가의 성격을 가지고 있다고 볼 수도 있다. 하지만 너무 빈번한 선거로 인해 국정운영의 어려움이 계속해서 발생한다는 분명한 한계도 있다. 이를 해결하는 방안으로 주요 선거제도를 일치하자는 논의가 이어졌으나 아직 구체화되지는 못했다.

정당정치도 풀어야 할 문제가 많기는 마찬가지다. 민주주의 이행과 공고화에 성공했음에도 불구하고 한국의 정당정치는 여전히 제도화의 수준이 낮고 약한 정당weak party이라는 평가를 받는다. 1987년 민주화 이후 2000년대 초반까지 한국 정치는 지역주의가 지배한 시기라고 볼 수 있다. 주요 정치인들의 출신 지역과 소선거구 단순다수제에 기반을 둔 선거제도의 결합은 '3김(김영삼, 김대중, 김종필) 시대'로 대표되는 보스 정치와 지역주의 공고화를 가져왔다. 카리스마가 강한 보스들이 주도하는 정당정치는 정책과 이념을 기반으로 조직되고 운영되는 것이 아니라, 특정 지역에 막대한 영향력을 행사하는 정치지도자들에 의해서 좌우되는 특징이 강했다. 이러한 강력한 지역주의 구도에서 정당의 후보자 공천은 선거 당락을 결정짓는 중요한 요소 중에서 하나였기에 당 대표나 당 지도부의 영향력은 막강했다.

이렇듯 민주주의 운영에서 가장 핵심인 대통령제, 선거, 국회, 정당 등에서 기존 권위주의 정부의 유산과 민주주의 체제의 제도가 서로 부조화를 이루자 균열이 계속해서 발생하였다. 더욱 심각한 것은 민주화 이후에도 민주주의 가치와 규범이 손상되는 문제들이 지속적으로 나타나고 있다는 점이다. 한국은 권위주의에서 민주주의로 이행하는 것에는 모두가 동의했다. 그런데 1987년의 민주주의 이행과 체제 수립 이후 한국 정치가 나아가야 하는 방향과 지향점에 대한 철학적 사상과 방향이 부재하다. 현재 한국의 민주주의가 당면한 가장 큰 과제이다.

과거 한국은 장기적인 국가 목표를 설정하고 그 방향에 따라서 일관성 있고 체계적인 정책을 추진할 수 있었다. 물론 그것이 권위주의 체제의 장점이라 단정할 수는 없지만 분명 그 역량과 에너지만큼은 이어져야 한다. 그런데 과연 현재 한국은 그럴 역량과 힘이 있을까? 민주주의가 당면한 문제를 해결하기 위해서는 분명한 목표와 방향을 설정하고 강력하게 추진할 수 있는 국가의 능력이 필요하다. 지금 한국은 국가의 능력 자체가 약하거나 심각하게 흔들리는 상황이다. 이러한 과제를 해결하려면 권위주의 체제로의 회귀가 아닌, 합리적이고 평화적인 방법으로 국가의 근원적인 에너지를 끌어올릴 방안을 찾아야 한다.

## 정치적 양극화와 대결적 민주주의가 가장 큰 문제다

◆ ◆ ◆

지난 50년의 눈부신 성취에도 불구하고 한국이 마주하고 있는 현실은 어떤가. 한국은 현재 정치적 갈등, 성장 둔화, 경제·사회적 양극화, 저출산, 고령화, 기후변화, 에너지 위기, 지정학적 위기 등 여러 복합적 문제들로 심각한 위기를 겪고 있다. 특히 정치적 상황에서 가장 우려하는 부분은 정치적 양극화와 대결적 민주주의 출현이다. 정치적 양극화는 이념적 양극화와 정서적 양극화로 나누어 살펴볼 수 있다. 이념적 양극화는 정당 지지자들 사이의 이념적 거리가 점차 멀어지면서 중도가 줄어들고 양극단에 있는 지지자들의 비중이 높아지는 현상이다. 지지하는 정당과 정책에 따라서 보수와 진보로 나뉜다. 최근에는 이러한 이념적 차이에 의한 거리가 더욱 멀어지고 있다. 정서적 양극화는 정책이나 정당에 대한 차이가 아닌, 상대 정당 및 지지자들에 대한 불신과 부정적인 인식이 커지는 것을 의미한다.

　이러한 양극화와 더불어 한국 정치에서 포퓰리즘이 강해진다는 견해도 있다. 포퓰리즘은 기성 정치인들 또는 엘리트 정치인들을 불신하고 대중을 동원하여 권력을 얻고 유지하는 정치행태를 의미한다. 그런데 한국에서 포퓰리즘은 다른 방식으로 이해되고 활용되고 있다. 반엘리트적인 관점보다는 정치인과 정당이 대중의 감정에 호소하여 인기를 얻고 정치적 목적을 달성하는 정치 전략으로 쓰이고 있다.[3] 정당은 정책을 중심으로 상호 경쟁해야 한다. 그러나 현재 한국의 정당정치는 '정책 경쟁은 없는 정치 경쟁'이 되고 있다. 정치가 국민의 삶을 향상하기 위해서 노력하는 것이 아니라 소수 정치인이나 정당 간의 경쟁이 되었다. 또 타협과 조정에 바탕을 둔 정치가 아니라 심각한 대결 구도로 진행되고 있다. 그 과정에서 감정적 호소를 통해 유권자의 표를 얻는 포퓰리즘이 성행하는 것이다.

　민주주의 운영 원칙인 견제와 균형을 위해서는 행정, 입법, 사법의 세 권력이 분리되어 제 기능을 독립적으로 수행해야 한다. 그리고 동시에 다른 기관을 적절하게 감시할 수 있어야 한다. 하지만 최근 정치의 사법화 그리고 사법의 정치화 현상이 심각해지면서 민주주의가 도전받고 있다. 정치는 가장 본질적 기능인 대화와 협상을 통해서 정치 사회적 갈등을 조정해야 한다. 그런데 최근 한국은 정치가 갈등을 심화시키고 양극화를 가속화하고 있다. 게다가 더욱 심각한 것은 이러한 과정에서 모든 중요한 정치적 사안에 대한 법적 논쟁이 일어나고, 법에 따른 독립적인 판단의 영역이었던 사법부 역시 정치의 중심으로 이동하고 있다는 점이다.[4] 타협과 조정으로 해결해야 하는 정치의 영역이 고소 고발을 통한 법적 판단을 기대하며 승자와 패자를 가르는 대결의 장이 되어버린 것이다.

민주화 이후 한국 정치의 가장 큰 문제라고 지적되었던 지역주의 구도는 다소 완화된 양상이다. 하지만 젠더, 세대, 이념 등 새로운 갈등 구조들이 중첩되면서 정치적 타협과 협상을 통한 해결 방안은 더욱 요원해지고 있다. 또한 신문과 방송 등 전통적인 미디어의 영향이 점차 약해지고 소셜 미디어, 유튜브 등과 같은 매체들이 정치적 영향력을 확산하고 있다. 이러한 새로운 매체는 컴퓨터나 핸드폰만 있으면 다양한 정보에 손쉽게 접근할 수 있고 소수의 인원만 독점하던 정보를 다수의 대중이 쉽게 접하고 빠르게 확산할 수 있다는 장점이 있다. 하지만 접근이 쉬운 만큼 영향력도 강하고 폐해도 크다. 정보가 검증이나 여과의 과정 없이 전달되면서 여러 문제를 발생할 위험이 커진다.

흔히 말하는 가짜 뉴스가 범람하고 그에 따른 혼란도 피할 수 없다. 또 이러한 정보의 공유 방식과 확산은 정치적 갈등과 분열을 더욱 심각하게 조장할 수 있다. 윤석열 대통령의 비상계엄 발표 이후 나타난 격렬한 정치적 충돌 역시 새로운 미디어 매체의 사용자들에 의해서 더욱 격화되었다. 윤석열 대통령에게 구속영장이 발부되자 지지자들이 서울서부지방법원에 난입해 폭동을 일으킨 사건 역시 새로운 미디어 매체의 놀라운 전파력을 악용한 유튜버들의 현장 중계와 시청자들의 극단적인 대응이 배경에 있었다.

이렇듯 이미 존재하는 정치적 갈등과 대결 구도에 새로운 문제들이 여러 층위로 겹치면서 한국 정치가 당면한 과제는 더욱 복잡한 해결책을 요구하고 있다.

# 한국 정치가 이대로 간다면
## 어디에 도착할 것인가

정책 경쟁은 없는 정치 경쟁, 대통령의 과도한 권한, 유권자의 표에 집중한 포퓰리즘, 심각한 대결 구도 등 한국 민주주의의 현실은 암울하기만 하다. 지금 이대로 계속 나아간다면 과연 한국 정치는 어디로 향할 것인가? 대결적 정당 구도와 정치적 양극화가 심각해지는 것은 자명하다. 더불어 장기적인 비전과 목표가 부재한 대통령제 정부가 제 기능을 발휘하지 못하는 상태가 올 수 있다. 즉 정치적 갈등과 긴장 관계를 조율할 시스템과 역량이 없는, 그야말로 정부가 마비되는 상태가 될 가능성이 크다.

예상되는 미래는 우리가 바라는 미래와 너무도 멀리 떨어져 있다. 과연 어디서부터 어떻게 바로잡아 나가야 모두가 바라는 품격 있는 민주주의에 도달할 수 있을까?

## 승자독식 원칙은 권력투쟁과 갈등을 격화시켰다

◆ ◆ ◆

민주화 이후의 한국 정치를 대표하는 '87년 체제'는 아이러니하게도 한국 정치의 성공과 실패의 공통된 요인으로 꼽힌다. 국민의 뜻을 직접 반영할 수 있는 대통령 직선제와 정치적 책임 소재를 분명하게 하는 소선거구 단순다수제는 분명 한국 민주주의 성장과 발전에 크게 이바지했다. 그러나 두 선거제도의 핵심 요소인 승자독식 원칙은 정치권의 권력 투쟁과 갈등을 더욱 격화시켰다. 예를 들면 지난 2022년 제20대 대통령 선거에서 윤석열 후보는 이재명 후보에게 0.73%의 근소한 득표율 차이로 승리했다. 이는 곧 승자독식 방식의 선거제도에서는 절반에 가까운 국민의 의사가 선거결과에 반영되지 못했다는 의미이다. 또 다른 사례로 2024년에 실시된 제22대 총선의 결과를 들 수 있다. 제22대 총선에서는 전국 단위에서 민주당과 국민의 힘의 지역구 득표율 차이가 5.4%에 불과했다. 그러나 양당의 의석수 차이는 1.8배에 달했다. 1위인 당선자의 표를 제외한 나머지 표가 모두 의미 없는 '사표'가 되기 때문이다.

이러한 승자독식 원칙은 앞서 말했듯이 정치권의 권력 투쟁과 갈등을 격화하는 요인이 되었다. 제22대 총선에서 여당인 국민의 힘은 108석, 범야권은 192석을 확보하면서 국민의 힘은 개헌 저지의 마지노선인 200석을 막았다는 것 외엔 별다른 의미를 부여하기 어려울 정도의 참패를 경험했다. 윤석열 정부는 역대 가장 최소 득표율로 선거에서 승리하였다. 그러나 여소야대의 국회 상황에서 야당을 정치적 대화와 협상의 대상으로 고려하지 않았다. 게다가 제22대 총선 이후 지속적인 분점 정부 상황에 직면하자 이러한 상황이 더욱 격화되었다. 국회에서 다수당을 차지한 야당 역시 승자독식의 선거결과를 과도하게 해석하였다. 다수결의 원칙은 민주주의 의사결정에서 주요 방식 중의 하나이지 유일한 수단은 아니다. 그럼에도 불구하고 야당은 여당과 협상을 통해서 이견을 조율하고 조정하기보다는 국회에서 다수 의석을 확보한 힘을 활용하여 법안을 통과시켰고 정부 주요 인사들에 대한 탄핵소추안을 발의했다. 여당과 대통령 또한 거부권 행사 방식으로 갈등을 고조시켰다. 이러한 행정부와 입법부의 극한 갈등과 대립은 2024년 하반기에 정치적 혼란으로 표면화되었고, 결국 비상계엄 선포라는 대통령의 친위 쿠데타 사태로 점철되었다.

과거 민주주의의 붕괴는 군부의 쿠데타를 통해서 발생하는 경우가 대부분이었다. 그런데 최근에는 군사적 개입을 통한 방식보다는 민주주의 시스템 내부에서 서서히 붕괴하는 사례가 대부분이다.[5] 이런 경우에 정치 경험이 없는 외부자가 정치지도자로 등장할 때가 많다. 그리고 선거라는 절차적 정당성을 통해 합법적으로 행정부를 지배하고 의회와 사법부에 대한 통제를 강화한다. 더불어 견제와 균형의 원리를 무너뜨리고 정치적 권리와 시민들의 자유를 제약한다. 이러한 현상은 이미 남미, 동유럽, 아시아의 일부 국가에서 나타나고 있다. 한국의 민주주의 역시 최근에 이러한 경로로 접어든 것이 아닌가 하는 우려를 불러일으킨다. 만약 별다른 개선 없이 현재의 상태가 이어진다면 미래에 만나게 될 한국의 민주주의는 최소한의 형태만 유지하는 수준일 것이다. 한국이 다시 권위주의 체제로 돌아가지는 않겠지만 민주주의의 규범, 가치, 제도는 상당히 손상되고 최소한의 기준인 선거만 어느 정도 유지되는 수준일 가능성이 크다.

## 극단적 정치인과 제왕적 대통령의 출현을 막아야 한다

◆ ◆ ◆

물론 완벽한 제도는 존재하지 않고 새로운 제도를 도입하더라도 한국 정치가 당면한 문제를 모두 해결할 수는 없다. 제도 개혁도 중요하지만 더 우선되어야 할 것은 운영하는 행위자들의 문화, 규범, 정치적 환경이다. 그간 한국 선거제도의 승자독식 문제를 해소하는 방안으로 비례대표 확대를 꾸준하게 논의했다. 그 결과 여야는 제21대 총선 직전에 준연동형 비례대표제를 도입했다. 하지만 여당과 야당 모두 위성정당을 창당하는 방식으로 거대 정당들이 비례대표 의석을 과도하게 가져가면서 제도개혁의 의도가 제대로 실현되지 못했다. 이는 더욱 꼼꼼하고 섬세하게 제도를 정비하지 못한 탓일 수도 있다. 그러나 무엇보다 정치 행위자들이 소수 의견을 존중하고 중요하게 여기는 것에 대한 인식이 부재하다는 의미일 수도 있다.

정치는 의견의 차이와 갈등을 조정하고 조율하는 기능을 한다. 그런데 최근의 상황은 서로의 차이를 인식하고 이해의 폭을 넓히는 노력보다는 극단적인 지지자들이 과도하게 영향력을 행사하면서 갈등이 격화되는 모습이다. 과거 국회는 여소야대의 대치정국에서도 대화와 타협을 위한 기본적인 창구는 열어두고 활동했다. 하지만 새롭고 다양한 정치 세력들이 국회에 진출하면서 갈등 구조와 이해관계가 더욱 복잡하고 깊어졌다. 이러한 과정에서 그간 한국 정치에 암묵적 규범으로 작동했던 자제와 상호존중은 실종되었고 오히려 심각한 정치적 대결 구도가 굳어졌다.[6]

한국 정치의 혁신 방안을 행위자와 구조적 측면으로 나눠서 살펴본다면 우선 극단적인 지도자를 걸러내는 방안을 찾아야 한다.

현재 한국 정치는 합리적인 중도층의 목소리보다 양극단에 있는 지지자들의 영향력이 강력하다. 이러한 상황에서는 극단적인 발언이나 태도를 보이는 정치인이 더욱 주목받고 강력한 지지를 받게 될 가능성이 크다. 반면 합리적인 정책 대안을 제공할 수 있는 정치인들이 정치적 무대에 진입할 기회는 점차 줄어들게 된다. 따라서 국민이 정치인들을 제대로 선택하고 판별할 수 있는 기준을 제공하고, 극단적인 정치인들을 걸러낼 수 있는 제도적 틀을 마련하는 것이 필요하다.

다음으로 한국 정치의 갈등과 대결을 완화하는 방안을 구조적 측면에서 살펴볼 때 무엇보다 대통령에게 집중된 권력을 제도적으로 분산하는 방안을 찾는 것이 중요하다. 법적으로 보장된 한국 대통령의 권한은 제왕적이라고 보기 어렵다. 그러나 실제 대통령이 정부와 당에 행사하는 권한은 상상 이상이다. 공천, 인사, 예산 등을 포함한 비공식적인 수단까지 포함한다면 전방위적이라고 볼 수 있다.[7] 한국의 정부 형태는 대통령제이지만 정부의 운영 방식은 의원내각제의 성격이 강하다. 정부가 법안을 발의할 수 있고, 국회의원이 장관에 임명되고, 당정 간의 관계를 조정하기 위한 조직 및 직책이 있다. 이는 대통령제하에서 대통령 또는 행정부의 권한을 더욱 강화하는 모습으로 나타난다.

물론 역설적인 현상이 나타나기도 한다. 최근의 정치적 사례를 통해서 알 수 있듯이 여소야대 상황에서 대통령과 야당의 갈등이 극한 상황에 이른 경우에는 대통령이 추진하고자 하는 주요 정책들은 진행이 어렵게 된다. 어떠한 모습이든 승자독식의 균열사회가 가져온 정치적 갈등과 반목을 해소하기 위해서는 대통령에게 집중된 법적 권한과 실질적 권력을 분산할 필요가 있다. 그리고 소수의 의견이 정책 수립과 집행에 충분히 반영되도록 하는 노력이 필요하다. 이러한 제도적 정비 과정이 뒷받침되어야만 정서적 내전 상태의 선거경쟁을 극복할 수 있다.

## 공천 개입, 지역주의, 시민사회 권력화가 문제다

◆ ◆ ◆

구조적 측면에서 정당 조직의 개혁도 반드시 해결해야 할 문제이다. 강력한 카리스마를 가진 지도자들이 주도한 3김 시대에는 정당 내의 민주적 통제가 사실상 어려운 상황이었다. 보스정치로 대표되는 이들 정치 지도자들은 정책과 이념에 근거한 정치조직으로 정당을 설립하고 운영한 것이 아니었다. 이들은 본인들의 정치적 목적을 달성하기 위한 수단으로 정당을 활용했다. 이들이 정치무대에서 사라진 2000년대 초반 이후 새로운 정당정치가 출현할 것이라는 기대가 있었다. 하지만 이러한 기대는 크게 충족되지 않았다. 대통령이 여당에 어떻게 영향을 미치는지, 야당 대표가 당 조직과 국회의원들에 어느 정도 영향력을 발휘하는지에 대한 문제는 여전히 변하지 않았다. 더군다나 정치인과 정당이 가장 중요하게 생각하는 공천에서 여전히 당대표와 소수 당지도부의 영향력이 지배적이다. 이런 상황에서는 정당정치의 제도화는 요원할 수밖에 없다.

한국 국회는 다른 나라와 비교할 때 초선의원의 비율이 상당히 높다. 제21대 국회에서는 초선의원이 151명으로 50% 비율을 넘었고 제22대 국회에서도 131명이 등원하여 약 44% 비율을 보인다. 이는 현역 의원 우세라는 일반적인 정치학적 설명과는 상당히 다른 결과이다. 이는 공천 과정에서 당 지도부의 강력한 개입과 영향력이 행사되었음을 배제할 수 없게 한다.

최근 당원들의 참여가 확대되는 양상이지만 선거 기간 확보된 일부 강성 당원들의 목소리가 여전히 주요하다. 지금까지 한국의 정당정치는 이념과 정책보다는 주요 정치지도자를 중심으로 형성되어 왔다. 특히 정치지도자들의 출신 지역을 중심으로 정당이 조직되고 운영되면서 지역주의가 강화되었다. 현재도 특정 정당의 지역적 우위는 여전하다. 다만 과거와는 달리 새로운 갈등 구조가 중첩되어 문제가 발현된다는 차이가 있다.

새로운 정치적 지형의 형성은 한국 시민사회의 발전과도 연결된다. 시민사회는 권위주의 정부 시기 민주주의 이행에 큰 역할을 했고 민주주의 공고화 과정에서도 권력을 감시하고 견제하는 기능을 담당했다. 그러나 2000년대 이후에는 시민사회의 주요 활동가들이 제도권 정치로 진입하는 경향이 뚜렷해지고 시민사회의 정치화가 가속화되고 있다. 시민사회 활동가들이 정부 주요 기관과 정당 활동에 적극적으로 참여하고, 국회의원으로 선출되고, 행정부의 장·차관으로도 임명되었다. 특히 제21대 총선을 계기로 위성정당의 비례대표 추천을 통해서 국회로 진입하는 기회가 확대되었다. 시민사회 활동가들이 각자의 분야에서 쌓은 활동 경험과 지식은 입법과 행정에 도움이 되는 측면도 분명히 있다. 하지만 시민사회와 제도권 정치의 경계가 모호해지면서 나타나는 문제 역시 심각하다. 시민사회 조직 또는 활동가들의 당파성에 따라서 감시와 견제의 역할은 변동되고, 심지어 개인과 조직의 이익을 위해서 정치권과 연결되는 모습도 나타나고 있다.

# 현재와 미래의 간극을 줄여야
# 바람직한 미래로 간다

한국이 희망하는 바람직한 미래의 정치는 어떤 모습일까? 무엇보다 장기적인 목표와 비전으로 거버넌스를 구축할 수 있어야 한다. 그리고 대립과 갈등이 아닌 대화와 타협으로 민주주의 운영 정치 규범과 규칙을 형성하고 존중해야 한다. 또 소수 정치인의 이익을 대변하는 현재의 카르텔 정당에서 국민의 삶의 문제를 논의하는 정당으로 전환해야 한다. 그뿐만이 아니다. 대통령에게 과도하게 집중된 권력을 분산하여 견제와 균형의 원리를 작동하게 만들어야 한다. 그리고 승자독식의 선거제도를 개편하여 다양한 의견이 반영되는 채널을 구축해야 한다. 또한 정당의 조직과 운영이 투명하고 민주적인 방식으로 운영되도록 절차와 제도를 정비해야 한다. 그래야 다양한 의견이 반영될 수 있다. 더불어 합리적이고 규범과 가치를 존중하는 후보자가 공천 과정에서 선출될 수 있도록 노력해야 한다.

## 정치제도를 개혁하고 정치문화를 개선해야 한다

◆ ◆ ◆

듣기만 해도 숨이 찰 정도로 한국 정치가 나아갈 길은 멀고 험하다. 이루어야 할 목표가 많은 만큼 미래를 준비하는 걸음도 힘차고 빨라야 한다. 그리고 바람직한 미래가 한국 민주주의에서 실현되려면 현재와 미래의 간극을 줄이기 위한 정치개혁도 필수적이다. 이를 정리하면 크게 세 가지로 요약된다.

첫째, 정치제도의 개혁과 정치문화의 개선이 필요하다. 한국 정치에서 최우선으로 해결해야 하는 문제 중 하나는 과도하게 집중된 대통령의 권한을 효과적으로 분산하는 방안을 찾는 것이다. 앞에서도 언급했듯이 법적인 권한의 측면에서 한국 대통령은 제왕적이라고 평가하기는 어렵다. 하지만 실질적인 권력 행사에서는 대통령은 막대한 권한을 활용할 수 있다. 특히 취임 직후 강력한 국정운영의 동력으로 권한을 쓸 수 있다. 다수의 정치학자가 한국 정치에서 발생하는 제왕적 대통령의 권력 집중 문제를 해결하기 위한 제도로 의원내각제를 주장한다.

서구 선진민주주의 국가 중에서 미국을 제외한 대부분이 의원내각제로 운영되고 있다. 의원내각제는 국민에 의해서 선출된 의원들이 정당 간의 정치적 대화와 타협을 통해서 국가의 주요 정책을 논의하고 입법부와 행정부의 협력이 강화될 수 있다는 장점이 있다. 이러한 전문가들의 논의에도 불구하고 한국 국민이 민주주의에 대해서 가지고 있는 가장 기본적인 이해는 국민이 직접 대통령을 선출할 수 있어야 한다는 것이다. 대통령에게 집중된 권한의 분산과 협치 가능성은 커지지만, 국민이 가지고 있는 심리적인 거부감을 뛰어넘기는 쉽지 않다.

전문가들과 국민의 간극을 좁히는 방안으로 현행 대통령제의 제도적 개혁을 제안할 수 있다. 그중 하나로 대통령에게 과도하게 집중된 권한을 분산하기 위해 현행 5년 단임제에서 4년 중임제로 전환하는 것도 좋은 방안이다. 이는 제왕적 대통령제를 연장하자는 것이 아니라 4년 중임제를 통해서 국정운영의 안정과 정책의 연속성 및 책임성을 묻자는 것이다. 이처럼 헌법상에 규정된 대통령제에 대한 개혁과 동시에 정책 집행과 운영 과정에서 나타나는 대통령의 실질적인 권력 행사를 제한할 수 있는 제도적 개혁도 필요하다.

한국의 대통령제는 의원내각제의 특징을 다수 가지고 있다. 대통령이 국회의원을 국무위원으로 임명할 수 있다는 것은 행정부의 입법부에 대한 상당한 영향력 행사라고 볼 수 있다. 또한 정부가 법안을 제출하는 정부입법을 통해서 입법부의 주요 권한인 법안 발의 역시 행정부가 진행할 수 있다. 예산 편성권은 정부에 있고 심의·확정의 권한은 국회가 가지고 있다는 점에서도 행정부의 수장인 대통령이 입법부에 막대한 권한을 행사할 가능성을 알 수 있다. 따라서 대통령제 개혁에 대한 핵심적인 사항은 5년 단임제에서 4년 중임제로 전환하는 것과 법적 권한 밖에서 행사되는 대통령의 실질적인 권력 행사를 제한하고 책임성을 강화하는 방안이 함께 이루어지는 것이다. 특히 국회의원의 국무위원 겸직을 제한하고 입법권과 예산 편성권을 국회에 이관하는 방향으로 현재 대통령의 권한을 분산하는 것이 중요하다.

역설적으로 한국의 대통령제와 관련해서는 두 가지 상반된 두려움이 공존하고 있다. 첫째는 앞서 언급한, 대통령에게 과도한 권한이 집중된 '제왕적 대통령imperial presidency'이다. 둘째는 여소야대 또는 분점 정부로 인해서 행정부와 입법부의 긴장과 갈등이 고조되는 상황으로 발생하는 '무력화된 대통령impaired president'의 출현이다.
이런 상황에서는 행정부의 정책이 입법부에서 통과되지 못하는 경
우가 발생하기도 한다. 또 입법부에서 행정부 또는 대통령이 반대
하는 정책을 일방적으로 추진하기도 한다. 이때 대통령이 거부권
을 행사하면서 국정혼란이 가중되는 상황이 발생하게 된다. 이와
더불어 임기 말의 대통령이 경험하는 심각한 레임덕 상황은 5년
단임 대통령제를 선택한 한국이 꾸준히 겪는 문제이다.

민주화 직후에도 한국 정치는 입법부와 행정부의 대립이 심각했
다. 특히 민주화와 산업화라는 두 축을 중심으로 갈등 구조가 명확
했다. 그럼에도 불구하고 주요 정당과 정치인들은 대화와 타협의
가능성을 남겨두었고 정책과 현안에 대한 조정을 진행해나갔다.
법과 제도에 우선하여 지금 당장 이러한 대화와 협상의 노력을 실
천하며 한국의 정치를 변화시켜 나가야 한다. 또한 정치 행위자는
물론이고 사회구성원들이 올바른 정치 규범과 문화를 생활화하여
정치문화를 개선해나가는 것도 중요하다.

## 선거제도의 개혁으로 승자독식을 막아야 한다

◆ ◆ ◆

둘째, 민주주의에서는 가장 중요한 선거제도의 개혁이 필요하
다. 승자독식 원칙이 적용되는 소선거구 단순다수제에서 비례성을
확대하는 방향으로 선거제도를 개편해야 한다. 현행 선거제도는
1987년 민주화 과정에서 도출된 제도적 합의이다. 하지만 지역주
의와 승자독식 등의 문제가 드러나면서 비례성 확대 논의가 계속
해서 언급되었다. 최근 더욱 심각하게 나타나는 정치적 양극화와
극단적인 지지자들의 정당에 대한 영향력 강화는 소선거구 단순다

수제의 효용에 심각한 회의감을 가지게 한다. 특정 지역에서 특정 정당의 영향력을 제한하고 사표를 줄이며 비례성을 늘리기 위해서는 중대선거구제(1개 선거구에서 2인 이상 선출)의 선택을 고민할 수 있다. 물론 전체 국회의원을 비례대표 방식으로 선출하면 비례성이 훨씬 높아질 것이다. 하지만 완전히 새로운 선거제도를 도입하는 것은 실현 가능성이 크지 않기에 현재의 단순다수제의 승자독식 원칙을 완화할 수 있는 중대선거구제가 현실적인 대안이 될 수 있다.

소선거구 단순다수제는 낙선자에게 표가 가지 않아야 한다는 사표방지 심리 때문에 소수 정당이 국회에 진입할 가능성을 크게 낮춘다. 또한 득표율의 차이는 미미하지만, 의석수에서는 커다란 차이를 가져올 수 있기에 정당과 정치인들은 더욱 극단적인 대결로 치닫게 된다. 물론 비례대표제, 준연동형 비례대표제 등의 방식으로 비례성을 확대하려는 노력이 있었다. 이러한 노력에도 불구하고 2025년 기준 전체 300개의 의석 중에서 비례대표는 46석으로 약 15%에 불과하다. 이런 이유로 1개의 선거구에서 2명을 선출하는 중선거구제 도입이 현실적인 대안으로 논의되고 있다. 대통령제에 대한 제도적 수정은 헌법개정이 필요하지만, 선거구 및 국회의원 정수 조정 등은 선거법 개정으로 충분히 가능하다. 하지만 현역 국회의원과 정당의 정치적 이해관계가 첨예해서 소선거구 단순다수제가 가진 승자독식의 문제에도 불구하고 실제 중선거구제는 적극적으로 추진되지 못했다.

제왕적 대통령제의 권력 집중을 분산하는 노력과 함께 국회에서도 정치적 양극화 문제를 해소하기 위한 다양한 노력을 해야 한다. 국회는 다당제 가능성을 확대하여 거대 양당의 극단적인 대결로 입법부가 마비되는 상황을 방지해야 한다. 그리고 여러 정당 간의 협상과 조정으로 갈등을 완화하고 타협점을 찾아가야 한다. 또 비례성을 높일 수 있는 제도적 방안을 고민할 필요도 있다. 민주화 직후 한국 정치는 지역주의가 지배적이었다면 현재는 세대, 이념, 계층, 젠더 등 다양한 정치적 균열구조가 나타나고 있다. 심지어 이들이 중첩되어 나타나는 경우도 많다. 따라서 지역별, 직능별, 세대별로 정치·경제·사회의 균열구조를 대표하는 비례대표 배분을 확대하면 승자독식의 문제를 어느 정도 완화할 수 있을 것이다.

선거구제를 소선거구제에서 중대선거구제로 개편하는 문제뿐만 아니라 지역구와 비례대표 비율도 선거 때마다 격하게 논쟁하는 이슈이다. 국회의원 정수를 확대하는 것이 현역 국회의원의 저항을 줄이는 방안이다. 하지만 정당과 정치인에 대한 국민의 신뢰가 낮은 것을 고려한다면 쉽게 거론할 문제는 아니다. 현재 의석수에서 비례성을 확보하기 위해서는 지역구 축소가 필요할 수도 있다. 이때는 현역의원의 동의가 절대적으로 필요하다. 일본의 경우에는 중의원(하원) 선거에 출마하는 후보자들이 지역구와 비례대표에 중복출마하는 것을 허용하는 방식으로 어느 정도 안전망을 제공하고 있다. 이러한 방식을 참고하여 현역의원들에게 선거경쟁에서 안전망을 제공한다면 선거제도 개편 논의를 시작할 수 있을 것이다.

아직 이론적 단계에 머무르고 있지만, 투표총량제 도입에 대한 논의도 진행되고 있다. 투표총량제란 한 유권자가 평생을 살면서 행사할 수 있는 표의 수를 정해 놓는 제도이다. 정책, 이념, 세대 등 여러 단면을 중심으로 강력한 의사표현을 할 수 있다. 국민의 정치적 선호도를 파악할 수 있다는 점에서 흥미롭다. 하지만 실제 정치에서 실험적으로 도입되고 있는 사례가 없다는 점에서 다소 현실성은 떨어진다고 볼 수 있다.

## 정당개혁으로 다양한 국민의 소리를 담아야 한다

◆ ◆ ◆

셋째, 정당개혁도 필수적이다. 정당개혁은 우선 공천 과정과 절차에 대한 개혁에서 시작할 수 있다. '3김 시대'로 대표되는 보스 정치 시기에는 후보자 공천과 맞물려 이들의 영향력은 막강했다. 1980년대 후반 이후 한국 선거에서 지역주의의 중요성을 고려한다면 특정 지역에서 특정 정당에 의한 공천은 당선과 같은 의미였다. 그러니 당의 운영과 의사결정 과정에서 정치 보스에 대한 도전은 찾아보기 어려웠다. 2000년대 초반 이후 3김이 정치무대에서 은퇴하고 새로운 세력들의 국회 진입이 확대되었으나 여전히 정당 조직과 운영은 낮은 제도화 수준을 보인다. 현행 선거제도에서도 당대표와 소수 당지도부가 공천 과정에 미치는 영향력은 여전히 막강하다.

한국 정치의 문제점을 해결하기 위해 2000년대 초반 이후 정치권에서는 여러 개혁을 추진했다. 2004년 3월에 이루어진 정치관계법 개정은 공직선거법, 정당법, 정치자금법 세 가지 법률을 포괄적으로 다루었다. 특히 정당법 개정을 통해서는 지구당 폐지를 결정했는데 정치의 투명성을 높이고 고비용 정치 구조를 타파하고자 하는 목적이었다. 2015년에는 공직선거법 개정을 통해서 휴대전화 안심번호를 활용한 여론조사 실시를 허용했다. 2004년은 정당개혁, 2015년은 공천개혁의 명분이었으나 실익은커녕 문제만 발생시켰다. 현역의원 중심의 기득권 질서가 더욱 공고해지고 공천 과정에서 다양한 문제를 일으키는 시작점이 되었다. 게다가 여론조사 등을 통해서 공천 과정을 개방한 것은 당원이나 국민의 의견을 충분히 반영하려는 목적이 아니었다. 당내 여러 계파의 정치적 이해득실을 타진하려는 목적이었다.[8] 여론조사를 통해서 후보자를 공천하는 방식은 가장 손쉬우면서도 여러 방식으로 영향력을 행사하는 것이 가능했기 때문이다.

현재 한국의 공천시스템에서는 현역의원이 우선되거나 당 지도부가 후보자를 낙점하는 방식으로 작동하는 경향이 강하다. 이를 해결하려면 당원 또는 일반 국민의 의사가 충분하게 반영되는 시스템을 도입할 필요가 있다. 미국 정치에서 활용하는 예비선거 Primary 방식으로 당원뿐만 아니라 다양한 국민의 의견을 반영하여 후보자를 결정하는 방안을 고려할 수 있다. 물론 미국의 프라이머리 역시 폐쇄형과 개방형으로 나뉘면서 전략적 투표에 대한 논쟁이 있다. 하지만 지금 한국의 공천 과정에서 발생하는 문제점에 대한 대안으로 참고할 만하다. 이와 더불어 정당 운영과 공천 과정에서 합리적이고 정책적 대안을 가진 정치인들이 진입할 기회를 제공하는 방안 역시 필요하다. 이를 위해서는 정당 내부에서 공정하고 투명한 공천제도를 도입해 민주적 절차에 따라서 운영해야 한다. 그리고 소수의 극단적인 지지자들이 아니라 일반 당원 또는 국민의 의사를 잘 반영할 수 있는 합리적인 사람들을 후보자로 선출하는 것이 필요하다.

이러한 논의와 함께 정당 내부의 독립성과 자율성을 향상할 필요도 있다. 정당 조직, 당원 모집, 공천 방식 등에서도 제도적 정합성이 필요하다. 한국의 정당 당원들은 '1,000원 당원'이라는 표현처럼 아주 낮은 금액의 당비만 단기간 납부하면 당원으로 쉽게 가입할 수 있다. 새로운 당원들은 선거 직전에 가입하는 경우 많고 오래된 당원과 비교해 정당 운영, 정당 정책 결정 과정에 직접적인 영향을 미치는 사례가 계속해서 증가하고 있다. 특히 이러한 새로운 당원들은 특정 정치인에 대한 강성 지지자들로 구성되는 경향이 높다. 그 결과 팬덤정치의 성향을 보이며 보다 극단적인 방향으로 정치인과 정당들을 움직인다.

이러한 문제점을 해결하려면 다양한 당원들을 모집하고 이들의 의사가 충분히 반영되는 제도적 시스템을 갖춰야 한다. 또 정당 내부의 개혁을 통해서 정치적 가치와 규범을 공유하는 그룹을 양성해야 한다. 사회적으로는 정치에 관심 있는 사람들뿐만 아니라 일반 시민들을 대상으로 한 정치 교육도 중요하다. 즉 시민교육civic education을 중심으로 중·고등학생, 대학생 등의 미래세대들이 민주주의 가치, 운영 원리 등에 대해서 학습하고 체화할 기회를 제공하는 것이 필요하다.

## 정치, 국회, 정당은 국민의 신뢰를 회복해야 한다

◆ ◆ ◆

다양한 정치제도 개혁과 함께 정치문화 측면에서도 정치, 국회, 정당에 대한 국민의 신뢰 회복이 필요하다. 앞에서도 언급했듯이 현재 대통령에게 집중된 강력한 권한을 분산할 수 있는 제도개혁 중 하나는 의원내각제로의 전환이다. 그러나 이러한 정치적 명분과 비상계엄 이후의 정치적 혼란 상황에도 불구하고 한국 국민의 대통령제에 대한 선호는 여전히 매우 높은 수준이다. 2025년 4월에 한국갤럽이 시행한 여론조사에 따르면 응답자의 51%가 5년 단임 대통령제에 대한 개헌이 필요하다고 응답했다. 하지만 권력구조 분산에서는 4년 중임 대통령제가 45%로 가장 높은 지지를 받았고 의원내각제와 분권형 대통령제*가 각각 16%로 같은 비율을 기록하였다.

물론 1987년 이후 계속해서 유지해온 정치제도에 대한 관성적인 지지일 수도 있다. 그러나 국민이 의원내각제에 대한 지지가 상당히 낮다는 점은 새로운 제도에 대한 불확실성과 더불어 정당과 정치인에 대한 낮은 신뢰수준을 고려하지 않을 수 없다. 이러한 국민의 불신을 신뢰로 전환하기 위한 세 가지 방안을 제안한다.

첫 번째는 지금처럼 정서적 내전 상태로 불리는 극단적인 정치 경쟁이 아니라 정책 경쟁 중심의 정당정치로 전환하는 것이다. 정당과 정치인들이 모두 같은 가치와 정책을 추진하는 것은 민주주의가 아니다. 국민과 국가를 위하는 마음은 같으나 우선하는 가치와 정책은 다를 수 있다. 이러한 서로의 다름을 인정하고 차이를 줄여나가기 위해서 노력하는 방안이 필요한 시기이다.

두 번째는 정치의 내용을 채우고 정책 경쟁을 지원하는 방안으로 과학기술 혁명을 활용한 정책 수립과 국가 운영 지원이다. 새롭고 다양한 방식의 기술들을 활용하면 기존 대의제 정치의 문제점을 어느 정도 보완할 수 있다. 나아가 국가의 정책 추진 능력과 역량도 강화할 수 있다. 정치 분야에서의 의견 차이를 극복할 때도 현재처럼 서로가 유리한 내용만 가져와서 활용하기보다 증거에 근거한 정확한 진단과 정책 제시를 할 필요가 있다. 디지털 정보와 인공지능 기술을 활용하면 새롭고 풍부한 정보들을 더욱 신속하게

---

\* 분권형 대통령제: 대통령제와 의원 내각제를 절충한 것으로, 국민이 선출한 대통령과 의회가 정책 영역을 나누어 통치하는 정부 형태. 대통령은 국방과 외교 영역을, 총리는 국내 사안을 책임진다.

구할 수 있고 정보의 정확성과 신뢰성도 검증할 수 있다. 이처럼 객관적인 방식으로 증거를 수집하고 이를 바탕으로 토론하는 과정을 거친다면 이해와 설득의 효과를 높일 수 있을 것이다.

한편 현재 당면한 정치 문제를 대의제 민주주의의 문제점으로 보기도 한다. 물론 이러한 문제점들을 해결하려 직접 민주주의로 회귀할 수도 없는 일이다. 그렇다면 모든 정책과 결정에서 국민의 의사를 직접 물을 수는 없더라도 주요 사안에 대해서는 국민이 직접 의사를 표현할 수 있도록 시스템을 마련해야 한다. 전자투표 시스템 등 다양한 첨단기술을 적극적으로 활용한다면 현재 대의제 민주주의가 실현하지 못하는 대표성의 문제를 어느 정도 보완할 수 있을 것이다.

세 번째는 현명한 시민의 정치참여 기회의 확대를 제안한다. 국민의 대표자인 의원들이 국회에서 활동하고 있지만 현재 한국의 정치적 상황을 본다면 현명한 시민들이 정치에 적극적으로 참여할 필요가 있다. 시민의 정치참여 기회를 확대할 방안 중 하나로 '시민 상원제'를 들 수 있다. 단원제 시스템인 한국 의회와 달리 미국은 상원과 하원으로 구성된 양원제 시스템이다. 이를 참고하여, 미래의 국회는 선출직 국회의원으로 구성된 하원과 시민들로 구성되는 상원을 운영하여 국가의 중요한 사안에 현명한 시민들이 숙의하는 방안을 제안한다. 이때 시민 상원으로 선출되는 시민의 기준은 '기본적인 상식과 민주적 가치를 공유하는 한국 국민'으로 한다. 배심제의 배심원처럼 최소한의 요건을 통과하고 기본적인 상식과 민주적 가치를 공유하는 한국 국민이라면 누구나 참여할 수 있는 기준을 적용한다. 그러기 위해서는 일반 국민을 대상으로 한 정치 교육과 정책 교육을 통해 시민의 눈으로 정치와 정책을 볼 수 있는 역량을 키워줄 필요가 있다. 또 '현명한 시민'의 기준은 무엇이며 어떤 방법으로 현명한 시민을 가릴 것인지 등 현실적인 문제를 고민하고 협의해야 한다.

이 외에도 다양한 정책 숙의와 심의 과정에 시민들의 참여를 확대하는 제도적 장치를 만들어야 한다. 예를 들면 주요 정책 현안에 대해서는 공론화위원회를 운영하고 논의과정을 최종 결정에 반영하도록 제도적 장치를 마련하는 것이다. 이러한 논의는 숙의 민주주의deliberative democracy와 연결되는 부분으로 시민들이 공론 과정에 적극적으로 참여하고 토론과 합의를 통해서 서로를 이해하고 공감하며 설득하는 과정이다.

물론 제도만 개혁한다고 해서 한국 민주주의의 미래가 희망으로 가득 차는 것은 아니다. 어떤 제도를 선택해도 장단점은 존재한다. 그러니 정치제도 자체가 완벽하지 않다는 사실을 인정하고 어떻게 운영할 것인가에 대한 전략을 세워야 한다. 그리고 어떤 문제이든 제도를 바꾸는 것만으로 완벽하게 해결되지 않는다는 점도 명확히 이해해야 한다. 기존의 제도들이 제대로 작동하지 않았거나 실패한 것은 제도의 문제만은 아니다. 운영 방식, 정치 문화, 그리고 제도와 관련된 규범에 대한 이해가 부족했던 것도 한 원인일 수 있다. 따라서 제도 자체의 개혁도 중요하지만 그것을 운영하는 사람들의 문화, 규범, 그리고 정치적 환경의 개선도 중요하다는 것을 인식하고 함께 노력해 나가야 한다.

# 젊은 세대와 미래 정치에
# 희망을 걸어야 한다

　과거 한국은 정치·경제·사회적으로 세계의 주목과 찬사를 받을 만큼 큰 성과를 얻었다. 그러나 그때의 경험이 현재의 무거운 과제들을 풀어갈 만능열쇠가 될 수는 없다. 한국 사회가 직면한 위기는 과거와 현재 상황이 단순히 반복되는 것이 아니다. 글로벌 환경의 변화와 맞물리며 새로운 형태의 위기가 오고 있다. 1990년대 이후 한국은 적극적인 개방화 정책을 통해 닫혀 있던 사회에서 점차 열리는 사회로 변해왔다. 그러나 2016년 영국이 유럽연합EU 탈퇴를 결정한 브렉시트Brexit와 미국의 트럼프 대통령이 당선된 이후 국내 정치와 대외정책 변화에서 보여주듯이 세계는 자국의 이익을 위해 담장을 높이 쌓으며 다시 닫힌 세상을 만들어가는 듯하다.

　이러한 변화는 젊은 세대에게 새로운 인식과 경험을 제공하며 기존 세대와는 매우 다른 세계관을 형성하게 하고 있다. 따라서 한국이 직면한 현재의 문제를 해결하려면 과거의 경험을 그대로 가져오는 것에 그쳐서는 안 된다. 과거의 경험을 참고하되 현재와 미래를 이끌어갈 젊은 세대의 목소리와 요구를 적극적으로 반영해야 한다. 과거의 열정과 에너지는 존중하되, 현재 우리가 겪고 있는 정치·사회적 상황에 대해 새로운 시각을 제시하며 젊은 세대의 열정과 에너지를 이끌 필요가 있다. 이들의 기대와 희망, 그리고 갈망을 반영하는 것이 바로 한국 정치와 사회 개혁의 첫걸음이 될 것이다.

## 지난 50년을 기반으로 앞으로의 50년을 설계하자

◆ ◆ ◆

민주주의가 직면한 위기는 전 세계적인 현상이다. 이는 단순히 제도의 문제가 아니라 우리가 속한 사회의 문화·정치적 환경과 밀접하게 연결되어 있다. 따라서 민주주의의 위기를 해결하려면 제도의 개혁뿐만 아니라 정치적 갈등을 조정하는 능력을 키워야 한다. 그리고 사회적으로 타협과 협력의 문화를 구축하고 신뢰를 회복하는 것이 무엇보다 중요하다.

한국 정치의 지향점은 장기적인 목표와 비전을 설정하고 안정적이고 효과적으로 추진하는 정치체제와 거버넌스를 구축하는 것이다. 또 집중된 정치권력을 분산하고 정치권력에 대한 책임성을 강화하는 방안도 찾아야 한다. 더불어 바람직한 민주주의 문화의 정착을 위해서는 단순히 법과 제도 같은 형식적이고 강제적인 방안에만 의지해서는 안 된다. 시민들의 정치참여 확대와 다양한 시민교육 등을 통해서 구성원들이 민주주의 사회에서 마땅히 지켜야할 규범과 문화로 인식하며 내재화하는 것이 더 중요하다. 이와 함께 과학기술과 다양한 혁신을 정치에 적극적으로 활용하고, 시민의 정치참여 기회를 더욱 확대한다면 우리가 희망하는 바람직한 미래로 나아갈 수 있을 것이다.

지난 50년의 성취를 기반으로 현재 당면한 문제를 진단하고 앞으로의 50년을 현명하게 설계한다면 한국은 분명 기대하는 혁신적 품격사회와 만나게 될 것이다. 이를 위해 스스로 알을 깨고 나오는 창조적 파괴와 혁신의 노력은 당연한 과정이다.

# 4장

# 불확실한 미래를
# 어떻게 맞이할 것인가

## 김선혁

고려대학교 행정학과 교수

미국 스탠퍼드대학교에서 정치학 석사학위와 박사학위를 받았고 스탠퍼드대학교 국제안보협력연구원 연구원, 서던캘리포니아대학교 조교수, 하버드대학교 유럽연구원 초빙교수 등으로 활동했다. 고려대학교 국제처장으로 대학의 국제화를 이끌었으며 한국정치학회 부회장, 한국정책학회 연구부회장, 대통령직속 정책기획위원회 국민주권분과장 등을 역임하며 학문과 정책 현장의 연결에 주력해 왔다.

주요 연구 분야는 민주주의, 시민사회, 사회운동, 비교행정, 정부혁신, 공공외교이다. 주요 저서로는 『자본주의의 미래』 『한국 민주주의의 새 길』 『시민정치의 시대』 『거대전환』 『한국사회 권력이동』 『Economic Crisis and Dual Transition in Korea(한국의 경제 위기와 이중 전환)』 『The Politics of Democratization in Korea(한국 민주화 과정의 정치적 역학)』 등이 있다.


## 조인영

연세대학교 글로벌행정학과 교수

고려대학교 행정학과를 졸업하고 동 대학원에서 석사학위를 취득한 뒤 옥스퍼드대학교에서 정치학 석·박사 학위를 받았다. 국회미래연구원 부연구위원으로 근무하며 연구와 정책 현장을 잇는 경험을 쌓았으며 이후 학계에서 연구와 교육을 활발히 수행하고 있다. 한국행정학회 연구위원회 이사를 지냈으며 현재는 한국사회보장학회 총무위원장으로서 다양한 연구자 네트워크에 폭넓게 참여하고 있다.

주요 연구 분야는 불평등, 재정, 행정이론이다. 주요 논문으로는 「Does the Stringency of State TELs Discourage Political Manipulation in Fiscal Reserves?(주정부의 재정지출제한TELs이 재정준비금의 정치적 이용을 억제하는가?)」(『Public Administration Review(공공행정리뷰)』, 2021), 「정치적 불안정성과 행정의 안정성: 독립행정기관의 독립성 강화를 위한 제도적 고찰」(『한국행정학보』, 2025) 등이 있다. 주요 저서로는 『민주적 거버넌스와 비다수주의 기관: 쟁점과 과제』 『글로벌 빈곤과 국제개발협력』 『Inequality and Democratic Politics in East Asia(동아시아의 불평등과 민주주의 정치)』 등이 있다.

# 한국의 50년을 돌아보고
# 50년을 내다보자

 한국은 단 두 세대 만에 중진국을 넘어 선진국 반열에 올랐다. 전 세계가 주목한 초고속 성장이었다. 심지어 그 시작은 국토의 80%가 폐허로 변한 밑바닥에서였다. 전쟁의 화마와 극심한 빈곤을 딛고 일어나 초고속 성장을 이룬 한국에 세계는 '한강의 기적'이라며 찬사를 아끼지 않았다. 그런데 한국의 성장과 발전은 우연이나 기적이 아니었다. 정부의 체계적인 개발 정책, 국민의 근면함, 사회의 집단적 의지가 이뤄낸 간절한 열망과 노력의 결과였다.

 한국의 경제 성장 과정은 세계적인 모범사례로 주목받으며 '한국형 모델'로 벤치마킹되는 등 여러 국가에 영감을 주고 많은 연구와 토론의 대상이 되고 있다. 학계에서 '발전국가'로 일컬어지는 이 고속 성장의 시기에 한국 국민은 역사적으로 전무후무한 경제적 번영은 물론이고 사회적 성취감, 자부심, 공동체 의식, 결속력을 경험했다. 당시 정부는 경제개발 5개년 계획, 대규모 건설 프로젝트, 중화학공업 육성, 해외 건설 진출 등 다양한 전략적 노력을 통해 국가의 경제 기반을 단기간에 효과적으로 구축했다. 그리고 교육 확충과 공무원 조직의 효율화 등의 제도적 지원 역시 신속하게 마련했다. 국제무역과 수출 중심의 경제 또한 활성화되어 한국은 세계 시장에서 경쟁력 있는 제조업 강국으로 부상했다. 이러한 정부 주도의 압축성장 과정에서 군사정권의 권위주의적 통치와 시민들의 민주화 요구가 첨예하게 충돌하기도 했다. 그러나 결국 이 또한 극복해내며 경제 발전과 정치 민주화를 동시에 성취할 수 있었다.

## 이제 새로운 성장 패러다임을 탐색해야 한다

◆ ◆ ◆

경제 성장과 민주화의 성취는 국민에게 반가운 선물인 것만은 아니었다. 초고속 경제 성장의 이면에는 사회적 갈등, 구조적 불평등, 정치적 혼란과 같은 다양한 도전이 도사리고 있었다. 재벌 중심의 경제구조는 단기간에 일자리 창출과 수출 확대에 이바지했다. 그러나 그 뒤편에는 중소기업과 지방경제가 상대적으로 소외되는 부작용이 있었다. 게다가 급속한 도시화에 따른 주택 부족, 환경오염, 노동 문제 등은 시민들의 일상생활에 직접적인 부담을 주었다. 민주주의를 공고히 하는 과정에서도 권위주의의 잔재와 정치권의 정파적 대립이 정책의 연속성을 크게 저해하는 요인으로 작용했다. 이러한 부작용들은 현재까지 이어지며 사회 전반에 깊은 영향을 미치고 있다. 따라서 한국 사회에 켜켜이 쌓여온 다양한 문제들은 우리 미래를 준비할 때 반드시 해결해야 할 중대한 과제이다.

물론 현재 한국이 직면한 위기는 비단 과거 초고속 경제 성장과 민주화 과정에서 발생한 부작용만은 아니다. 다양한 위기가 복합적으로 맞물린 결과 사회 전반에 걸친 제도적·문화적 혁신이 시급한 상태다. 21세기에 접어들며 글로벌 환경의 변화와 디지털 혁명의 가속화로 한국 사회는 새로운 사회적 요구, 경제적 양극화, 기후변화와 같은 환경적 위기에 직면하게 되었다. 디지털 기술은 산업 전반을 재편하고 노동시장의 패러다임을 바꾸어 일부 계층과 지역에는 새로운 기회와 부를 제공했다. 그러나 계층 및 지역 간의 격차는 오히려 커지는 양상을 보인다. 기후변화 문제 또한 에너지 전환과 지속가능한 발전의 필요성을 시급히 제기하며 기존 산업구조와 개인의 생활 방식을 근본적으로 재검토하도록 요구하고 있다.

이렇듯 사회 전반에 걸쳐 혁신적 변화가 요구되는 위기 상황에서 한국은 과거의 성취와 성과에 안주하며 '다 잘될 것'이라는 근거 없는 희망을 품어서는 곤란하다. 현재 한국이 처한 위기는 일시적인 뒷걸음질이 아니라 벼랑 끝을 향하고 있기에 현재의 문제를 면밀하게 분석하고 다가올 미래를 준비하는 지혜가 필요하다. 그동안 거둔 경제적 성과와 민주화의 성취는 한국 사회가 믿고 기댈 튼튼한 기반임은 분명하다. 그러나 이를 적극적으로 활용하지 못하면 고령화, 저출산, 지역소멸 등 다양한 구조적 문제에 효과적으로 대응하기 어렵다. 전 세계적 추세인 디지털 전환과 친환경 정책 흐름에 발맞추면서 국내의 구조적 불평등, 세대, 성별, 지역, 계층 간 갈등을 완화하는 균형 잡힌 접근이 필수적이다. 이를 위해 각 분야의 전문가, 정부, 시민사회와 기업이 함께 머리를 맞대어 장기적 전략을 준비해야 한다.

이번 장에서는 한국 사회의 현재를 심층적으로 평가하며 사회 전반에 발생할 수 있는 다양한 위험 요인이 무엇인지 살펴본다. 그리고 여러 위험 요인을 외면한 채 현재를 그대로 이어갈 때 예상되는 미래의 모습을 전망한다. 변하지 않는 현재가 계속될 때 맞게 될 '예상되는 미래'와 현재의 문제를 적극적으로 해결하며 발전적으로 만들어갈 '바람직한 미래'는 극과 극의 모습일 것이다. 미래는 막연한 걱정만으로 밝아질 수 없기에 당면한 문제의 심각성을 공유하고 각 영역에 맞는 구체적인 대처 방안을 마련해야 한다. 특히 단기적인 경제지표 개선이나 임기응변식 대처가 아니라 시민의 삶 전반이 근본적으로 변화할 수 있도록 제도와 문화적 측면을 아우르는 종합적인 진단과 처방을 내려야 한다.

이를 위해서는 최신 연구와 국내외 성공과 실패 사례를 검토하여 한국적 맥락에 가장 적합한 해법을 모색해야 한다. 이번 장에서는 한국 사회가 직면한 다양한 문제들을 해결하고 지속가능한 발전을 이룩하는 데 필요한 정책적 방향성을 제시한다. 특히 시민사회의 성숙, 정부 개혁, 지역 활성화를 중심으로 핵심적인 해법을 찾는다. 갈등 구조가 고착된 상황에서도 대화와 토론의 장을 활성화하여 사회적 합의를 이끄는 방안, 과거 권위주의적 통치의 잔재를 청산하고 청렴하고 유능한 행정을 도입하고 정착시키는 방법, 소멸 위기에 처한 지방을 되살리는 대책 등을 입체적으로 살펴보았다. 이러한 개혁들이 하나로 맞물려 잘 작동할 때 진정한 의미의 상생 사회로 나아갈 수 있기 때문이다.

이제 한국은 생존과 성장을 위해 21세기에 부합하는 새로운 성장 패러다임을 탐색하여 정립해야 한다. 눈앞으로 바짝 다가온 미래에도 성장을 위한 경쟁력과 생존을 위한 공존의 가치를 동시에 추구하며 나아갈 방안을 마련해야 한다. 그리고 그 해법은 정부나 기업이나 각 분야의 전문가만의 숙제가 아니라 모든 국민이 함께 고민해야 하는 공동의 과제가 될 것이다.

## 한국 사회가 직면한 일곱 가지 문제를 직시해야 한다

◆ ◆ ◆

밝은 미래를 맞으려면 현재의 어둠부터 해결해야 한다. 어둠을 몰아내고 빛을 채워야 한다. 현재를 개선하려는 노력 없이는 더 나은 미래를 기대할 수 없다. 희망찬 미래를 위해 한국은 무엇보다 현재의 걸음을 가로막는 눈앞의 걸림돌부터 제거해야 한다. 지금 한국은 사회 전반에 걸친 구조적 불평등, 심화·격화된 갈등, 정치와 행정의 부조리와 같은 복잡하고 어려운 과제들에 직면해 있다. 게다가 이러한 문제들은 단순히 국내총생산GDP 성장률이나 고용률, 혁신지수나 연구개발R&D 투자율 등의 저하라는 양적인 현상에만 국한되지 않는다. 국민 개개인의 일상생활, 사회적 신뢰, 공동체 의식 등 다양한 영역에 막대한 영향을 미친다. 이러한 문제들은 국가의 생존과 발전의 방향성을 재정립해야 하는 근본적인 고민을 요구한다. 게다가 이 과제들은 단기간에 쉽게 해결하기 어렵기에 장기적이고 종합적으로 노력해야 한다. 또 문제들이 누적될 경우 미래세대가 짊어질 사회 경제적 부담이 매우 클 수도 있음을 간과해서는 안 된다.

한국의 밝은 미래를 가로막는 걸림돌들, 즉 현재 한국 사회가 직면한 다양한 문제를 정리하면 크게 일곱 가지로 구분된다. 첫째, 국가주의적 전통이다. 한국은 오랜 세월 국가가 해법을 찾아주는 데 익숙했다. 이런 국가주의적 전통은 민간부문과의 협력을 막고 국가와 사회 간에 억압적 관계를 형성하는 원인이 되었다. 수십 년 동안 정부가 주요 문제들을 주도적으로 해결한 탓에 민간부문은 자율적인 의사결정이나 혁신적인 시도를 해볼 기회가 충분하지 못했다. 이러한 부작용을 줄이기 위해 정부의 힘을 줄이고 민간의 자율성을 키우려는 '작은 정부'에 관한 논의와 시도도 있었다. 하지만 한국의 정치인들은 진보, 보수를 막론하고 대체로 국가주도의 해법을 우선시하는 경향을 보였다. 게다가 이러한 국가주의적 전통은 민간의 독립적인 의견 표출이나 혁신적인 시도를 어렵게 만들었다.

가만히 있어도 정부가 알아서 문제를 해결한다는 기대감이 만연해지니 기업과 시민은 스스로 문제를 인식하고 창의적인 해결책을 모색하려는 의지가 약해졌다. 정권이 바뀌더라도 국가 중심의 문제 분석과 해결 방식은 큰 변화를 보이지 않는 경향이 있다. 그 결과 국민은 정치 성향과 상관없이 정부의 강력한 역할과 개입을 기대하게 되었다. 이 외에도 국가주의적 전통은 모든 사회구성원이 국가 권력을 둘러싸고 벌어지는 갈등적 쟁투에만 몰두하게 만드는 부작용도 있다. 국가 권력을 차지해야 엄청난 기회, 자원, 이익과 혜택의 향유가 가능하기 때문이다. 국가주의는 단기적으로는 문제 해결에 효율적일 수 있다. 그러나 장기적으로는 국가에 대한 의존성이 커져 국민의 창의적 잠재력이 줄어들 위험이 있다. 또 신기술 도입이나 새로운 비즈니스 모델 창출에도 제약 요인이 되어 국가 경쟁력 강화에 필요한 민간 주도의 혁신 역량 창출에 심각한 악영향을 미친다. 아울러 국가의 문제 해결 능력이 국민의 기대감에 미치지 못할 때 바로 실망과 환멸로 이어져 정치와 사회의 안정성을 해칠 위험성도 있다.

둘째, 관료제의 정치화 현상이다. 한국은 정권이 교체될 때마다 이전 정부에서 근무한 고위직 관료들이 퇴직 압박을 받고 임기제 기관장 또한 사퇴를 강요받곤 한다. 상황이 이렇다 보니 다수의 행정공무원이 발전을 위한 새로운 도전보다는 안정적인 체제를 선호하고 복지부동과 무사안일의 행태를 보이는 경향이 두드러진다.

이러한 분위기는 관료들이 변화나 혁신보다는 기존의 익숙한 체제를 유지 관리하는 데 치중하게 만든다. 더불어 행정 전반의 효율성과 전문성이 점차 떨어지는 부정적인 결과를 가져온다.

이렇듯 정치권력이 관료제 내부로 파고들면 장기적으로 국가의 정책 추진력과 연속성을 크게 악화한다. 그리고 이는 국민이 신뢰할 수 있는 공공 행정체계 구축에 심각한 장애 요인으로 작용한다. 나아가 관료제의 정치화는 단순히 개별 공무원의 문제를 넘어서 정부조직 전체의 구조적 결함으로 이어진다. 장기적으로 정부에 대한 국민의 신뢰를 떨어뜨리고 국가경쟁력의 저하라는 심각한 결과를 가져올 위험마저 있다. 또 혁신적인 정책의 추진이나 긴급한 위기 상황에 대응할 때도 큰 걸림돌로 작용하여 국가의 발전을 막는 중요한 요인이 된다.

셋째, 정책의 불연속성과 비일관성이다. 한국은 정권 교체가 반복되고 정치적 당파성이 심화하면서 정책 기조와 방향도 큰 혼란을 겪고 있다. 특히 각 정권이 들어설 때마다 전임 정부가 추진했던 주요 정책들이 급격히 수정되거나 아예 폐기되는 사례가 빈번하게 나타난다. 이러한 정책의 혼란스러운 변화는 국민과 기업이 미래를 예측하고 안정적인 계획을 세우는 데 큰 걸림돌이 된다. 나아가 국가 전반의 성장 동력을 약하게 만들고 장기적으로는 사회의 통합과 안정을 위협하는 요소가 될 수 있다. 또 투자 환경을 악화하고 민간부문이 정부의 장기적 전략 수립 동참 요구에 소극적이고 냉소적인 태도를 보이게 만들어 경제 전반에 부정적인 영향을 미칠 수 있다.

그뿐만이 아니다. 반복된 정권 교체와 정책의 혼란스러운 변화는 내부의 성장을 가로막는 강력한 장애물이기도 하다. 예측이 힘든 혼란한 상황에서 정부 부처는 개별적 이익을 우선시하며 서로 배타적인 칸막이를 만든다. 한국에서는 당면한 과제들을 여러 부처가 협업하며 해결책을 모색하는 '문제 해결 중심적 행정'은 아직 이상향에 가까운 장면이다. 부처 내에서도 혁신은 말뿐인 구호에 그치며 여전히 형식적이고 관료적인 행정문화가 만연하다. 이러한 문화는 보신주의와 결합하여 한국 사회가 직면한 여러 난제의 해결을 더욱 어렵게 만든다. 특히 공공과 민간부문의 협력이 원활하지 않아 사회 전반의 문제 해결 능력이 제한된다. 또 체계적이고 일관된 발전 전략을 수립하는 데도 큰 어려움을 겪게 된다.

넷째, 공공기관에 대한 신뢰 하락이다. 다양한 여론조사 결과에서도 알 수 있듯이 국민은 정부, 국회, 정당, 정치인, 시민단체, 공공기관 등에 대한 불신이 깊다. 심화되는 정치적 갈등과 급작스러운 정책의 반전에 실망하고 분노하며 결국 거대한 불신이 쌓인다. 공공기관에 대한 신뢰 하락은 정부와 정치 기관의 권위와 정당성을 떨어뜨려 사회 전반의 협력과 통합을 더욱 어렵게 만든다. 기관에 대한 신뢰도가 낮아지면 정책 집행의 효율성과 정책의 수용성이 낮아질 수밖에 없다. 장기적으로는 정부와 정치제도에 대한 국민의 의구심과 회의감이 깊어진다. 그리고 정치 참여의 의욕과 민주주의의 질을 떨어뜨릴 수 있다. 또 사회 전체의 안정적인 발전에 중대한 장애 요인으로 작용할 수 있다. 그리고 시민들이 민주주의 정치체제의 효용성을 근본적으로 재검토하게 만들기도 한다. 또한 이 모든 상황은 국제사회에서의 국가 이미지와 신뢰도에도 부정적인 영향을 미쳐 외교와 경제협력에서 불리해질 수 있다.

다섯째, 노동시장의 갈등이다. 한국의 노동시장은 노사 간의 갈등이 심화하고 비정규직 노동자의 노동환경은 갈수록 악화하고 있다. 노동시장은 임금, 근로 조건, 노동환경 등 다양한 요인들이 복합적으로 작용하는 민감한 영역이다. 그리고 이러한 요소들이 서로 복합적으로 맞물려 노사 간에 갈등을 일으킨다. 이를 조율하고 중재하는 것이 정부의 역할이다. 그런데 현재 한국 정부는 이를 효과적으로 해결하지 못하고 있다. 정부의 비효과적이고 비효율적인 노동시장 정책은 노사 간에 신뢰를 약화하며 갈등을 점차 심화하는 결과를 낳는다. 노동시장의 갈등은 노사 간 문제에 그치지 않는다. 이는 기업의 장기 투자 결정이나 국가 경제 전반에 부정적 영향을 미치며 사회 안정성을 해칠 수도 있다. 특히 정부가 중재와 조율을 제대로 수행하지 못할 경우 노사 갈등은 파업이나 집단행동과 같은 형태로 확대될 수 있다. 그렇게 되면 경제적 손실과 함께 사회 전반이 분열과 불안정에 빠질 수도 있다. 이러한 상황은 국가경쟁력, 노동시장의 효율성, 국민 생활의 질을 모두 떨어뜨린다.

여섯째, 이와 같은 문제들이 누적되면서 사회갈등이 전방위적으로 확산하며 커지고 있다. 지역 간, 세대 간, 성별 간, 계층 간 갈등 등 다양한 형태의 갈등이 동시에 발생하면서 사회 전체의 통합을 막는 복합적인 문제가 나타나고 있다. 그리고 각 갈등 요소들은 서로 밀접하게 연결되어 있다. 예를 들어 지역 간 불균형이 세대 간 대립과 맞물리거나 성별 갈등이 계층 간 경제적 불평등과 결합해 사회를 분열시킨다. 이런 다양한 갈등들이 서로 중첩해 상승작용을 거치면서 사회 전반의 신뢰와 협력이 약해지며 장기적으로 국가의 지속가능한 발전 기반이 무너질 수 있다. 또한 미래세대에게 막대한 부정적 영향을 물려줄 수 있다. 이러한 다중 갈등 상황은 단편적인 정책이나 일시적인 대책만으로는 해결하기 어렵기에 포괄적이고 체계적으로 접근해서 풀어야 한다.

일곱째, 저출산과 지방소멸이다. 저출산과 지방소멸이라는 구조적 문제는 한국 사회가 시급히 해결해야 할 중대한 과제다. 저출산에서 비롯한 인구감소도 한국의 미래를 암울하게 하는데 청년들이 수도권으로 몰리는 현상마저 가속하고 있다. 수도권에 일자리가 집중되면서 청년들이 지방을 떠나 수도권으로 몰리는 것이다. 이러한 인구이동은 지역사회의 생존 자체를 위협한다. 생산과 소비의 중심에 있는 청년층이 사라진 지방은 경제가 쇠퇴하고 빈집이 늘고 있다. 그 결과 부동산 시장의 양극화 현상이 심화해 수도권의 집값이 급등하면서 지역 간 경제 격차가 더욱 확대되고 있다.

이렇듯 저출산과 지방소멸의 문제는 국가 전체의 균형 발전에 큰 장애가 되고 있다. 경제적 생산성 하락, 사회복지 재정 부담의 증대, 지역 공동체 붕괴 등 다양한 부정적 영향을 동반한다. 이는 국민 개개인의 삶의 질도 떨어뜨려 사회 전반의 불안정성을 심화할 수 있다. 따라서 이를 해결하기 위한 종합적이고 장기적인 정책을 마련해야 한다. 만약 이러한 구조적 문제들이 계속된다면 국가의 지속가능한 발전 기반이 크게 약화할 수 있다. 더불어 미래세대에게 막대한 사회 경제적 비용을 전가하게 될 가능성이 크다.

우리 사회가 당면한 다양한 과제들은 서로 얽히고설켜 복잡한 문제의 고리를 형성하고 있다. 정부와 민간부문이 모두 협력하여 이러한 문제들을 종합적이고 체계적이며 근본적으로 해결해야만 우리 사회가 지속가능한 발전의 기반을 다져 나갈 수 있다.

## 성공 경험은 최고의 자원이자 에너지가 될 수 있다

◆ ◆ ◆

한국 사회가 직면한 문제들이 무겁고 복잡하지만 마냥 한탄하거나 절망할 수는 없다. 오늘의 걸음걸음이 쌓여 내일을 만들듯이 문제를 해결하려는 노력이 결국엔 더 나은 미래를 창조한다. 다행히도 한국은 이미 눈부신 성장과 성취를 경험했고 그 역량이 사회 곳곳에 내재해 있다. 그 역사를 되짚어보며 한국이 가진 자산과 역량을 확인하고 문제 해결의 의지를 다시 한번 확고히 다져야 한다. 또 과거의 성공 전략을 현재와 미래에 맞게 응용하고 변형하여 새로운 전략을 구상하고 개발할 필요도 있다.

한국은 세계에서 가장 빠르게 발전한 국가다. 절대빈곤의 후진국에서 세계 굴지의 선진국으로 비약적인 성장을 이룬 무척 희귀한 사례다. 한국 경제 성장의 속도와 성과에 온 세계가 놀라고 주목했다. 특히 양적 성장을 넘어 국민 개개인의 삶의 질 또한 크게 향상되고 사회 전반에 긍정적인 변화가 일어난 점을 높이 평가했다. 한강의 기적으로 불리는 한국의 성장 스토리는 국가 주도의 개발 정책뿐만 아니라 국민 전체가 한마음으로 어려움을 극복한 집단적 의지의 산물이었다. 정부는 '선택과 집중' 전략을 통한 수출 지향 산업화 정책을 펼쳤고 국민은 "잘살아보자!"라는 불굴의 의지로 앞장서서 동참했다. 이러한 한국의 성공 사례는 여러 개도국의 이상적인 성장모델이 되고 있다. 그리고 무엇보다 국가가 어려운 시기를 극복하면서 쌓은 경험과 노하우는 한국이 현재의 도전과제를 해결하는 데에도 중요한 자산으로 활용되고 있다.

한국은 수출 지향적 산업화 전략의 성공을 통해 세계 최고의 압축성장을 이루어냈다. 1950년대 이후 정부 주도의 집중적인 경제개발정책과 해외수출 확대 전략이 맞물리면서 단기간 내 산업구조가 급격하게 변화하고 성장했다. 수출 주도형 산업화 전략은 기술, 자본, 노동력 등 다양한 생산요소들이 효율적으로 결합하여 생산성을 극대화했다. 그 결과 한국은 글로벌 시장에서 경쟁력 있는 제품과 서비스를 생산 제공하는 제조업 강국으로 자리매김하였다. 더불어 이 같은 전략은 단순히 수출액의 증대에만 그치지 않고 국내 산업 생태계를 강화하며 경제 전반에 혁신의 바람을 불어넣는 결정적인 계기가 되었다. 이러한 성공 사례는 한국의 미래 발전 방향에도 중요한 시사점을 제공한다.

도시 및 지역 개발 역시 놀라울 정도로 빠르게 진행되었고 국민의 생활 수준도 비약적으로 향상되었다. 정부와 민간이 협력하여 인프라, 주거, 상업 시설 등을 신속하게 구축했다. 그 결과 도심의 경관과 기능이 단기간에 크게 개선되는 것은 물론이고 지방 지역 역시 눈에 띄게 발전했다. 그에 따라 국민의 생활환경이 개선되고 평균 소득과 소비 수준이 높아져 전반적인 삶의 질이 크게 향상되었다. 특히 대도시는 교통, 통신, 의료 등 필수 인프라가 빠르게 확충되어 사회 전반의 안정성과 복지 수준이 높아졌다. 또한 도시와 지역 모두 개발에 성공해 경제활동 중심지가 다변화되었고 수도권과 지방 간 발전 격차도 좁혀졌다.

한편 고도성장기 동안 경제를 안정적으로 운영해 불평등과 물가 상승을 효과적으로 억제한 점도 주목할 만하다. 경제가 급격히 성장하는 상황에서도 정부는 물가 안정을 위해 통화 정책과 재정 정책을 체계적으로 운영하여 경제의 불안 요소들을 미리 차단했다. 이를 통해 빈부 격차의 폭을 좁히고 국민의 생활비 부담이 과도하게 늘어나지 않도록 조율할 수 있었다. 또한 투자 환경 개선, 내수 시장 확충, 사회복지 제도 확립 등 경제 전반의 선순환 구조를 구축해 나갔다. 이러한 정책적 안정성은 장기적인 경제 발전과 사회적 신뢰 구축에 중요한 역할을 하며 국가 발전의 지속가능성을 높이는 든든한 기반이 되었다.

2000년대 이후 한국은 세계화 추세에 적극적으로 대응하며 개방경제로 전환하는 데 성공했다. 그리고 기술과 교육 경쟁력을 강화하여 글로벌 강국으로 자리매김했다. 2000년대 들어 세계 경제가 점차 통합되며 무역과 금융 활동이 국제적으로 활발해졌다. 한국 또한 기존의 보호무역 체제에서 벗어나 개방 정책을 적극적으로 펼쳤다. 이를 통해 해외시장과 자본을 효과적으로 활용하고 외국 기업과 협력을 확대해 경제 전반의 경쟁력을 크게 높였다. 동시에 기술혁신과 교육 분야에 대규모로 투자해 인재 양성과 연구개발 역량을 강화했다. 그 결과 한국은 반도체, 자동차, IT 등 여러 산업 분야에서 세계 시장을 선도하는 글로벌 강국으로 도약할 수 있었다. 이러한 개방경제와 기술과 교육 경쟁력 강화 전략은 국가의 장기 성장 동력과 국제적 위상을 높이는 데 결정적인 역할을 했다. 게다가 한국의 연구개발 지출은 국내총생산GDP 대비 세계 최상위권에 속하며 현재도 5위권 안팎을 유지하고 있다. 혁신 역량과 첨단기술 개발을 위한 지속적인 투자와 성과는 한국의 미래 성장 동력이자 국가경쟁력의 핵심 자산으로 평가되고 있다.

교육 분야에서도 눈부신 성취를 이루었다. 초등 교육을 기반으로 한 보편적 의무교육 제도를 성공적으로 확산시켰다. 거의 모든 국민이 기초 학습 능력을 갖추게 되었고 문해율은 100%에 가까워졌다. 이를 통해 사회 전반의 지식 수준과 교육 기반이 체계화되고 견고해질 수 있었다. 그뿐만이 아니다. 고등교육 분야에서는 대학 진학률이 70%에 이를 정도로 성장했다. 이는 한국이 세계에서 교육 열풍과 우수 인재 배출로 손꼽히는 국가로 자리매김하는 데 중요한 원동력이 되었다.

복지국가의 기초를 마련한 것도 한국의 주목할 만한 성취 중 하나다. 한국은 국민연금, 건강보험, 의료보험, 국민기초생활보장제도 등 필수적인 복지 체계를 구축함으로써 국민이 기본적인 생활 안정을 누릴 수 있는 사회안전망을 마련했다. 이와 같은 복지 제도는 경제 성장의 과실을 모든 국민이 공유하게 했고 빈곤층과 중산층의 격차를 완화하는 데도 큰 도움이 되었다. 이러한 복지국가로의 전환은 경제위기, 사회적 불안 상황, 잦은 정권 교체 등에도 불구하고 꾸준히 이루어져 국민의 생계, 건강, 교육 등 사회적 권리를 보장하는 튼튼한 기반이 되었다. 더불어 국가의 장기적인 사회 안정성과 통합에도 긍정적인 영향을 미쳤다.

또한 한국은 능력 중심의 공개채용 제도를 통해 우수한 관료를 선발해왔다. 시험 기반 임용 제도는 객관적인 평가 기준에 따라 공무원을 선발함으로써 공정하고 투명한 채용 과정을 보장했다. 더불어 한국 관료제의 투명성과 전문성을 높이는 데도 큰 역할을 했다. 그리고 국가 행정의 효율성과 신뢰성을 강화하는 중요한 역할을 수행해왔다. 특히 '베버식 관료제Weberian Bureaucracy*'를 한국적 맥락에 맞게 발전시켜 공정한 공직 문화를 정착시킨 것은 대표적인 성공 사례로 평가된다.

정부 주도의 정보통신기술ICT 정책과 정보화 촉진 정책 역시 한국이 정보화 사회로 빠르게 전환하는 데 핵심적인 역할을 했다. 정부는 휴대전화 보급과 초고속 인터넷 인프라 구축 등 초기 정보통신기술 정책을 선제적으로 추진하여 국민이 디지털 기술에 쉽게

---

\* 베버식 관료제: 공식적 규범과 문서화된 규칙, 계층적 권한, 전문적 임용(시험·경력) 등 '형식적 합리성formal rationality'을 갖춘 조직형태

접근할 수 있는 중요한 기반을 마련했다. 단기간 내에 인터넷 보급률과 디지털 이용률 면에서 세계 최고 수준을 달성했다. 그리고 전자정부 시스템도 빠르게 활성화해 행정 효율성을 향상했다. 이처럼 정보통신기술 분야에서 축적된 경험과 기술은 민간기업과 스타트업 생태계의 발전에 큰 밑거름이 되었다. 이는 오늘날 한국이 세계적인 디지털 경쟁력을 갖추게 되는 역할을 했다.

이러한 다양한 성취들은 한국 경제의 성장이 숫자로만 요약될 수 없는 큰 의미를 지니고 있음을 보여준다. 무엇보다 정부와 국민이 하나 된 마음으로 어려운 시기를 극복하면서 쌓은 경험과 노하우는 현재의 도전과제를 해결하는 데에도 중요한 자산이 될 것이다. 더불어 역사 속에서 형성된 이러한 성공적 경험은 앞으로 마주할 다양한 도전들을 극복할 수 있는 강력한 동력이 될 것으로 기대한다.

# 한국의 현재를 분석하고
# 미래 성장 전략을 짜자

 

미래를 향한 시작점은 언제나 '현재'이다. 한국이 창조하려는 이상적인 미래 역시 그 출발점은 무겁고 복잡한 과제들과 직면해 있는 현재이다. 그렇다면 출발에 앞서 과연 한국의 '현재'는 어떤 모습인지 더욱 냉철하고 면밀하게 들여다볼 필요가 있다. 즉 한국의 미래 성장 전략을 수립하려면 우선 한국 사회와 정부의 현재 상황을 강점Strength, 약점Weakness, 기회Opportunity, 위협Threat의 네 가지 요소로 나누어 체계적으로 확인해야 한다. 이러한 SWOT 분석은 단순한 진단과 평가를 넘어서 앞으로의 정책 방향성과 개혁 과제를 모색하는 데 중요한 기초 자료로 활용할 수 있다. 또 각 요소가 어떻게 상호 작용하며 사회에 어떠한 영향을 미치는지를 면밀하게 살펴볼 수 있다. 더불어 내부의 문제점과 외부의 기회를 동시에 조망함으로써 한국 사회가 앞으로 나아갈 방향을 객관적으로 제시하고 다양한 이해관계자들의 적극적인 공감대를 이끌 수 있다.

## 근면, 인적·기술적 우위, 법치주의 확립은 강점이다

◆ ◆ ◆

첫째, 근면성이다. 한국의 대표적인 주요 강점으로 국민의 높은 근면성을 꼽을 수 있다. 오랜 유교적 전통과 근대화 과정을 통해 형성된 근면함은 한국 사회 발전의 핵심 원동력으로 작용해 왔다. 그리고 이는 국민의 정신적 자산이 되어 어렵고 힘든 시기에도 도전을 멈추지 않도록 이끌어주었다. 이와 같은 역사 문화적 배경은 경제 발전과 사회 변화에 결정적인 영향을 미쳤으며, 오늘날에도 한국 국민에게 자부심과 희망의 원천이 되고 있다.

둘째, 우수한 공교육 시스템과 상향 평준화된 교육 수준이다. 한국의 공교육인 초중등 교육은 세계적으로 손꼽히는 높은 수준이다. 게다가 체계적인 시험 중심의 교사 선발 제도를 통해 인재를 충원함으로써 교육의 품질을 꾸준히 유지하고 있다. 이러한 교육 체계 덕분에 한국은 청소년 기초학력 평가에서 세계 최상위 수준을 유지하고 있다. 한국은 수준 높은 공교육을 통해 사회 성장의 기본 동력이 될 인적자본을 체계적으로 강화함으로써 다가올 미래를 더욱 탄탄하게 준비해나가고 있다.

셋째, 정보통신기술ICT의 발전과 선도적인 디지털 인프라 구축이다. 한국은 기기 접근성과 활용 역량 강화 두 측면에서 국민이 디지털 기기를 자유자재로 활용할 수 있는 환경이 마련되었고 그 결과 경제 전반의 효율성이 크게 향상되었다. 그리고 교육, 문화, 의료 등 다양한 분야에서 혁신적인 디지털 전환이 이루어졌다. 전자정부, 스마트시티, 디지털 헬스케어와 같은 첨단 서비스들이 일상생활에 깊숙이 자리 잡으면서 국민의 생활 편의와 국가경쟁력이 한층 강화되었다. 이러한 기술적 우위는 글로벌 무대에서 한국이 경쟁력을 유지하는 데 결정적인 역할을 하고 있다.

넷째, 사회적 안정성과 탄탄한 법치주의이다. 법치주의의 확립은 국가 발전의 든든한 토대가 되어 한국 사회의 갈등 예방과 국민의 상호 신뢰 증진에 중요한 역할을 하고 있다. 또 이러한 안정적인 법치 환경은 경제활동의 일관성과 예측 가능성을 높이고 사회 전반의 질서를 유지하는 데도 큰 도움이 된다. 그뿐만 아니다. 한국은 강력한 법 집행 능력과 체계적인 치안 유지 시스템을 통해 국내외 투자자들로부터 안전성에서 높은 신뢰를 받고 있다.

## 추격형, 과도한 경쟁과 비교, 신뢰 부족은 약점이다
◆ ◆ ◆

첫째, 추격형 발전 방식의 명확한 한계이다. 한국은 산업화 이후 선진국을 벤치마킹하며 추격하는 전략을 활용했다. 그러다 보니 전 세계의 변화를 선도하거나 새로운 혁신 모델을 창출하는 역량은 상대적으로 부족했다. 이러한 모방 발전 방식은 단기적으로는 효과가 있을 수 있다. 그러나 장기적으로는 독자적인 기술 개발과 창의적 혁신을 이루기 어렵게 만들어 국가경쟁력을 강화하는 데 걸림돌이 된다. 특히 한국은 연구개발R&D 투자 비중이 세계 최고 수준임에도 그 결과물은 기존 기술의 응용에 머무르는 경우가 많다. 이렇듯 근본적인 기술 경쟁력 강화의 한계가 명확히 드러나고 있는 만큼 기존의 모방 발전 방식에서 벗어나 독자적인 기술 개발과 창의적 혁신에 더욱 주력해야 한다.

둘째, 과도한 경쟁과 비교의 문화이다. 이는 국민의 삶의 만족도와 행복도를 낮추는 중요한 약점이 된다. 입시, 취업, 결혼, 주거 문제 등 다양한 분야에서의 치열한 경쟁은 개인의 심리적 스트레스와 불안감을 증가시킨다. 특히 남들보다 더 좋은 학교와 집, 직장을 가지려 경쟁하면서 상실감과 패배감에 휩싸이기까지 한다. 또한 사회 전반에 걸쳐 각자도생 방식의 경쟁을 조장하여 사회적 연대감과 공동체 의식을 떨어뜨리고 장기적인 사회 안정성에 부정적인 영향을 미치게 된다. 이처럼 과도한 경쟁은 결국 개인뿐만 아니라 사회 전체의 협력과 상호 이해를 저해하여 국민이 함께 구축해 나아가야 할 발전의 기반을 약화할 위험이 있다.

셋째, 정부, 관료제, 전문가에 대한 신뢰 부족 현상의 심화이다. 한국은 잦은 정권 교체로 정책의 연속성이 사라지고 정치적 파당성이 여기저기에서 극명하게 드러나고 있다. 또 관료들의 정치적 유착이나 부패 사례도 빈번하게 발생한다. 이러한 문제는 국민이 정부를 불신하게 하고 공공 정책에 대한 사회적 합의를 어렵게 만든다. 게다가 신뢰 부족은 단기적인 문제에 그치지 않고, 장기적으로는 사회 전반의 발전을 저해하는 주요 요인으로 작용할 수 있다. 더불어 미래의 개혁과 혁신에 대한 국민의 참여 의지도 약화할 위험이 크다.

## K-컬처, 풍부한 인적자원, 인프라, 기술력은 기회다

◆ ◆ ◆

첫째, 문화 콘텐츠 산업의 발전에 따른 국제 교류 활성화이다. 한국 드라마, 영화, K-팝, 음식, K-뷰티 등 다양한 문화 콘텐츠가 전 세계적으로 큰 인기를 끌고 있다. 이러한 한류의 확산은 한국의 국제적 위상을 크게 높이고 경제적 기회를 창출하는 데 중요한 역할을 하고 있다. 한류의 성공은 문화 산업을 통한 경제적 파급효과뿐만 아니라 국가 이미지 개선 및 국제 교류 활성화에도 긍정적인 영향을 미친다. 한국 브랜드의 글로벌화를 촉진하는 것은 물론이고 한국어 학습 수요를 증가시키고 더 많은 외국인 관광객이 한국을 찾게 만든다. 이와 같이 문화 콘텐츠 산업의 발전은 경제, 사회, 그리고 소프트파워가 점점 중시되는 외교 분야에서 다각적인 기회를 제공한다.

둘째, 지속적인 교육과 인재개발을 통한 혁신의 창출이다. 한국은 우수한 교육 기반과 풍부한 인적자원을 바탕으로 혁신을 창출할 막대한 기회를 쥐고 있다. 세계적으로 인정받는 고등교육 체계와 특히 STEM(과학·기술·공학·수학) 분야에서의 강점은 국가경쟁력을 유지하는 핵심 자산이다. 양질의 교육을 받은 인재들은 국내외에서 다양한 혁신 프로젝트를 주도할 수 있다. 그리고 이를 적극적으로 활용하면 인공지능, 바이오, 친환경 에너지 등 신산업 분야에서 글로벌 리더십을 확보할 수 있는 기반이 마련된다. 교육과 인재개발에의 지속적인 투자는 국가의 장기적 경쟁력을 강화하는 데 결정적인 역할을 할 것이다.

셋째, 우수한 인프라와 기술력을 통한 디지털 경쟁력이다. 글로벌화된 디지털 경제의 흐름 속에서 한국은 이미 우수한 정보통신기술ICT 인프라와 뛰어난 기술력을 갖추고 있다. 이를 토대로 공공서비스의 혁신적 개선, 스타트업 생태계의 활성화, 그리고 글로벌 플랫폼 기업을 육성해 나간다면 디지털 경제의 중심국으로 자리 잡을 수 있다. 이러한 디지털 경쟁력은 미래 경제의 새로운 성장 동력이 된다. 그리고 국가 전체의 혁신 생태계를 강화해 지속가능한 발전의 든든한 기반이 된다. 디지털 전환에 따른 기회는 경제 성장뿐 아니라 사회 전반에 선순환을 일으킬 혁신의 촉매가 된다.

## 저출산과 고령화, 갈등, 관료제, 불신은 위협이다

◆ ◆ ◆

첫째, 극심한 저출산과 고령화 문제이다. 이는 한국 사회의 지속가능성을 크게 저해하는 주요 요인이다. 극심한 저출산으로 인한 노동 인구의 급격한 감소는 생산성의 하락으로 이어진다. 그 결과 연금 및 복지시스템에 가해지는 재정적 부담이 점점 증가한다. 또한 수도권 인구 과밀현상으로 인한 지방의 인구감소는 지역소멸 위기로 직결되어 경제적 불균형과 사회적 갈등을 심화할 위험이 크다. 이러한 인구구조의 변화는 단순한 통계상의 문제가 아니라 국가 전반의 발전과 사회 안정에 중대한 영향을 미칠 수 있는 치명적인 위협 요인이다.

둘째, 다양한 사회적 갈등의 심화이다. 현재 한국은 지역 간, 세대 간, 성별 간, 계층 간의 갈등이 서로 뒤엉켜 사회적 결속력을 약화하고 있다. 이러한 복합적 갈등 구조는 신뢰 기반의 협력적 거버넌스를 구축하기 어렵게 만들어 정부와 민간부문 간의 협력을 저해할 수 있다. 또 다중 갈등 상황은 사회 전체의 통합을 해치고 국가 발전의 안정적 기반을 무너뜨릴 위험이 있다. 게다가 장기적으로는 국가경쟁력에 심각한 타격을 줄 수 있다.

셋째, 관료제의 위기이다. 현재 한국은 우수한 역량의 인재들이 관료가 되는 것을 꺼리고 있다. 낮은 보수, 구태의연한 조직문화, 과도한 민원 등이 주된 이유이다. 이로 인해 정책 산출 및 집행 능력과 공공서비스의 질이 점차 저하될 위험이 크다. 또한 정부 조직의 체질을 악화시켜 국가경쟁력 전반에 부정적인 영향을 미칠 수 있다. 이와 더불어 관료제 내부의 비효율성과 부패 문제 역시 정부가 미래의 도전에 효과적으로 대응하는 데 큰 걸림돌이 된다.

넷째, 공적 가치를 중시하는 도덕적 시민의 감소이다. 한국 사회에 팽배한 불신주의, 냉소주의, 정파적 대립과 극단주의는 공적 가치에 심각한 해를 끼치고 있다. 사회구성원들 사이에서 인권, 자유, 평등, 형평과 같은 보편적 가치에 대한 신뢰가 무너진다. 심지어는 법치에 대한 불신까지 증가하고 있다. 이러한 상황은 장기적으로 민주주의의 안정성 자체를 위협할 가능성이 크다. 도덕의 붕괴와 규범의 해체는 사회 전반의 연대와 협력을 약화하고, 결국 국가의 지속가능한 발전을 어렵게 만든다. 더불어 미래세대에도 부정적 영향을 미칠 위험이 크다. 이러한 위협들은 단순히 경제적인 문제가 아니라 정치, 사회, 문화적 차원에서도 심각한 문제로 작용하여 국가 전반의 발전 전망을 어둡게 할 수 있다.

SWOT 분석을 통해 살펴보았듯이, 현재 한국 사회는 발전 과정에서 드러난 몇 가지 구조적 약점과 당장 직면해 있는 여러 위협 요인이 혼재되어 있다. 이는 국가의 전반적인 체질 개선과 사회적 안정성 그리고 지속가능성을 위해 반드시 해결해야 할 중요한 과제이다. 물론 한국 사회의 여러 약점과 현재 직면한 도전과제 속에서도 한국만의 분명한 강점들도 있다. 그리고 미래를 위한 기회 요소 또한 분명히 존재한다. 이 분석을 토대로 우리는 미래 정책 방향을 설정하고 각 분야에서 필요한 개혁 안건을 파악하여 대응 방안을 모색할 수 있다. 또 다양한 요소들이 상호작용하는 방식과 그 파급효과를 면밀하게 이해하고 예측함으로써 보다 효과적인 전략을 수립하고 실행할 수 있다. 이러한 종합적 분석은 국가와 민간부문이 협력하여 한국 사회가 직면한 복합적인 난제들을 해결하고 보다 포용적이며 지속가능한 미래로 나아가는 데 큰 도움이 될 것이다.

# 공동 번영의 혁신적 품격사회로
# 가야 자멸을 막는다

한국이 직면한 과제가 무엇인지를 분명하게 안다고 해서 예상되는 미래가 바뀌는 것은 아니다. 아는 것과 실천하는 것은 별개이다. 한국이 현재의 사회적, 경제적, 인구학적 추세를 아무 변동 없이 그대로 유지한다면 우리의 미래는 과연 어떤 모습으로 전개될까? 사회 곳곳에 켜진 붉은 경고등을 내버려 둔다면 과연 한국은 어떤 결과를 맞게 될까?

결론부터 말하자면, 안타깝게도 한국의 미래는 자연적 붕괴로 귀결될 가능성이 매우 크다. 즉 한국은 현재 진행 중인 사회, 경제, 인구 구조의 변화가 이대로 계속된다면 내부의 모순과 갈등이 깊어져 스스로 붕괴하는 내파內破의 길을 걷게 될 위험이 크다. 이는 단순히 잠재적 위협에 그치지 않는다. 실제로 사회 시스템이 점점 망가지면서 주요 기반 시설과 사회안전망이 붕괴할 수 있다. 또한 장기적인 경제 불안과 인구구조의 급격한 변화가 맞물리면서 국가 전반에 걸쳐 회복 불가능한 부정적인 결과를 가져올 수 있다. 그 결과 국민 개개인이 겪게 될 생활의 질 저하와 사회적 불안과 불만은 극으로 치닫게 될 것이다. 이는 또 다른 문제들을 일으켜 우리 사회를 깊은 어둠으로 몰아넣을 위험이 있다.

## 사회 갈등 해결 없는 성장은 지속될 수 없다

◆ ◆ ◆

연구 자료와 통계 분석에 따르면 한국의 현재 성장 모델과 사회 정책은 더 이상 지속가능하지 않다. 심지어 이대로 간다면 국가의 기초 체계마저 붕괴할 위험이 크다. 이러한 예측은 단순히 이론적인 경고에 그치지 않고, 일부 전문가와 연구기관에서 예견한 바 있는 현실적인 위기를 반영한다. 국가의 경제성장률 하락과 함께 사회적 불안정성이 증대되면 체계적이고 안정적인 발전을 보장할 수 있는 사회 기반이 무너지게 된다. 특히 국민 사이에 형성된 신뢰 체계가 붕괴하면서 사회 전체의 안정성이 급격히 추락하게 된다.

국민의 신뢰 체계 붕괴의 주된 원인은 무엇보다 현재의 경제 성장이 지속가능하지 않고 갈수록 심각해지는 사회갈등을 해소할 적절한 매개체가 없다는 데 있다. 현재 한국은 미미하게나마 경제가 성장하고 있다. 그러나 이는 일시적인 현상일 뿐이다. 장기적인 관점에서 볼 때 생산 가능 인구의 감소, 구조적 불평등, 기술격차 등의 복합적인 요인들이 성장의 지속성을 저해하게 된다. 이러한 상황에서는 단순히 경제가 성장한다는 것만으로 사회 전반의 갈등이나 불안정성을 해소할 수 없다.

무엇보다도 성장의 한계와 맞물려 더욱 깊어진 사회갈등이 붕괴를 일으킬 위험이 크다. 현재의 경제 성장 모델은 초기 산업화 시절에 단기간의 눈부신 발전을 이끌었다. 그러나 시간이 지남에 따라 분명한 한계를 드러내고 있다. 따라서 지속적인 기술발전과 시장 확장 없이 과거의 성장 동력에만 의존한다면 내수시장은 결국 포화 상태에 이르고 사회적 인프라도 낙후된다. 그에 따른 불만과 갈등이 증폭되는 것은 물론이고 경제마저 성장을 멈추거나 후퇴하면서 사회에 큰 위기를 가져오게 된다.

한편 지속적인 기술 발전과 시장 확장 등을 통해 경제 성장을 꾸준하게 이끄는 것만큼이나 중요한 것은 그 혜택을 국민 전체에게 고루 전달하는 것이다. 경제 성장의 혜택이 모든 국민에게 골고루 전해지지 않으면 빈부격차와 계층 간 갈등이 더욱 심해지게 된다. 이는 결국 국가 전체의 결속력과 공동체 의식을 약화하게 된다. 현재 한국은 경제 성장의 결실이 국민 모두에게 골고루 분배되지 못하고 있다. 이를 내버려 둔다면 낙수효과의 소멸로 경제 성장의 열매가 특정 집단이나 지역에만 국한될 위험이 더욱 커진다. 그 결과 사회 전체의 불평등이 심화하고 갈등도 더 깊어질 것이다. 이에 정부와 민간이 효과적으로 협력하여 갈등 해소를 위한 체계적인 중재 수단을 마련할 필요가 있다. 이러한 사회갈등을 해소할 수 있는 제도·문화적 장치가 부재한 상태에서의 경제 성장은 일시적인 현상에 머물고 장기적인 사회발전에는 한계가 있을 수밖에 없다.

## 한국 사회 시스템에 대한 불만을 해결해야 한다

◆ ◆ ◆

하루가 멀다 하고 뉴스에서 갈등과 혐오를 부추기는 이슈들이 흘러나온다. 언론은 사회의 어두운 면을 집중해서 보도하면서 갈등이나 분열을 극대화하는 경향이 있다. 심지어 충분한 검증을 거치지 않은 '아니면 말고' 식의 보도도 넘쳐난다. 특히 인터넷 언론

사의 난립과 개인 유튜버들의 선정주의적 경쟁이 가짜뉴스의 확산을 더욱 심화하고 있다. 진위 여부보다 속도전과 선정성에 우선한 보도 방식은 국민 사이에 불신과 혐오를 확산시키게 된다. 또 사회적 대화와 타협보다는 단세포적인 자극과 감정적인 반응을 촉발하는 부정적 순환을 만들어낸다. 그 결과 사회구성원들이 서로를 적대시하게 되고 건전한 논의나 협력의 가능성도 줄어든다.

이러한 사회적 불안정성은 특히 저출산과 고령화 문제와 결합해 더욱 심각한 결과를 가져올 가능성이 크다. 현재 한국은 저출산과 고령화로 인한 인구구조의 급격한 변화를 겪고 있다. 이 문제는 단순히 인구감소의 문제만이 아니라, 경제, 사회, 복지 전반에 걸친 구조적 문제로 확산하고 있다. 인구감소와 고령화가 맞물리면 노동력의 부족과 연금 및 복지 재정의 악화 등 다양한 문제가 동시에 발생해 국가의 성장 동력을 약화하게 된다. 이와 같은 인구학적 위기는 사회 기반 시스템의 안정성을 크게 위협하며 장기적으로 국가의 존속에 치명적인 타격을 줄 수 있다.

게다가 저출산과 고령화는 이미 정책적으로 통제 가능한 수준을 넘어섰고 멈추거나 해결책을 제시하기도 어려운 상황이다. 정부가 다각도의 노력을 기울이고 있으나 변화를 이끌기엔 역부족이다. 저출산은 단기간에 해결되기 어려운 복잡한 사회 구조의 문제이다. 고령화는 이미 빠른 속도로 진행되고 있어 통제하기 힘든 상황에 이르렀다. 이로 인해 기존의 복지 제도나 노동시장 정책이 더는 유효한 해법을 제공하지 못하고 있다.

이러한 상황에서 사회 기반 시스템의 붕괴는 피할 수 없다. 경제와 사회의 모든 분야에서 불안정성이 누적되고 각종 위기가 서로 맞물리면 결국 국가의 핵심 인프라와 사회안전망이 무너질 수밖에 없다. 게다가 이는 단기간 내에 회복 불가능한 수준의 붕괴로 이어질 것이다. 특히 정부의 체계적 대응이나 국제협력이 미흡할 경우, 이러한 붕괴 현상은 점차 가속화되어 사회 전반에 걸쳐 되돌리기 힘든 치명적인 위기로 발전할 가능성이 크다. 의료 분야를 예로 들면 2024년에 정부와 의료계 간의 갈등이 극심해진 후 한국은 환자의 생명과 직결되는 필수 의료를 책임질 인력이 심각하게 부족해진 상황이다. 언론 보도에 따르면 2025년 2월 기준으로 전국의 흉부외과 전공의의 수는 단 6명이라고 한다. 의료 분야에서는 이미 일부 지역, 특히 지방에서 필수 의료 서비스를 제공할 수 있는 인력과 자원이 부족하다는 우려가 있었다.

의료 인력의 안정적 배치가 어려운 원인을 살펴보면 필수 의료 전공의와 미용과 사이의 극도의 임금 격차, 지역근무 기피 현상, 의정갈등 등을 들 수 있다. 이러한 상황은 환자 치료의 질을 떨어뜨릴 뿐만 아니라 응급 상황에서의 신속한 대응을 어렵게 해 국민의 생명을 위협하는 심각한 문제로 발전했다. 실제로 주요 도시의 3차 병원 응급실에는 의료 인력이 부족해 환자들이 적절한 치료를 받지 못하는 사례가 빈번하다. 외과, 산부인과, 소아과 등 필수 진료 과목의 인력 부족은 단순히 의료 서비스의 지연뿐 아니라 장기적으로 의료 체계 전체의 붕괴 위험마저 내포하고 있다.

필수 의료 인력이 부족해지면 결국 고령층 인구의 상당수는 적절한 의료 서비스를 받지 못한 채 사망할 가능성이 크다. 필수 의료 인력의 부족 현상은 고령층 인구의 비율이 높은 지방에서 더욱 심각하기 때문이다. 이렇듯 국민의 의료 접근성이 떨어지는 상황은 국가 전체의 복지 수준을 급격히 낮추는 결과로 이어진다. 특히 고령층의 생명과 건강이 위협받는 상황은 사회 전반에 걸쳐 불안감을 조성하고 장기적으로 인구구조의 위기를 심화할 것이다.

이러한 구조적 문제가 해결되지 않고 누적된다면 국민은 안정적이고 질 높은 생활을 기대할 수 없는 환경에 좌절감을 느낄 것이다. 그 결과 한국에서 살려는 사람들은 점점 줄어들어 국내로의 이주율은 급격히 낮아지고 외국으로의 이주가 가속화될 가능성이 크다. 실제로 여러 연구와 설문에서 다양한 연령대의 국민이 국내 체제와 사회 구조에 불만을 토로하며 해외 이주를 고려하고 있다는 결과가 나왔다. 게다가 이러한 추세는 이미 과거 여러 연구에서도 예견된 바 있다.

미래학자인 박성원 박사가 2015년에 발표한 조사결과에서도 비슷한 우려가 제기되었다. 이 조사결과에 따르면 나이를 불문하고 국민 대다수가 현 시스템의 지속을 원하지 않는다는 결과가 나왔다. 설문의 응답 중 다수는 '리셋reset 버튼을 누르고 싶다', 즉 현 시스템의 붕괴(자멸)를 원한다는 상당히 충격적인 의견을 선택한 바 있다. 이러한 결과는 현재 한국의 시스템에 대한 국민의 불만이 얼마나 크고 깊은지를 명확하게 보여준다. 게다가 이는 단순히 개인적인 불만의 차원을 넘어서 구조적 문제에서 비롯된 전반적인 신뢰 부족을 반영한다.

이렇듯 한국 사회가 직면한 다양하고 복합적인 문제들이 장기간 유지된다면 갈등, 불신, 그리고 핵심 사회 기반시설의 붕괴는 피할 수 없는 현실이 된다. 그리고 이는 국민의 삶과 국가의 미래에 극심한 부정적 영향을 미칠 것이다. 그 결과 한국 사회의 자연적 붕괴는 단순한 시나리오가 아니라 현실로 다가올 가능성이 더욱 커지게 된다.

## 예정된 미래가 아닌 바람직한 미래로 가자

◆ ◆ ◆

한국 사회가 직면한 현실이 제아무리 어둡고 무겁다고 해도 분명 헤쳐나갈 희망은 있다. 올바른 발전 방향을 정립하고 그곳에 닿기 위해 끊임없이 개혁하고 노력하면 된다. 그렇다면 우리가 꿈꾸는 바람직한 미래는 무엇일까? 한국은 어떤 미래를 향해 나아가야 모두가 풍요롭고 행복한 삶을 살게 될까?

무엇보다 공동체 의식의 회복이 절실하다. 현재 우리 사회는 서로에 대한 이해와 공감이 극도로 낮은 상태다. 타인의 상황을 이해하고 공감하는 능력이 부족할 뿐만 아니라 서로를 싫어하고 미워하는 감정까지 팽배해 있다. 함께 잘살 수 있다는 믿음, 즉 공동 번영의 믿음이 크게 약해진 탓이다. 모두가 '옆 사람을 밟고 올라가야 내가 잘 살 수 있다.'라는 '적자생존'의 법칙에 기초해 행동하다 보니 공동체 의식은 점점 더 희박해지고 있다. 하지만 우리가 다 함께 잘살 수 있다는 믿음이 회복된다면 이러한 갈등은 자연히 줄어들 것이다. 이를 위해 한국의 이상적인 미래는 이러한 시민적 유대감과 공동체 의식을 다시 세우는 데에서 출발해야 한다.

공동체 의식을 회복하려면 정부부터 모범을 보여야 한다. 이를 위해 혁신은 필수다. 역대 한국 정부의 대부분이 도덕적인 존경과는 다소 거리가 있었다. 국민은 정부의 일관성 없는 정책에 실망하는 것은 물론이고 청렴성까지 의심하고 있다. 정부에 대한 국민의 신뢰를 회복하기 위해서는 청렴하고 윤리적이며 도덕적인 정부가 되도록 부단히 노력해야 한다. 이를 위해 시민의 의견을 경청하고 공동체의 합의를 바탕으로 지속적이고 꾸준한 개혁을 추진할 필요가 있다. 또 타협과 절제, 관용을 바탕으로 갈등을 해결하고 번영을 추구하는 문화적으로 성숙한 사회가 되도록 이끌어야 한다. 정부의 노력이 꾸준히 이어질 때 국민은 경제 발전과 정치 민주화에 이어 '상생 사회'를 이루는, 진정한 선진국 한국을 기대할 것이다.

기술적 측면에서도 디지털 정부의 장점을 충분히 활용할 필요가 있다. 우리는 이미 많은 디지털 기술과 도구를 보유하고 있음에도 정부는 이를 효과적으로 활용하지 못하고 있다. 지금까지 정부는 데이터나 학술적 발견 등의 실증적 자료와 증거에 기초한 증거기반evidence-based 정책을 제대로 추진하지 못하고 있다. 여전히 직관, 경험, 가치 등을 중심으로 규제와 정책이 수립되고 이마저도 정파적 논리에 따라 수시로 흔들리고 있다.

한편 한국은 과거의 정부 주도식 발전 모델의 장단점을 냉철히 따져 득이 되지 않거나 해가 되는 것은 과감히 버려야 한다. 대신 기술 발전과 민관협력을 중심으로 한 새로운 정치 경제 모델의 개발을 통해 전 세계의 모범이 되는 사회로 거듭날 동력을 회복해야 한다. 한국 사회가 나아가야 할 바람직한 미래상을 보다 구체화하면 다음과 같다.

첫째, 불평등이 완화되고 공동체 의식이 회복된 사회이다. 이를 위해서는 정부의 보조와 시장 불평등 완화 조치를 통해 모두에게 평등한 출발선과 기회를 제공하는 사회가 되어야 한다. 평등한 출발선과 공정한 기회가 보장되어야지만 사람들은 비로소 미래에 대한 의욕과 희망을 품을 수 있게 된다.

둘째, 성별, 계층, 세대, 지역 간의 갈등을 극복한 사회이다. 현재 우리 사회는 모두가 자신을 사회의 피해자로 간주하며 타인의 입장과 어려움에 대한 공감력이 심각하게 메말라 있다. 성별, 계층, 세대, 지역 등 사회 곳곳에서 깊게 뿌리내린 갈등을 완화하기 위해서는 대화의 장을 확대해야 한다. 국민이 적극적으로 참여할 수 있는 토론과 타협의 공간을 마련하고 활성화함으로써 모두에게 도움이 되는 중간지점을 찾아가야 한다.

셋째, 자기성찰을 통해 끊임없이 발전하는 정부를 가진 사회이다. 정부는 과거의 공로와 과실을 면밀하게 고찰하고 성찰해 지속 가능한 발전을 추구해야 한다. 또 정치적 양극화를 극복하고 파벌주의와 분열을 정치적 도구로 이용하는 행태를 지양해야 한다. 그리고 공무원이 정치적 압력에 흔들리지 않고 본인의 전문성을 발휘할 수 있는 환경을 조성해야 한다. 이를 위해 공무원의 중립성을 보장하는 법, 제도, 문화적 장치가 필수이다. 그 외에도 정책의 연속성과 증거 기반 의사결정을 위해 디지털 정보를 더욱 효과적으로 활용할 필요가 있다. 더불어 중앙과 지방이 균형을 이루고 지역소멸의 속도를 늦추며 각 지역의 특색을 살릴 수 있는 지속가능한 구조를 구축해야 한다. 이를 위해 민관협력을 제도화하고 상례화常例化하는 협력적 거버넌스를 형성하는 것이 중요하다.

결론적으로 한국이 준비할 바람직한 미래는 '공동체 의식, 신뢰받는 정부, 균형 잡힌 지역 발전, 증거 기반 정책을 바탕으로 모든 구성원이 함께 번영할 수 있는 사회'로 정의될 수 있다. 물론 이는 현재 한국의 모습과 거리가 무척 먼 데다 지금의 추세가 그대로 이어질 때 도달하게 될 미래와도 확연한 차이가 있다. 우리가 바라는 이상적인 미래는 모든 국민이 안정적으로 번영하는 사회이다. 지금의 불안정한 사회, 경제, 정치 상황이 계속된다면 국가 전체가 심각한 위기를 맞이할 가능성이 매우 크다. 따라서 이 두 미래 사이의 간격을 줄이기 위해서는 건강하고 바람직한 사회를 위한 근본적이고 구체적인 개혁이 반드시 실행되어야 한다.

# 바람직한 미래를 위해서
## 어떤 개혁을 해야 하는가

### 건강한 미래를 위해 시민사회를 개혁해야 한다

◆ ◆ ◆

우리가 희망하는 바람직한 미래를 맞으려면 한국은 어떤 개혁과 실천이 필요할까? 현재의 문제들을 해결하고 건강한 미래를 준비하는 주요 개혁 방안은 크게 세 가지로 제시될 수 있다. 첫 번째 개혁안은 '시민사회 개혁'이다. 미래를 예견하고 준비하기 위해서는 온라인과 오프라인을 막론하고 공동체적 토론과 숙의가 활발히 이루어져야 한다. 활발한 공동체적 토론과 숙의는 사회 전반의 혁신적 변화를 견인하는 역할을 한다. 그런데 현재 한국은 다양한 구성원이 참여할 수 있는 토론의 장이 거의 없는 상황이다. 따라서 무엇보다 정치인, 행정 관료, 그리고 시민들이 한자리에 모여 각자의 생생한 경험과 전문 지식을 공유하며 의견을 교환하는 공공 숙의의 장이 마련되어야 한다. 이를 통해 사회의 다양한 문제에 대한 근본적인 해결책을 모색할 수 있기 때문이다. 그래서 이러한 토론의 장은 단순히 각자가 가지고 있는 의견과 감정의 표출을 넘어 실제 문제를 해결할 수 있는 구체적인 정책 제안을 개발하고 도출할 수 있는 기반이 되어야 한다.

## 다양한 교육 프로그램을 통해 시민 역량을 계발한다

공공 숙의의 장에 시민이 활발하게 참여하며 의견을 표출하고 정책을 제안하려면 그에 걸맞은 교육이 수반되어야 한다. 현재 한국 사회에는 극단적인 생각과 분열적 이념이 팽배하여 갈등이 수면 위로 드러나고 있다. 심지어 이는 폭력적인 양상으로 분출되는 경우도 적지 않다. 그 결과 국민이 서로를 이해하고 공감하기보다는 오히려 반목하고 대립하는 현상이 심해지고 있다. 이러한 극단성을 완화하고 중도적이며 합리적인 논의의 장으로 시민들을 유도하기 위해서는 다양한 형태의 공적 시민 교육 프로그램이 필수적이다.

현재 우리 사회는 가짜뉴스나 극단적인 당파성에 매몰된 형태의 콘텐츠가 만연하다. 이러한 극단성을 지양하고 중도적이고 합리적인 관점에서 다양한 이슈에 접근할 수 있는 풍부하고 온건한 프로그램이 필요하다. 예를 들어 온라인 또는 오프라인에서 강연, 워크숍, 토론회, 공청회 등 여러 가지 형태의 공론장을 제공하여 공적 시민의식을 함양해야 한다. 이를 통해 모래알처럼 흩어진 개인들이 집단의 일원으로서 공적 문제의 발굴, 선별, 해결 등에 자발적으로 참여할 수 있는 환경을 전방위적으로 조성해야 한다. 이러한 교육 프로그램은 시민들이 스스로 사회 문제를 고민하고 분석하면서 해결 방안을 모색하는 역량을 계발하는 데 큰 도움을 줄 것이다.

또한 비정부 기구NGO들이 양적으로 큰 성장을 이루었음에도 지나치게 정치화된 점도 우려되는 부분이다. 많은 비정부 기구NGO가 정부 정책에 대해 강하게 비판하는 동시에 자신들의 주장을 제기한다. 하지만 실질적인 정책 대안을 마련하는 데는 전문성이 부족한 경우가 많다. 비판에만 유능하고 대안 제시에는 무능한 시민사회는 파당적 정치사회의 동조자로 전락할 위험성이 크다. 이러한 문제는 비정부 기구NGO들이 정책 역량을 강화하고 전문성을 확보하기 위한 자체적인 노력을 기울여야 해결될 수 있다. 정부와 학계, 민간이 협력하여 비정부 기구NGO의 연구·개발, 대안 제시 역량의 강화를 위한 교육과 지원 프로그램을 준비해야 한다. 이를 통해 시민사회는 더욱 건설적이고 효과적인 정책 대안을 도출하여 다양한 사회 문제의 해결에 적극적으로 기여할 수 있다.

더불어 장기적인 주요 이슈를 식별하여 전국적인 논의와 합의를 이끄는 전문가의 역할이 대단히 중요하다. 전문가의 미래예측 결과를 바탕으로 시민, 전문가, 관료 등이 골고루 참여하는 장기적인 논의의 장을 마련하는 것이다. 이를 통해 사회 전반의 시급한 문제들을 객관적으로 분석하고, 합리적인 대안의 모색에 전국적인 공감대를 형성할 수 있다. 이러한 상시적인 미래 대비 논의과정을 통해 머지않아 닥칠 문제들에 대한 사회구성원들의 경각심을 높일수 있다. 또 미래에 대한 비전을 공유하고 실질적인 정책 방향을 도출하여 그에 대한 수용성을 제고할 수 있을 것이다.

## 시민사회 개혁을 위한 정책들이 필요하다

시민사회 개혁을 위해서는 반드시 실행되어야 하는 정책들이 있다. 첫째, 자유롭고 깊이 있는 토론과 제도 개혁안의 도출을 이끄는 다양한 공공포럼을 신설하고 적극적으로 활용해야 한다. 나날

이 복잡해지는 사회에서 공공정책의 문제들은 다면적이고 다차원적인 숙고를 요구할 때가 많다. 정보, 지식, 전문성, 시간, 비용 등이 절대적으로 부족한 시민들은 이런 골치 아픈 정책적 난제를 직업 공무원들에게 분석과 판단, 결정을 위임하게 된다. 하지만 시민의 위임이 일반화되고 기술관료가 정책 결정을 독점한 민주주의는 공허하고 피상적이기 쉽다. 그래서 공공의 문제를 사회의 다양한 주체들이 합리적으로 토론하고 답을 찾아가는 공공포럼은 민주주의의 유지와 발전에 대단히 중요하다. 공공포럼은 단순히 의견과 정보를 교환하는 것을 넘어서서 다양한 사회적 갈등과 이슈에 대해 심도 있는 토론을 촉진한다. 그리고 무엇보다 토론의 결과를 정책 제안으로 연결하는 귀중한 공론장의 역할을 할 수 있다.

둘째, 문화와 인식 변화를 촉진하기 위해 미디어와 공공 캠페인을 더 효과적으로 활용해야 한다. 그런데 현재 한국의 공공 캠페인은 이러한 역할을 전혀 해내지 못하고 있다. 현재 정부가 제공하는 공익 광고는 청년계층의 관심을 끌지 못하고 있고 메시지 전달 방식도 상당히 고루하고 시대에 뒤떨어졌다는 평가를 받고 있다. 이러한 문제를 해결하려면 광고와 캠페인의 구상과 기획에 시민들이 직접 참여하도록 해야 한다. 더불어 젊은 세대가 공감할 수 있는 창의적 콘텐츠와 스토리텔링을 도입하는 것도 시급하다. 예산만 낭비하는 형식적인 콘텐츠 제작으로는 시민들의 공감은커녕 관심조차 얻지 못하기에 낡은 방식의 공공소통은 반드시 개선되어야 한다. 그뿐만 아니다. 공공 캠페인은 정부의 일방적인 메시지 전달이 아닌 정부와 시민을 연결하는 중요한 소통과 교류의 참여형 채널로 활성화되어야 한다. 또 정책의 공동생산을 위해 사전적으로 정보와 인식을 공유하고 동기화하는 핵심적인 기제로 활용되어야 한다.

셋째, 정부 웹사이트의 개편이나 유튜브 채널을 활용한 공공소통의 활성화 그리고 시민 교육 프로그램의 확대도 필수적이다. 특히 최근 주목받는 사회적 경제social economy의 개념을 적극적으로 수용하여 적절히 활용할 필요가 있다. 최근 십수 년간 한국 시민사회에서는 지역의 실제 문제에 공동체적 해결 방안을 제시할 수 있는 사회적 기업, 협동조합 등 사회적 경제 조직들이 급증했다. 이들 사회적 경제 조직들은 정부의 정책을 비판하는 것보다 정책 현안의 실사구시적인 해결책을 모색하는 것을 더 중요하게 본다. 따라서 정부가 사회적 경제 조직들과의 협력을 통해 시민들의 직접적인 참여를 유도한다면 풀뿌리 아이디어를 기반으로 한 혁신적인 지역 발전 전략이 마련될 수 있다. 또 정부와 사회적 경제 조직들의 협업으로 해결된 사례들을 정부의 공식 웹사이트나 유튜브 채널을 활용해 효과적으로 알리면 공공소통을 더욱 활성화할 수 있다. 이 외에도 다양한 디지털 플랫폼을 통해 시민들이 실시간으로 정부 정책에 대해 의견을 제시하고 서로의 생각을 교환하여 아이디어를 진화시킬 수 있도록 해야 한다. 이렇듯 다양한 공공소통의 장을 마련하고 적극적으로 활용함으로써 정부와 시민이 더욱 활발하게 소통하고 뜻을 모으도록 이끌 수 있다.

넷째, 가짜뉴스와 극단적인 정보의 확산을 막으려면 시민사회 기반의 미디어 감시기관이 필요하다. 현재 유튜브뿐만 아니라 주류 미디어에서도 가짜뉴스의 전파 가능성이 커지고 있다. 따라서 이를 객관적으로 감시하고 규제할 수 있는 독립적인 기관의 설립과 운영이 절실하다. 이 기관은 정치적 양극화나 포퓰리즘의 영향을 받지 않도록 독립적이고 중립적이며 균형 잡힌 시각으로 정보를 평가해야 할 것이다. 이와 더불어 디지털과 미디어를 이해하고 활용하는 시민의 능력을 증진하기 위한 공공 교육, 훈련, 캠페인을 강화할 필요도 있다. 국민이 가짜뉴스를 올바르게 판별하며 정확한 정보를 선택하고 활용할 수 있는 능력을 배양하는 것이 무엇보다 중요하기 때문이다.

구체적으로 시민사회 개혁을 통해 바람직한 미래로 나아가기 위한 두 가지 핵심 미래제안을 제시한다. 첫째는 시민의회와 유사한 형태의 온라인 숙의 포럼deliberative forum을 도입하는 것이다. 이 포럼은 단순히 의견을 나누는 자리에 머무르지 않고, 법적 구속력을 가진 정부 정책으로 이어지도록 제도화되어야 한다. 이때 포럼의 의제는 전문가와 실무자 그룹이 공동으로 설정한다. 그리고 일반 시민, 전문가, 관료, 정치인 등 다양한 이해당사자들이 모여 서로의 의견을 경청하고 공유하면서 합의된 정책을 도출하는 과정이 필수적이다. 이미 여러 선진 민주주의 국가들에서 다양한 정책 이슈와 관련하여 여러 형식과 내용의 시민의회를 운영하고 있다. 그러므로 숙의 공론장의 구체적인 방식은 그것들을 참조하여 정하면 된다.

둘째는 정부의 공평하고 안정적인 비정부 기구NGO 재정지원을 위해 객관적인 제3의 기관을 설립하는 것이다. 민간기관으로 설립될 이 기관은 당파성에 흔들리지 않는, 비정부 기구NGO 지원정책의 일관성과 연속성을 추구하는 데 그 목적을 둔다. 기존 한국 정치는 시민사회를 지나치게 당파적으로 활용해 왔고 그 결과 편향적 지원과 사회적 분열을 가져오는 한계가 있다. 양당제가 계속되는 한 이러한 문제는 꾸준히 존재할 가능성이 크다. 따라서 당파성에 흔들리는 분열적 비정부 기구NGO 지원을 지양하기 위한 제3의 기관 설립은 필수적이다. 새로 설립될 민간기관은 정부의 재정지원을 시민사회에서 합의적으로 형성된 원칙과 기준에 따라 공평무사하게 비정부 기구NGO에 배분할 것이다. 이를 통해 좀 더 건강하고 독립적인 시민사회 생태계가 구축되고 발전할 수 있도록 도울 것이다.

## 국가 백년대계를 위해 정부 개혁을 해야 한다

◆ ◆ ◆

과거에서 현재로 이어진 다양한 문제들을 해결하고 건강한 미래를 준비하기 위한 두 번째 개혁안은 '정부 개혁'이다. 정부 개혁은 단순한 조직 개편이나 제도 변경에 머무르지 않고 변화하는 사회와 국제 환경에 능동적으로 대응하는 유연한 행정체계를 구축하는 데 그 목적이 있다. 앞으로의 도전과제는 과거와 달리 단순한 명령체계로는 해결되지 않는다. 다양한 이해관계자의 협력을 통한 창의적 해결 방안의 마련이 필수이다. 따라서 정부 개혁은 정부 주도의 의제 설정을 줄이고 공무원의 공공성, 중립성, 그리고 공적 의식을 강화하는 방향으로 설계되어야 한다. 또한 정부는 미래예측 역량과 문제 해결 역량을 꾸준히 강화해 나가야 한다.

### 국민 중심의 협력적 거버넌스를 구축한다

먼저 변화하는 시대에서는 정부 주도의 탑다운 방식 의제 설정과 정책 결정에서 벗어나 협력적 거버넌스를 구축하는 것이 필수적이다. 현재 정부는 전통적인 톱다운 방식에 의존하여 모든 정책을 일방적으로 결정하고 추진하는 경향이 강하다. 기획재정부 역시 예산 배분에서 전권을 휘두르는 상황이다. 정부가 단독으로 정책을 결정하고 추진하는 방식은 현대 사회의 다양한 요구와 변화하는 환경의 대응에 점점 더 많은 한계를 드러내고 있다. 정부가 단독으로 모든 문제를 해결하려고 하면 각 분야의 전문성과 다양한 목소리를 충분히 반영하지 못한다. 이는 장기적인 정책 연속성과 국민의 신뢰를 확보하기 어렵게 만든다. 또 민간의 창의적이고 자발적인 노력의 기회를 빼앗아 사회발전에 부정적인 영향을 미칠 수밖에 없다. 게다가 정부가 내놓는 정책들이 정확하게 잘 설계된 것이라고 보기도 어렵다.

이런 이유로 기업, 시민사회, 학계 등 다양한 주체들의 의견을 반영할 수 있는 근본적인 협력 시스템이 요구되고 있다. 정부는 여러 분야의 전문 지식과 경험을 가진 다양한 집단이 함께 모여 상호 보완적인 해결책을 마련할 수 있도록 도와야 한다. 이를 위해 기존의 중앙집중식 의사결정 구조에서 벗어나 체계적이고 열린 소통 채널을 준비해야 한다. 즉 부처 간 및 민관 간 협력을 촉진하는 다양한 프로그램과 플랫폼을 도입해야 한다.

특히 규제 도입에서 정부는 더욱 신중해야 한다. 미래의 여러 변화에 대비하기 위해 다양한 규제를 도입하는 것은 불가피하다. 그러나 정부가 독단적으로 정책을 추진하면 국민이 이를 수용하기 불편해하거나 꺼릴 수 있고, 그로 인한 부작용도 커질 수 있다. 따라서 규제 도입에 대한 공감대 형성이 우선되어야 한다. 특히 환경 보호, 에너지 절약, 소비 절제와 같은 중요한 문제들은 범국민·범세계적인 합의를 이끌어야만 효과적으로 해결될 수 있다. 이를 위해 정부는 다각적으로 의견을 수렴하고 국제적인 협력을 통해 규제를 설계해야 한다. 또 규제의 도입도 일방적이고 강압적인 방식이 아닌, 국민에게 그것이 꼭 필요하고 긴급한 변화임을 충분히 설명하고 설득하는 것이 선행되어야 한다. 이처럼 정부가 신중하게 접근한다면 규제 도입은 경제적 안정과 환경보호를 동시에 달성하는 중요한 수단이 될 것이다.

## 공무원의 공공성과 중립성을 강화한다

바람직한 정부 개혁을 위해서는 그 안의 사람들부터 개혁되어야 한다. 즉 공무원의 공적 의식과 민주주의의 핵심가치를 수호하려는 의지가 강화되어야 하며 시민사회와의 협업 필요성에 대해 공무원이 깊이 자각해야 한다. 공무원의 역할은 단순히 상관의 명령을 따르는 것에 그치지 않는다. 공무원은 민주적이고 투명한 방식으로 시민의 의견을 경청하고 정책에 반영하는 중간자적 역할을 해야 한다. 그런데 이러한 본연의 역할을 제대로 수행하려면 공무원이 스스로 문제를 분석하고 창의적으로 대응할 수 있는 환경을 조성해주어야 한다. 이는 정부 전반의 전문성과 효율성을 높이는 방법이기도 하다. 이러한 선순환을 이끌기 위해서는 공무원의 역량 강화를 위한 체계적이고 전문적인 교육과 훈련이 필수적이다. 이러한 교육 및 훈련 프로그램은 내부의 권위주의적 문화와 정치적 압력으로부터 공무원을 보호하며 더 자율적이고 독립적인 판단을 내릴 수 있는 기반을 마련해줄 것이다.

더불어 정부는 국민이 가진 상식적인 판단을 중립적인 관점에서 경청하고 수용하는 합리적인 정부로 변모해야 한다. 개발연대기의 정부 중심적 접근이 앞으로도 유효하다고 보는 것은 비합리적일 뿐 아니라 무모하다. 중립적이고 합리적인 정부가 되려면 현재의 중앙집중적이고 관료 중심적인 행정 행태를 점차 줄여나가야 한다. 대신 사회 각계각층의 다양한 목소리를 반영하는 정책 결정 과정을 마련해야 한다. 이러한 과정을 통해 정부의 정책이 더욱 합리적이고 공정한 방식으로 형성되고 시행될 수 있다.

## 부처 간 협력을 강화하고 독립행정기관을 활성화한다

정부 부처와 공공기관은 본연의 임무에 충실하기 위해 공적 의식을 강화할 필요가 있다. 국가와 국민을 위해 일하는 공공조직이 부서 간 칸막이를 높이 쌓으며 각자도생한다는 것은 말이 안 된다. 정부는 부처 간 협력을 강화하고 부처 이기주의를 줄이기 위해 부처와 기관에 대한 대대적인 개편과 전반적인 행정 개혁을 추진해야 한다. 또 부처 간 협력이 원활해지도록 중복되는 업무를 줄이고 효율적인 행정체계를 구축할 필요도 있다. 이러한 개편은 각 부처가 독자적으로 운영되는 것을 넘어 상호 보완적이고 통합적인 정책 집행을 가능하게 한다.

이와 더불어 독립행정기관의 역할을 제도화하는 것도 중요한 과제이다. 독립행정기관은 명칭에서도 알 수 있듯이 정부와 국회로부터 거리를 두고 자율성과 독립성을 보장받아야 한다. 그리고 당파성보다는 전문가적 윤리에 기반을 둔 행정을 구현해야 한다. 독립행정기관은 각 분야의 직무 전문성을 높이고 다양한 전문가의 참여를 통해 관료적 경직성을 줄이는 긍정적인 기능을 할 수 있다. 이들 기관은 정부의 정책을 편견 없이 검증하고 그 효율성과 전문성을 강화하는 데 핵심적인 역할을 해야 한다. 그러기 위해 정부는 오랜 기간 축적해 온 데이터를 적극적으로 공개 공유하여 학계와 시민들이 정책 검증에 참여할 수 있도록 유도해야 한다. 정부 데이터가 투명하게 공개되면 전문가들이 이를 분석하고 개선점을 도출할 수 있다. 이는 정부 정책의 질적 향상과 국민 신뢰의 회복으로 이어질 것이다.

## 관료제 개편과 미래예측 역량 강화가 필요하다

정부개혁 방안 중 바람직한 미래로 나아가기 위해 필수적인 두 가지 핵심 미래제안을 제시한다.

첫째, 한국의 관료제는 실적주의 임용merit-based recruitment을 기반으로 전문 관료제를 유지해 온 강점이 있다. 그러나 이 강점을 유지하면서도 동시에 개방성, 투명성, 유연성을 보완하는 방향으로 관료제 개편이 필요하다. 우선 인재들이 공직에 매력을 느낄 수 있도록 급여 체계와 보상 시스템을 대폭 개선할 필요가 있다. 이를 통해 인재들이 자발적으로 공직에 지원하고 오랫동안 전문성을 쌓는 환경을 만들 수 있다. 또한 5급 이하 순환 근무제를 폐지하거나 축소하여 공무원이 한 자리에서 전문성을 쌓을 수 있는 시간과 경험을 제공해야 한다. 그리고 공무원 재교육과 전문 역량 강화를 위한 체계적인 교육 연수 지원 프로그램을 구체화해야 한다. 그래야 공무원이 지속적으로 역량을 발전시키며 변화하는 사회 요구에 능동적으로 대응할 수 있다. 이러한 개편은 단기적인 조직 변화에 그치지 않고 장기적으로 정부 조직의 전문성과 중립성을 강화하는 데 큰 역할을 할 것이다.

둘째, 미래를 대비하기 위해 정부는 미래예측 역량과 문제 해결 역량을 강화해야 한다. 오늘날의 정치 환경은 매우 복잡하고 빠르게 변화하고 있어 정부가 단순히 현재의 문제만을 해결하는 데 집중해서는 안 된다. 정부는 변화하는 사회 환경에 맞춰 정기적인 미래 시나리오 분석과 정책 평가를 해야 한다. 그리고 다양한 위기 상황에 신속하게 대응할 수 있는 체계를 갖추어야 한다. 이를 위해 문제 중심의 협업을 강조하는 애드호크라시adhocracy* 조직을 도입하여 다부처 협업을 강화해야 한다. 즉 관료, 민간 전문가, 미래 연구기관들이 언제든 협력할 수 있는 시스템을 마련함으로써 부처 간 칸막이를 낮춰 더욱 유연하고 신속하게 정책에 대응하도록 해야 한다.

이와 같은 미래예측 역량의 강화는 정부가 장기적 관점에서 전략을 수립하는 데 필수적이며 변화하는 사회 환경 속에서 국민에게 안정적인 미래비전을 제시하는 데도 큰 도움이 될 것이다. 또한 앞서 말했듯이 인공지능과 과학기술을 활용하여 가짜 뉴스와 잘못된 정보를 탐지하고 대응할 수 있는 공공소통 능력을 강화하는 것도 매우 중요하다. 현대 정보 사회에서 잘못된 정보가 빠르게 확산할 위험이 크기에 정부는 정확한 정보를 신속히 제공하고 잘못된 정보에 대한 강력한 대응 체계를 구축해야 한다. 이를 통해 국민이 믿을 수 있는 공공 정보를 받아들이게 되고 사회 신뢰도 회복될 수 있을 것이다.

## 역동적인 한국을 만드는 지역 활성화를 해야 한다

◆ ◆ ◆

한국의 희망찬 미래를 준비하기 위한 세 번째 개혁안은 '지역 활성화'이다. 저출산으로 인한 인구감소의 위기를 겪는 한국은 청년층이 더 나은 교육과 직장을 찾아 수도권으로 이동하면서 지방의 인구감소가 가속화되고 있다. 문제의 해결을 위해 오랫동안 지역

---

* 애드호크라시: 기존의 관료제에서 탈피하여 다양한 분야의 전문가들로 구성된 융통적, 적응적, 혁신적 사회조직을 의미

활성화에 관한 논의가 활발했다. 여러 정책이 제안되었으나 실제 집행에서는 이렇다 할 성과로 이어지지는 않았다. 실행 단계에서 추진력을 잃고 주춤하거나 구체적인 성과로 연결되지 않는 경우가 빈번했다. 특히 정책의 설계와는 달리 현장에서는 예산 부족, 행정 절차의 복잡성, 주민참여의 미흡 등 다양한 요인으로 인해 기대에 못 미치는 결과가 나왔다.

이와 같은 현장에서의 장애는 중앙정부와 지방정부 간 소통 부재 및 협력 체계의 미흡함과도 맞물려 지역 활성화에 큰 걸림돌이 되고 있다.

### 지역 활성화를 위한 열 가지 필수정책이 필요하다

지방의 자생적 성장과 균형 발전을 이끌기 위해 반드시 실행되어야 하는 구체적인 정책들이 있다. 그런데 지금까지 설계했던 정책들처럼 실패를 반복하지 않으려면 실행에 있어 반드시 유의할 점이 있다. 이 정책은 중앙의 일방적인 지원이나 지시로 이루어져서는 안 된다. 반드시 지역 특성을 살리고, 지방정부와 주민이 주도하는 자율적 발전 모델이어야 한다. 지역 발전을 위한 여러 방안이 이러한 유의점을 지키면서 추진된다면 지방소멸 위기를 극복하고 전국 각 지역이 지속가능한 발전을 이룰 수 있을 것이다. 그렇다면 지역 활성화를 위해 어떤 구체적인 정책들이 필요할까?

첫 번째, 기업과 대학의 지방 이전을 적극적으로 장려해야 한다. 세제 혜택, 금융지원, 인프라 개선 등 다양한 유인책을 마련하여 기업들이 수도권에서 벗어나 지방으로 이전하도록 독려할 필요가 있다. 대학 역시 지방의 특성에 맞는 교육·연구 프로그램을 도입하고, 지역 산업과 연계한 산학협력 모델을 강화하여 지역 경제 활성화에 큰 역할을 하도록 해야 한다. 이와 같은 노력은 단순한 인구 분산을 넘어 지방의 자생력을 높이고 지속가능한 발전의 토대를 마련하는 데 필수적이다.

두 번째, 지역 내 창업을 촉진하기 위한 자금 지원, 멘토링 프로그램, 주거 지원 등을 강화해야 한다. 지방에서 창업을 희망하는 청년과 소규모 기업에 초기 투자 자금 및 운영 지원을 제공해야 한다. 이들이 안정적으로 사업을 시작하고 성장할 수 있는 환경을 조성하기 위해서다. 또한 지역의 창업 생태계가 활성화되면 새로운 일자리 창출과 기술혁신이 촉진되어 지역 경제 전체의 경쟁력이 높아질 것이다. 이와 함께 창업 지원 프로그램은 지역 주민들이 주체적으로 참여할 수 있는 커뮤니티 형성과 연결되어 지방 사회의 공동체 의식을 강화하는 역할도 할 수 있다.

세 번째, 산업 특화 지역을 육성하고 관광 인프라를 개선해야 한다. 지역의 고유한 산업 특성을 살린 산업단지를 조성하고, 그에 맞는 전문 인력을 양성하여 지역 경제의 경쟁력을 강화해야 한다. 동시에 관광 인프라 개선을 통해 지역의 자연경관, 문화유산, 특산물 등을 적극적으로 홍보하고 방문객을 유치해야 한다. 이를 통해 관광 산업뿐 아니라 관련 서비스업과 연계된 다양한 산업들이 발전하는 토대를 마련할 수 있다. 이런 노력이 모이면 지역 경제의 다각화와 자립성이 크게 향상될 것이다.

네 번째, 더 근본적으로 사람들의 지방 이주를 촉진하기 위해서는 의료 시설과 교육·문화 기관을 확충할 필요가 있다. 지방으로 이주하려는 사람들의 관점에서 본다면 우선 기본적인 생활 여건이 만족스러워야 한다. 이를 위해서는 의료 서비스, 교육 환경, 문화 시설 등이 충분히 확보될 필요가 있다. 의료 시설의 확충은 응급 의료 서비스와 일상적인 건강 관리를 모두 보장할 수 있도록 해야 한다. 그리고 교육 기관은 우수한 교육 기회를 제공함과 동시에 지역 인재를 양성하는 역할을 담당해야 한다. 문화 인프라 강화는 지역 주민들에게 삶의 질을 높이는 다양한 문화 경험을 제공함으로써 지방에서의 생활 만족도를 크게 높일 수 있다. 의료, 교육, 문화 등 삶의 질을 결정짓는 영역에서의 풍부한 인프라 확충은 지방 이주의 결정적인 요인이 될 수 있다.

다섯 번째, 디지털 기술을 활용한 스마트시티 프로젝트 도입도 중요한 과제이다. 최신 디지털 기술을 활용할 수 있는 견고한 인프라 구축으로 원격 근무와 온라인 교육 등 지방도 도시 수준의 생활 편의와 업무 효율성을 누릴 수 있어야 한다. 또 교통, 통신, 에너지 관리 등 다양한 분야에서 첨단기술을 도입한 스마트시티 프로젝트로 지방 거주 환경의 경쟁력을 높여야 한다. 이러한 탄탄한 디지털 인프라를 통해 다양한 서비스를 이용할 수 있는 환경이 조성되면 청년층과 가족 단위 주민들이 지방에서 안정적으로 정착할 가능성이 커진다.

여섯 번째, 지방 예산 책정 과정에 시민들의 의견을 적극적으로 반영해야 한다. 이를 위해 주민들이 직접 예산 배정에 참여하는 '주민참여예산제'를 더욱 활성화할 필요가 있다. 지방정부는 예산 편성 시 지역 주민들의 실제 요구와 필요를 꼼꼼히 반영해야 한다. 그래야 지역 주민의 삶에 직접적인 영향을 미치는 정책들이 실현될 수 있다. 그리고 예산 책정 과정에서 지역 주민과 충분히 토론하고 협의해 구체적인 예산 항목을 선정하고 실행하는 체계를 마련해야 한다. 이러한 과정을 통해 지역 주민들의 주인의식과 참여 의욕을 고취할 수 있다. 또 주민참여예산제나 공청회 등을 통해 시민이 직접 의견을 제시하도록 하고 그 결과를 투명하게 공개하면 지역 정책에 대한 신뢰도와 만족도도 높아질 것이다. 이러한 참여적 예산 편성 방식은 지방정부와 주민 간의 소통을 강화하며 지역사회의 자율성과 지속가능성을 높이는 데에도 큰 효과가 있다.

한편 지자체가 장기 예산을 활용할 수 있도록 제도를 개선할 필요도 있다. 예산을 받아 한 해 만에 모두 써버리는 식의 소모적인 예산 활용보다는 장기적 추이를 보면서 사업을 확장할 수 있도록 돕는 것이다. 이러한 참여적 예산제도와 다양한 협력 프로그램은 지방정부와 주민 간의 소통을 강화하고 지역사회 전체의 발전에 실질적인 변화를 가져올 것이다.

일곱 번째, 서울 중심의 정책을 완화하기 위한 행정구역 개편도 필요하다. 현재의 행정구역 체계는 정책과 자원이 수도권에 지나치게 집중되게 한다. 이러한 문제를 해결하려면 무엇보다 행정구역의 재조정이 필요하다. 행정구역을 재조정함으로써 정책과 자원이 지방으로 골고루 전달되도록 해야 한다. 이때 지역 특성에 맞는 맞춤형 정책을 수립하고 인구 밀집 지역과 소멸지역을 아우르는 개편을 통해 각 지역 주민이 자발적으로 지역 발전에 참여하도록 해야 한다. 행정구역 개편을 통해 지방정부의 자율성과 주민의 참여를 촉진하고 수도권과 지방 간 불균형 문제를 효과적으로 해소할 수 있다.

여덟 번째, 공공재 배분 시 '선택과 집중'의 원칙을 지켜야 한다. 지방에 공공재를 투입할 때 모든 지역에 충분한 예산을 투입할 수 없다. 그렇다면 우선순위를 두고 집중해서 투자해야 한다. 한정된 예산 내에서는 가장 시급한 지역의 필요를 우선하여 충족시켜야 가장 큰 효과를 얻을 수 있다. 분산된 투자는 효과를 낮출 수 있기에 매력적인 지방 도시를 선정해 집중하여 투자하는 것이다. 해당 도시가 기반 시설과 사회복지 체계가 빠르게 개선되어 지역의 경제 중심지로 자리 잡으면 주변 지역까지 활성화해 나갈 수 있다. 결과적으로 이러한 집중 투자는 지방경제의 자립성을 높이고 장기적으로 지역 균형 발전에 크게 기여할 수 있다.

아홉 번째, 기업의 지방 이전을 촉진하기 위한 충분한 혜택을 제공해야 한다. 정부는 기업들이 수도권에만 머무르지 않고 지방으로 이전할 경우 다양한 재정 지원 프로그램과 세제 감면 혜택을 제공해야 한다. 이를 통해 기업 활동의 지역 분산을 유도할 수 있다. 그리고 청년들이 지방의 기업에 취업하도록 인센티브를 강화해야 한다. 또 청년들이 지방에서 안정적으로 취업하고 생활할 수 있도록 지역 내 일자리 창출과 생활 인프라 개선에 집중하는 정책이 필요하다. 이러한 정책들은 지방경제의 활성화를 도모하고 장기적으로 지역의 인구 유입과 지속가능한 성장을 촉진하는 데 중요한 역할을 할 것이다.

열 번째, 지방 거주가 시민 모두에게 매력적인 선택이 될 수 있도록 유도해야 한다. 이를 위해 세심한 세제 혜택과 다양한 재정적 인센티브를 제공해야 한다. 또 지방에서 새로운 기회와 행복을 누릴 수 있도록 시민참여 프로그램을 활성화하는 것도 중요하다. 특히 노년층이 안정적으로 생활할 수 있는 복지 인프라와 청년들이 도전할 수 있는 창업 취업 환경을 동시에 마련하면 세대 간 균형 있는 지역 발전이 가능해진다.

이와 같은 포괄적인 지원은 지방이 단순히 인구감소 지역이 아니라 모든 세대가 함께 성장하고 번영할 수 있는 매력적인 거주지로 자리매김하는 데 중요한 역할을 할 것이다. 이 외에도 인구감소 지역에는 복수 주소제를 추진하여 지방 거주를 유인하는 방안도 고려할 수 있다. 복수 주소제 도입을 통해 지방에 거주하는 주민들이 여러 곳에 동시에 거주할 수 있도록 지원하면 지방 이주를 고려하는 사람들의 부담을 줄일 수 있다. 이러한 정책들은 지방의 새로운 시작을 유도하고 지역 경제와 사회 전반에 긍정적인 파급효과를 가져올 것이다.

## 주민이 행복하고 매력적인 지방이 돼야 한다

지역 활성화를 위해서는 앞서 살펴본 열 가지 정책을 통해 풍부한 인프라 구축, 세제 혜택, 금융지원, 일자리 창출 등 시민이 살기에 불편함이 없는 생활권을 만들어야 한다. 그리고 더 나아가 주민 모두가 행복하고 풍요롭게 사는 매력적인 지방이 되어야 한다. 이를 위해서는 무엇보다 지역이 자생력을 갖추는 것이 중요하다. 즉 외부의 도움이나 지원 없이도 꾸준한 성장이 가능한, 희망찬 내일이 보장된 지역이 되어야 한다. 이러한 바람직한 미래로 나아가려면 다음의 두 가지가 충족되어야 한다.

첫째, 대학과 지역 산업 간의 연계를 강화하는 지역 혁신 모델을 추진해야 한다. 대학과 지역 특성화 산업을 긴밀히 연결하여 졸업생들이 그 지역을 떠나지 않도록 만족스러운 환경을 조성해주는 것이다. 즉 대학 졸업 후에도 청년들이 해당 지역에 거주하며 취업하거나 창업할 수 있도록 자연스럽게 유도하는 것이 핵심이다. 이러한 연계는 단순한 인재 유출 방지를 넘어 지역 경제의 자생적 성장과 혁신 역량 강화에 선순환의 물꼬를 터준다. 특히 인구감소 지역의 종합 대학들이 특정 분야에서 탁월한 경쟁력을 갖출 수 있도록 지원책을 마련한다면 해당 분야의 기술과 서비스 혁신이 지역

경제에 긍정적인 파급효과를 불러일으킬 것이다.

둘째, 지역 사업 기획의 주도적 권한을 지방정부에 이양해야 한다. 지역이 거주지로서의 매력을 높이려면 고유의 특성과 잠재력을 스스로 발굴하고 발전 전략을 수립해야 한다. 예를 들어 노인 휴양 도시, 청년 레저 도시, 교육 문화 도시 등 각 지역이 특정한 기치 아래 그들만의 고유한 발전 모델을 구축하는 것이다. 그러려면 중앙정부 주도의 톱다운 방식으로 진행되는 지역 사업의 규모를 줄이고 지방정부에 기획 및 실행의 권한을 적극적으로 이양해야 한다.

이와 같은 정책적 전환은 지방 자치의 실질적 강화에 큰 도움이 된다. 그리고 중앙의 일방적인 지원 방식에서 벗어나 각 지역이 주체적으로 미래를 설계할 수 있는 환경을 만들어준다. 가장 중요한 점은 모든 변화가 중앙정부의 일방적인 탑다운 방식이 아니라 지역 스스로가 문제를 인식하고 숙의하여 자율적으로 추진되는 형태여야 한다는 것이다.

# 정해진 미래가 아니라
# 변화 가능한 미래를 준비하자

　지난 70여 년간 한국은 경제적 성장과 민주화의 놀라운 성취를 이루며 국제적인 주목을 받았다. 전쟁 후 모든 것이 무너진 절대 빈곤의 상황에서 시작된 한국의 발전은 단순히 경제 성장의 기록만이 아니었다. 한국의 성장 역사는 민주주의와 사회통합의 모델로 인정받으며 국제사회의 찬사를 받아왔다. 특히 정부 주도의 집중적 산업화 정책과 국민의 강한 의지가 결합해 단기간에 이룩한 성취이기에 세계 여러 나라가 한국모델을 벤치마킹하고 있다. 그리고 무엇보다 한국의 발전과 성공의 과정은 우리 사회가 앞으로 맞이할 도전과 기회를 예견하는 중요한 기반이 되고 국민이 자부심과 희망을 품는 중요한 원천이 된다.

　물론 빠른 발전이 가져온 긍정적인 면의 뒤에는 많은 부작용이 남아 있다. 불평등 심화, 지역 불균형, 정책적 경직성, 시민사회 양극화 등 한국 사회가 반드시 해결해야 할 많은 도전과제가 바로 그것이다. 한국은 급격한 경제 성장과 산업화 과정에서 재벌 중심의 경제 구조가 확립되었다. 그런데 그 이면에서는 중소기업과 지방 경제가 소외되는 문제와 도시와 농촌 간의 심각한 격차가 생겨났다. 또 정책적 경직성과 더불어 정치·행정 체계 내의 분열과 갈등도 커졌다. 이는 현재 한국 사회에서 국민의 불신을 증폭시키며 사회적 통합을 어렵게 만드는 주요 요인이 되고 있다.

이러한 여러 부작용을 해결하지 못하면 국가의 지속가능한 발전이 위협받으며 미래 경쟁력을 잃게 될 위험이 크다. 게다가 현 상태가 장기간 이어진다면 사회 전반에 걸친 갈등과 분열이 더욱 깊어질 것이다. 경제, 정치, 사회 등 모든 분야에 부정적인 영향을 미치게 되고 결국 국가의 발전 기반이 무너질 수 있다. 그뿐만이 아니다. 국민 개개인이 느끼는 삶의 질이 저하되고 사회적 불안도 점점 심각해져 국가 전체가 후퇴하는 결과로 이어질 수 있다. 이는 미래세대에게 전해질 부정적 유산이 될 뿐만 아니라 국제경쟁력에서도 큰 약점으로 작용할 것이다.

## 시민사회 개혁, 정부 개혁, 지역 활성화가 핵심이다

◆ ◆ ◆

현재 한국 사회가 직면한 절대적 위기를 극복하고 희망찬 미래를 맞이하려면 반드시 실천해야 할 세 가지 핵심 개혁안을 다시 한 번 제시한다.

첫째, 시민사회 개혁이다. 시민사회의 개혁을 통해 시민들이 공동체적 논의와 숙의 과정에 적극적으로 참여해야 한다. 그리고 극단적 사고를 넘어서 중도적 공론장을 형성하며 비전문적인 시민단체의 역량을 강화해 나가야 한다. 이를 위해 숙의 민주주의deliberative democracy를 강화하고 미디어 감시와 시민 교육을 통해 공공 담론의 질적 수준을 높이는 다양한 방안들이 모색되어야 한다.

둘째, 정부 개혁이다. 정부의 개혁을 통해 정책 결정 과정에서의 투명성을 확보하고 협력적 거버넌스를 구축해야 한다. 더불어 공무원들이 공적 의식과 사명감을 바탕으로 사회적 요구를 수용할 수 있도록 행정 체제를 전면 개편해야 한다. 특히 미래지향적 행정을 위해 관료제의 유연성과 전문성을 보완하고, 인공지능과 과학기술을 활용한 공공소통 능력을 강화함으로써 난제 해결 역량을 높여야 한다.

셋째, 지역 활성화이다. 지역 활성화를 통해 수도권에 집중된 경제 문화적 자원을 전국으로 분산시키고 각 지역의 고유한 특성을 살리는 혁신 모델을 도입해야 한다. 기업과 대학의 지방 이전, 창업 지원, 의료 및 교육 인프라 확충, 스마트시티 구축 등은 지역의 자생적 경제 구조를 강화하는 데 핵심적인 역할을 할 것이다. 그리고 중앙정부 주도의 일방적인 접근에서 벗어나 지방정부가 주도권을 가지고 지역 주민들의 참여를 제도화함으로써 실질적인 변화를 이끌 수 있을 것이다.

이 세 가지 핵심 개혁안에는 한국 사회가 처한 현재의 도전과제를 넘어서 보다 포용적이고 지속가능한 미래로 나아가기 위한 구체적인 방향성이 담겨있다. 그리고 눈앞의 단기적인 효과만을 추구하는 것이 아니라, 세대와 지역을 아우르는 초당적 합의와 실질적 변화를 이끌어 모든 국민이 함께 번영하는 사회를 구현할 근본적인 해법을 담고 있다. 이러한 종합적 접근은 복합적인 사회 문제에 대해 한 차원 높은 해결책이 될 것이다. 그리고 미래세대에게도 긍정적인 유산을 남기는 중요한 역할을 할 것이다.

## 모두의 실천이 혁신적 품격사회를 만든다

◆ ◆ ◆

한국 사회가 직면한 사회 정치적 난제들은 단순한 해법으로 해결할 수 없는 복합적 구조를 이루고 있다. 다양한 문제들이 서로 뒤얽혀 단편적인 정책이나 일시적 대책으로는 해결되기 어렵다. 이러한 현실을 직시하고 인정해야만 올바른 해법을 찾아갈 수 있다. 이와 같은 구조적 문제들은 경제, 사회, 정치 전반에 걸쳐 영향을 미치기에 해결을 위한 포괄적이고 통합적인 접근이 절실하다. 이를 위해 시민, 정부, 지역 공동체가 각자의 역할을 충실히 수행하고 상호 협력하여 문제를 해결하려는 결연한 의지를 다져야 한다. 그때 비로소 우리는 '바람직한 미래'로의 거대 전환을 이뤄낼 수 있다.

이러한 전환은 한 개인이나 특정 단체의 책임이 아닌 우리 모두의 책무이다. 더불어 변화와 혁신을 위한 실천은 지금 당장 시작되어야 한다. 하루하루 실천이 늦어질 때마다 미래를 덮는 어둠이 더 짙어진다는 것을 잊어서는 안 된다. 미래는 정해진 것이 아니라 적극적으로 만들어가는 것이다. 한국의 미래도 더욱 바람직하고 희망차게 만들어갈 수 있다. 그 시작은 현실의 개혁과 변화이다. 국민이 서로를 이해하고 협력하는 사회, 정부가 투명하고 청렴하게 운영되는 사회, 그리고 지역이 자생적으로 발전하는 구조가 마련된다면 한국의 미래는 분명 희망으로 가득할 것이다. 국제사회에서 모범적이고 선도적인 지속가능한 발전 모델로 자리매김하는 것은 물론이고 모든 국민이 풍요와 행복을 누리는 진정한 혁신적 품격사회가 될 것이다.

# 미주

## 1장

1. 한국의 새 길을 찾는 원로 그룹, 『한국의 새 길을 찾다』

2. 최진석, 『탁월한 사유의 시선: 우리가 꿈꾸는 시대를 위한 철학의 힘』

3. Saxer Marc, 「Mind the Transformation Trap: Laying the Political Foundation for Sustainable Development」, 『Friedrich-Ebert-Stiftung』

4. 오원철, 『한국형 경제건설: 엔지니어링 어프로치. 제1권』

5. 김형아, 『유신과 중화학공업: 박정희의 양날의 선택』, 신명주 옮김

6. Yang Jae-Jin, 『The Political Economy of the Small Welfare State in South Korea』

7. 조귀동, 『세습 중산층 사회 – 90년대생이 경험하는 불평등은 어떻게 다른가』

8. 박명호, 박찬열, 「행복지수를 활용한 한국인의 행복 연구」, 『한국경제포럼』

9. 김명수, 『내 집에 갇힌 사회: 생존과 투기 사이에서』

10. 데이비드 피터 스트로, 『사회 변화를 위한 시스템 사고: 공공·비영리·사회적경제 영역에서 일하는 사람들을 위한』, 신동숙 옮김

11. 조귀동, 『전라디언의 굴레: 지역과 계급이라는 이중차별, 누구나 알지만 아무도 모르는 호남의 이야기』

12. Senge Peter et al., 『Presence: Human Purpose and the Field of the Future』

13. Aaltonen Mika, Holmström Jan, 「Multi-ontology topology of the strategic landscape in three practical cases」, 『Technological Forecasting and Social Change』

14. Hundt David, Uttam Jitendra, 『Varieties of Capitalism in Asia』

15. Lee Keun, Shin Hochul, 「Varieties of capitalism and East Asia: Long-

term evolution, structural change, and the end of East Asian capitalism」, 『Structural Change and Economic Dynamics』

16. 조귀동, 『이탈리아로 가는 길: 선진국 한국의 다음은 약속의 땅인가』

17. 김선빈, 『상생의 경제학: 더불어 성장하는 따뜻한 시장경제』

18. 이재열, 「사회의 질, 경쟁, 그리고 행복」, 『아시아리뷰』

19. 이재열, 「시대적 전환과 공공성, 그리고 사회적 가치」, 『한국행정연구』


## 2장

1. Hausmann Ricardo, Pritchett Lant, Rodrik Dani, 「Growth Accelerations」, 『Journal of Economic Growth』

2. Jeong Hyeok, 「Productivity Growth and Efficiency Dynamics of Korean Structural Transformation」, 『World Bank Group』

3. Aiyar Shekhar, Ebeke Christian, Shao Xiaobo, 「The Impact of Workforce Aging on European Productivity」, 『IMF Working Paper』

4. Feyrer James, 「Demographics and Productivity」, 『Review of Economics and Statistics』

5. Maestas Nicole, Mullen Kathleen J., Powell David, 「The Effect of Population Aging on Economic Growth, the Labor Force, and Productivity」, 『American Economic Journal: Macroeconomics』

6. Song E. Young, 「Workforce Aging and Industry-level Productivity」, 『Singapore Economic Review』

7. 정혁, 「한국의 지방소멸 실증분석과 대응 정책의 함의: 지역개발과 인구변동 관점」

8. 김현수, 예상준, 「글로벌 공급망 분절화의 거시경제적 영향」, 『한국국제경제학회 하계정책세미나』

9. Robinson Sherman, Thierfelder Karen, 「Global adjustment to US disengagement from the world trading system」, 『Journal of

Policy Modeling』

10. IMF, 「Sizing up the effects of technological decoupling」, 『IMF Working Papers』

11. 김영귀 외., 「2024 미국 대선: 트럼프 관세정책의 배경과 영향」, 『오늘의 세계경제』

## 3장

1. 강원택, 『한국 정치의 결정적 순간들: 독재부터 촛불까지, 대한민국은 어떻게 만들어졌는가?』

2. 성한용, "소선거구제, 87년 민주화운동의 산물", 『한겨레신문』,

3. 배진석, 「한국 대통령제의 민주주의 퇴행 요인」, 『동아시아연구』

4. Heo Seungwook, 「The Politicization of the Judiciary in Korea」, 『South Korea's Democracy in Crisis』

5. Levitsky Steven, Ziblatt Daniel, 『Tyranny of the Minority: Why American Democracy Reached the Breaking Point』

6. 배진석, 「한국 대통령제의 민주주의 퇴행 요인」, 『동아시아연구』

7. 배진석, 「한국 대통령제의 민주주의 퇴행 요인」, 『동아시아연구』

8. 윤왕휘, 「공천제도 개혁과 한국 정당정치의 변화에 관한 연구: 국민참여 경선은 왜 참여를 이끌어내지 못했나」, 『서울대학교』

# 참고문헌

강원택,『한국 정치의 결정적 순간들: 독재부터 촛불까지, 대한민국은 어떻게 만들어졌는가?』, 21세기북스, 2019.

구해근,『특권 중산층: 한국 중간계층의 분열과 불안』, 창비, 2022.

국가기록원, "기록으로 보는 대통령 선거의 역사", https://theme.archives. go.kr/next/vote/outline/lineOut02.do, (2025. 05. 23 열람).

김명수,『내 집에 갇힌 사회: 생존과 투기 사이에서』, 창비, 2020.

김선빈,『상생의 경제학: 더불어 성장하는 따뜻한 시장경제』, 삼성경제연구소, 2009.

김영귀 외,「2024 미국 대선: 트럼프 관세정책의 배경과 영향」,『오늘의 세계경제』, 제24권6호, 2024, pp.1-22.

김현수, 예상준,「글로벌 공급망 분절화의 거시경제적 영향」,『한국국제경제학회 하계정책세미나』, 2024.

김형아,『유신과 중화학공업: 박정희의 양날의 선택』, 신명주 옮김, 일조각, 2005.

김홍중,『서바이벌리스트 모더니티』, 이음, 2024.

데이비드 피터 스트로,『사회 변화를 위한 시스템 사고: 공공·비영리·사회적경제 영역에서 일하는 사람들을 위한』, 신동숙 옮김, 힐데와소피, 2022.

박명호, 박찬열,「행복지수를 활용한 한국인의 행복 연구」,『한국경제포럼』, 제12권4호, 2019, pp.1-25.

박성원,「미래사회전망 한국인은 어떤 미래를 원하는가?」,『국가미래전략 정기토론회』, 2015.

박현석,「정치 양극화의 실태와 개선방안」,『국가미래전략 Insight』, 107호, 2024.

배진석,「한국 대통령제의 민주주의 퇴행 요인」,『ADRN 워킹페이퍼 한국 민주주의 퇴행 진단』, 2025.

성한용, "소선거구제, 87년 민주화운동의 산물",『한겨레신문』, https://www.

hani.co.kr/arti/politics/politics_general/702375, (2025. 05. 01 열람).

심언기, "제왕적 대통령제 바꾸자 51% 찬성…'李 반대' 동력 잃는 개헌", 『뉴스1』, https://www.news1.kr/politics/assem-bly/5745652, (2025.06.01 열람).

오원철, 『한국형 경제건설: 엔지니어링 어프로치. 제1권』, 기아경제연구소, 1995.

우해봉, 「인구 고령화의 인구학적 요인 분석」, 『보건사회연구』, 제43권1호, 2023, pp.50-68.

윤왕휘, 「공천제도 개혁과 한국 정당정치의 변화에 관한 연구: 국민참여 경선은 왜 참여를 이끌어내지 못했나」, 『서울대학교 정치외교학부 박사학위논문』, 2022.

이재열, 「사회의 질, 경쟁, 그리고 행복」, 『아시아리뷰』, 제4권2호, 2015, p.329.

이재열, 「시대적 전환과 공공성, 그리고 사회적 가치」, 『한국행정연구』, 제28권3호, 2019, p.133.

이지순 외., 「풍요롭고 조화로운 대한민국을 위한 통찰과 전망」, 『한국연구재단』, 정책연구-2024-15, 2025.

정혁, 「새마을금고의 지역개발 활성화 기여를 위한 실증연구」, 『한국개발정책학회』, 2024.

정혁, 「한국의 지방소멸 실증분석과 대응 정책의 함의: 지역개발과 인구변동 관점」, Mimeo, 2025.

조귀동, 『세습 중산층 사회 – 90년대생이 경험하는 불평등은 어떻게 다른가』, 생각의힘, 2020.

조귀동, 『이탈리아로 가는 길: 선진국 한국의 다음은 약속의 땅인가』, 생각의힘, 2023.

조귀동, 『전라디언의 굴레: 지역과 계급이라는 이중차별, 누구나 알지만 아무도 모르는 호남의 이야기』, 생각의힘, 2021.

중앙선거관리위원회, https://www.nec.go.kr/site/vt/main.do#, (2025. 05. 23 열람).

최진석, 『탁월한 사유의 시선: 우리가 꿈꾸는 시대를 위한 철학의 힘』, 21세기

북스, 2018.

한국의 새 길을 찾는 원로 그룹, 『한국의 새 길을 찾다』, 청림출판, 2023.

헌법이야기, "헌법개정사 둘러보기", https://theme.archives.go.kr/next/rule/sub2_10.do, (2025. 05. 08 열람).

황수경 외., 「소득분배와 경제성장」, 『한국개발연구원』, 경제 · 인문사회연구회 미래사회 협동연구총서 17-07-01, 2017.

Aaltonen Mika, Holmström Jan, 「Multi-ontology topology of the strategic landscape in three practical cases」, 『Technological Forecasting and Social Change』, Vol.77(9), 2010, pp.1519-1526.

Acemoglu Daron, Restrepo Pascual, 「Automation and new tasks: How technology displaces and reinstates labor」, 『Journal of Economic Perspectives』, Vol.33(2), 2019, pp.3-30.

Acemoglu Daron, Robinson James A., 『The Narrow Corridor: States, Societies, and the Fate of Liberty』, Penguin Books, 2019.

Acemoglu Daron, Robinson James A., 『좁은 회랑: 국가, 사회 그리고 자유의 운명』, 장경덕 옮김, 시공사, 2020.

Aiyar Shekhar, Ebeke Christian, Shao Xiaobo, 「The Impact of Workforce Aging on European Productivity」, 『IMF Working Paper』, WP/16/238, 2016.

Bilal Adrien, Känzig. Diego R., 「The Macroeconomic Impact of Climate Change: Global vs. Local Temperature」, 『NBER Working Paper Series』, 32450, 2025.

Cameron Kim, Quinn Robert, 『Diagnosing and changing organizational culture: based on the competing values framework』, Addison-Wesley Publishing, 1999.

Evans Peter, 『Embedded Autonomy: States and Industrial Transformation』, Princeton University Press, 1995.

Feyrer James, 「Demographics and Productivity」, 『Review of Economics and Statistics』, Vol.89(1), 2007, pp.100-109.

Hancké Robert, 『Debating Varieties of Capitalism: A Reader』, Oxford University Press, 2009.

Hausmann Ricardo, Pritchett Lant, Rodrik Dani, 「Growth Accelerations」, 『Journal of Economic Growth』, Vol.10(4), 2005, pp.303-329.

Heo Seungwook, 「The Politicization of the Judiciary in Korea」, 『South Korea's Democracy in Crisis』, Rowman & Littlefield, 2022, pp.137-156.

Hirsch Fred, Tibor Scitovsky, 『Social Limits to Growth』, Routledge, 1995.

Hundt David, Uttam Jitendra, 『Varieties of Capitalism in Asia』, Springer, 2017.

Huntington Samuel P., 『The Third Wave: Democratization in the Late 20th Century』, University of Oklahoma Press, 1993.

IMF, 「Sizing up the effects of technological decoupling」, 『IMF Working Papers』, WP/21/69, 2021.

Jeong Hyeok, 「Productivity Growth and Efficiency Dynamics of Korean Structural Transformation」, 『World Bank Group』, 2020.

Johnson Chalmers, 『MITI and the Japanese Miracle』, Stanford University Press, 1982.

Lee Keun, Shin Hochul, 「Varieties of capitalism and East Asia: Long-term evolution, structural change, and the end of East Asian capitalism」, 『Structural Change and Economic Dynamics』, Vol.56, 2021, pp.431-437.

Levitsky Steven, Ziblatt Daniel, 『How Democracies Die』, Crown, 2018.

Levitsky Steven, Ziblatt Daniel, 『Tyranny of the Minority: Why American Democracy Reached the Breaking Point』, Crown, 2023.

Maestas Nicole, Mullen Kathleen J., Powell David, 「The Effect of Population Aging on Economic Growth, the Labor Force, and Productivity」, 『American Economic Journal: Macroeconomics』, Vol.15(2), 2023, pp.306-332.

Mintzberg Henry, 「Structure in 5's: A Synthesis of the Research on Organization Design」, 『Management Science』, Vol.26(3), 1980, pp.322-341.

OECD, 「How's Life in Korea? Korea's current well-being, 2022 or latest available year」, 2024.

OECD, "Greenhouse Gas Footprints (GHGFP): Emissions embodied in production by scope", https://data-explorer.oecd.org/?tm=GHGFP&snb=5.

Raworth Kate, 「A Doughnut for the Anthropocene: humanity's compass in the 21st century」, 『The Lancet Planetary Health』, Vol.1(2), 2017, pp.48-49.

Robinson Sherman, Thierfelder Karen, 「Global adjustment to US disengagement from the world trading system」, 『Journal of Policy Modeling』, Vol.41(3), 2019, pp.522-536.

Saxer Marc, 「Mind the Transformation Trap: Laying the Political Foundation for Sustainable Development」, 『Friedrich-Ebert-Stiftung』, 2015.

Senge Peter et al., 『Presence: Human Purpose and the Field of the Future』, Cambridge, 2004.

Shin Gi-Wook, Kim Ho-Ki (eds.), 『South Korea's Democracy in Crisis』, Rowman & Littlefield, 2022.

Song E. Young, 「Workforce Aging and Industry-level Productivity」, 『Singapore Economic Review』, 2023, pp.1-24.

United Nations, "World Population Prospects", https://population.un.org/wpp/.

V-Dem, "Country Graph", https://v-dem.net/data_analysis/CountryGraph/, (2025.05.22 열람).

Weber Max, 『Economy and Society: An outline of interpretive sociology』, G. Roth & C. Wittich, eds, University of California Press, 1978.

Wolf Martin, "Overcoming the 'middle income' trap", 『Financial Times』, https://www.ft.com/content/5c486ddb-61f2-4280-a61b-5e14107fb024.

World Bank Group, "State and Trends of Carbon Pricing Dashboard", https://carbonpricingdashboard.worldbank.org/.

World Bank, 「World Development Report 2024: The Middle-Income Trap」, 2024.

World Competitiveness Center, 「IMD World Competitiveness Booklet 2024」, 『International Institute for Management Development』, 2024.

Yang Jae-Jin, 『The Political Economy of the Small Welfare State in South Korea』, Cambridge University Press, 2017.

## 혁신적 품격사회

대한민국은 어떤 미래를 꿈꾸는가

**초판 1쇄 인쇄** 2025년 12월 16일
**초판 1쇄 발행** 2025년 12월 26일

**기 획** 한국고등교육재단
**지은이** 최병일 이재열 정인관 송의영 정혁 송지연 김선혁 조인영
**연구지원** 이지현
**펴낸이** 안현주

**기획** 류재운 **편집** 안선영 **브랜드마케팅** 이민규 **영업** 안현영
**디자인** 표지 정태성 본문 장덕종

**펴낸곳** 클라우드나인　　**출판등록** 2013년 12월 12일(제2013 - 101호)
**주소** 우) 03993 서울시 마포구 월드컵북로 4길 82(동교동) 신흥빌딩 3층
**전화** 02 - 332 - 8939　**팩스** 02 - 6008 - 8938
**이메일** c9book@naver.com

**값** 23,000원
**ISBN** 979 - 11 - 94534 - 55 - 6　03320